税收法定主义实现路径研究
——以立法为中心

Study on the Implementation Path of Statutory Taxation Principle

—Centring Legislation

财税法学研究文丛

总主编　刘剑文

陈阵香／著

法律出版社
LAW PRESS·CHINA
北京

图书在版编目(CIP)数据

税收法定主义实现路径研究：以立法为中心／陈阵香著. -- 北京：法律出版社，2022
(财税法学研究文丛／刘剑文总主编)
ISBN 978-7-5197-5845-5

Ⅰ. ①税… Ⅱ. ①陈… Ⅲ. ①税法-立法-研究-中国 Ⅳ. ①D922.220.4

中国版本图书馆CIP数据核字(2021)第163223号

税收法定主义实现路径研究
——以立法为中心
SHUISHOU FADING ZHUYI SHIXIAN LUJING YANJIU
—YI LIFA WEI ZHONGXIN

陈阵香 著

策划编辑 沈小英
责任编辑 毛镜澄
装帧设计 汪奇峰

出版发行 法律出版社
编辑统筹 法治与经济出版分社
责任校对 王 丰
责任印制 吕亚莉
经 销 新华书店

开本 710毫米×1000毫米 1/16
印张 14.75 字数 277千
版本 2022年5月第1版
印次 2022年5月第1次印刷
印刷 北京虎彩文化传播有限公司

地址：北京市丰台区莲花池西里7号(100073)
网址：www.lawpress.com.cn
投稿邮箱：info@lawpress.com.cn
举报盗版邮箱：jbwq@lawpress.com.cn

销售电话：010-83938349
客服电话：010-83938350
咨询电话：010-63939796

书号：ISBN 978-7-5197-5845-5
定价：86.00元

凡购买本社图书，如有印装错误，我社负责退换。电话：010-83938349

序

税收法定在税收法治时代具有无穷的生命力，税收立法每往前进一步，都离不开坚实的理论积淀作为支撑，而制度的不断发展又能促进税收法定理论与税法实践的密切联系。新时代的财税法是理财治国安邦之法，也是纳税人权利保护之法。过去20余年，中国财税法学人为推动落实税收法定做出了不懈努力。党的十八届三中全会决定中提出要“落实税收法定原则”，2015年全国人大修订《立法法》时，最受关注的便是税收法定条款的修改。短短几天，人大代表、政协委员与学者、媒体联动，最终将“税率”写入《立法法》，是“中国立法史上极端少见的”。[①] 自此，我国税收立法蹄疾步稳，相继完成了11个税种的立法工作，增值税法、消费税法等税种法律也已提上立法日程。

落实税收法定应当从“有法”到“良法”再到“善治”。这一渐进过程中，税收法定不仅体现在立法层面，在实现我国税收的“良法善治”过程中，有关税收法定主义的理论探讨越发显示出其重要价值。具言之，无论是新税种的开征，还是平移式立法，或是既有税法的修改，都需要依据严格的法定程序，确保税法的民主

① 这是全国政协委员、南开大学法学院教授侯欣一的评价。对于此次修改税收法定条款中各方的努力，《南方周末》记者专门作了报道。参见冯禹丁：《立法法“税收法定”修订逆转背后》，载《法治与社会》2015年第5期。

价值。同时,由于税法的设计具有其自身的复杂性和技术性,税收立法的过程中势必会面临诸如授权立法、税收行政裁量等方面的问题,如何有效平衡立法权在立法机关和行政机关之间的分配?如何控制税务机关在个案中的行政裁量权?凡此种种命题,均需要更具实操性的理论智识进行解释。这也意味着,在国家税收治理法治化程度不断提升的背景下,税收法定主义理论也需要随着时代的发展不断进行观念更新与内涵扩充,以契合税收法治的需要。

陈阵香博士敏锐地观察到税收法定主义的时代需求,她以税收法定主义的实现为主题,通过对税收法定理论和实践的检视,发现税收法定主义理论需要进一步深化的切入点,从而推进该理论的创新并最终指导税收立法。《税收法定主义实现路径研究——以立法为中心》一书注重通过法理角度的分析来展示实体法的体系与结构,深入剖析税收法定与非税收入法定之间的区别与联系;以《税收征收管理法》的完善为例,阐明了税收法定主义对征纳双方权益保护的重要意义;讨论了税收法定入宪的可能性,并提出了促成“税之良法”的可行进路。书中运用多元的研究方法,提升研讨税收法定理论的深度。这些都使已经稍显沉寂的税收法定理论获得新的研究视角与学术生命力。

税收法定是财税法的基石理论,更是财税法学理论研究中的一颗明珠。本书是陈阵香博士在其博士学位论文基础上打磨而成的,将我国推进落实税收法定的实践上升到理论高度,实属不易。作为陈阵香博士的博士研究生导师,见证了她在学习、梳理、研究税收法定过程中的点点滴滴,希望她在未来的学术道路中取得更多骄人成绩,实现自己的学术理想。

最后,我也十分期待有更多青年学者关注税收法定等基础理论,在既有的研究成果基础之上作出更大胆的突破与创新,为新时代中国税收法治建设作出更大贡献。

是为序!

*

2021年春于北京大学法学院陈明楼

---

* 教育部“长江学者奖励计划”特聘教授,辽宁大学特聘教授、博士研究生导师,北京大学法学院教授、博士研究生导师。中国法学会财税法学研究会会长、中国法学会常务理事、中国注册税务师协会副会长。全国人大常委会立法专家顾问、中共北京市委法律顾问、财政部法律顾问。

Contents

目　录

绪　论 ······ 1
第一节　研究主题 ······ 1
第二节　文献综述 ······ 3
一、税收法定主义一般问题的研究 ······ 3
二、税收法定主义实现之探究 ······ 11
三、税收立法之法律规制研究 ······ 18
四、税收法定主义实现的其他相关问题 ······ 23
第三节　理论与实践意义 ······ 25
一、深化税收法定主义的理论基础 ······ 25
二、提供全面推进税收立法的方案 ······ 26
三、提供促成“税之良法”的法律进路 ······ 27
第四节　研究方法 ······ 28
一、文献研究方法 ······ 28
二、规范分析方法 ······ 29
三、实证分析方法 ······ 29
四、语义分析方法 ······ 29
五、历史分析方法 ······ 29

第一章　税收法定主义实践的概述…………………………………… 31
第一节　税收法定主义及其本质…………………………………… 31
一、税收法定主义的含义 …………………………………… 31
二、我国对税收法定主义的认可 …………………………………… 36
三、税收法定主义的表现形式与本质要求 …………………………………… 38
第二节　我国税收法定主义实践的检视…………………………………… 39
一、我国实践税收法定主义的基本情况 …………………………………… 40
二、我国实践税收法定主义的不足 …………………………………… 43
第三节　实践税收法定主义的理论回应…………………………………… 45
一、实践税收法定主义的现有税法理论 …………………………………… 45
二、实践税收法定主义的税法理论创新 …………………………………… 50
第四节　更新税法理念、深入实践税收法定主义 …………………………………… 56
一、公共财产法视野下税法理念的更新 …………………………………… 56
二、新税法理念下实现税收法定主义的税法体系 …………………………………… 61
小　结…………………………………… 63

第二章　实现税收法定主义的总体框架…………………………………… 66
第一节　实现税收法定主义整体框架的设定…………………………………… 66
一、选择以立法为中心的实现路径的必要性 …………………………………… 66
二、税收法定抑或征税法定的辨析 …………………………………… 67
三、以立法为中心设定税法体系的总体框架 …………………………………… 69
第二节　税收法定入宪…………………………………… 70
一、我国税收法定入宪的现实考量 …………………………………… 71
二、税收法定入宪的域外考察与路径选择 …………………………………… 75
第三节　税收基本法的创制…………………………………… 78
一、税收基本法创制之求索 …………………………………… 78
二、以创制税收基本法实现税收法定主义 …………………………………… 81
第四节　制定纳税人权利保护法…………………………………… 86
一、纳税人权利保护立法的提起及其价值 …………………………………… 87
二、纳税人权利保护立法实践的深入 …………………………………… 91
小　结…………………………………… 96

第三章　税收法定主义的实体法实现 …………………………… 99
第一节　以税收实体法保障税收法定主义的实现 …………………… 99
一、应当从税制改革切入研究税收实体法 ……………………… 100
二、在新一轮税制改革中构建税收实体法 ……………………… 101
三、税收实体法体系的拓展 ……………………………………… 102
第二节　征税、纳税的实体法保障 ………………………………… 105
一、征税、纳税实体法的基本内容 ……………………………… 105
二、征税、纳税的实体法体系 …………………………………… 106
第三节　“用税”的实体法保障 …………………………………… 112
一、实践税收法定主义中的“用税”法定问题 ………………… 112
二、“用税”实体法的二重性 …………………………………… 115
三、“用税”实体法的发展取向 ………………………………… 118
第四节　税收法定与非税收入法定的衔接 ………………………… 119
一、非税收入法定的理论基础 …………………………………… 120
二、我国非税收入法定的现状及其发展取向 …………………… 121
三、与非税收入法定相衔接的制度完善 ………………………… 126
第五节　税收法定与税收风险治理法定的实体法衔接 …………… 127
一、税收风险治理法定问题的提出 ……………………………… 128
二、税收法定与税收风险治理法定的衔接方式 ………………… 129
小　结 ………………………………………………………………… 130

第四章　税收法定主义的程序法实现 ………………………… 133
第一节　构建税收程序法实现税收法定主义 ……………………… 133
一、实践税收法定主义中的税收程序法问题 …………………… 134
二、税法体系中税收程序法体系的构建 ………………………… 135
第二节　税收征收管理法的完善 …………………………………… 140
一、完善《税收征收管理法》的取向 …………………………… 140
二、对《税收征收管理法》的完善 ……………………………… 142
三、信息共享中的征税、纳税双方的权利义务配置 …………… 148
第三节　征税、纳税争议之仲裁与诉讼程序的完善 ……………… 149
一、税务仲裁的制度空间 ………………………………………… 149

二、民事诉讼法、行政诉讼法与刑事诉讼法中涉税规定的完善 …… 153
第四节 “用税”公益诉讼法律制度的构建 …… 154
一、税收公益诉讼及其“用税”公益诉讼的提出 …… 154
二、域外纳税人(公益)诉讼制度 …… 160
第五节 税收法定与税收风险治理法定的程序法衔接 …… 165
一、税收法定下税收风险治理法定问题 …… 165
二、域外国家应对税收风险的政府破产程序探讨 …… 166
小 结 …… 168

第五章 促成“税之良法”的进路 …… 171
第一节 税收法定从形式法定到实质法定 …… 171
一、税收法定之实质法定的含义及其意义 …… 172
二、实质法定对造就“税之良法”的导引 …… 173
三、实质法定下“税之良法”的促成 …… 177
第二节 促进税法体系结构的合理化 …… 178
一、《立法法》对狭义税法体系结构的规制 …… 178
二、广义税法体系结构的合理化 …… 180
第三节 促进税收各项立法质量的提高 …… 182
一、促进税收各项立法质量问题的提起 …… 183
二、促进税收各项立法质量的宪法指引 …… 183
三、完善《立法法》促进税收各项立法质量的提高 …… 184
第四节 提高税法质量的重点法律措施 …… 186
一、税收法定入宪之修宪法定的完善 …… 186
二、税收立法权的配置与运行法律规制的完善 …… 188
三、(税收)立法评估法律制度的完善 …… 189
四、(税收)立法合宪性审查法律制度的完善 …… 190
五、(税收)立法工作责任制的立法完善 …… 194
六、税收法律与其他法律法规的和谐衔接机制的完善 …… 196
第五节 加快税收法定主义衡量标准的立法 …… 197
一、税收法定主义衡量标准立法问题之提出 …… 197
二、税收法定主义衡量标准立法的内容 …… 201

三、税收法定主义衡量标准立法的路径 …… 207
小 结 …… 210

参考文献 …… 212

致 谢 …… 225

绪　论

第一节　研究主题

2013年,在党的十八届三中全会中首次着重强调要"落实税收法定原则"。[①] 在第十三届全国人大第四次会议上,全国人大通过了《中华人民共和国国民经济和社会发展第十四个五年规划和2035年远景目标纲要》(以下简称《"十四五"规划》),《"十四五"规划》提出,要"优化税制结构,健全直接税体系,适当提高直接税比重。完善个人所得税制度,推进扩大综合征收范围,优化税率结构"。此外,由全国人大法工委牵头起草的《贯彻落实税收法定原则的实施意见》[②]已经党中央审议通过。2017年10月,党的十九大报告强调,要深化税收制度改革,健全地方税体系。党和国家基于依法治税、理财治国、提高治理能力的迫切需要,以及经财税法理论与实务界多年的努力,将税收法定原则的落实确立为财税法治改革的一项重要任务。以此,构成了笔者以立法为中心研究税收法定主义实现路径的契机。

在党和国家决定"落实税收法定原则"之际,经过

---

① 《中共中央关于全面深化改革若干重大问题的决定》(2013年)。

② 毛磊:《税收法定是税收立法和税收法律制度的一项基本原则》,载《人民日报》2015年3月26日,第2版。

第十二届全国人大第三次会议的审议通过了新《立法法》。新《立法法》第8条有关实行法律保留的“税收基本制度”的内容，单独列在第6项，即“税种的设立、税率的确定和税收征收管理等税收基本制度”，只能制定法律。第9项也规定了“基本经济制度以及财政、海关、金融和外贸的基本制度”，只能制定法律；不仅如此，第9条至第12条，对授权立法作出了相较原《立法法》更严格的规定，如第10条在原有授权规定的基础上，增加了授权决定应当明确授权的“事项、范围、期限以及被授权机关实施授权决定应当遵循的原则等”，并且在授权期限方面，作出了除授权决定另有规定外，不得超过5年的规定。因此，《立法法》的修订，对于税收法定主义的实现，在立法层面上提供了一定的法律依据，是确定税收法定主义实现路径的一项重要指引。

以立法为中心研究税收法定主义的实现路径，理论及实践必要性的理由如下。

其一，为实现税收法定主义，全面落实税收法定原则，找到行之有效的进路。在法治中国建设的进程中，税收法治是重点，而要推进税收法治，必须实现税收法定主义。税收法定主义的实现应以“立法”为先。无“法”则征税无据，纳税无凭，权义皆无依归；无“定”则无法“定分”，极易人为恣意定税，导致税收的“不确定”，人民无法预期，自然与税收法治的要求相去甚远。① 结合我国目前在税收立法领域的现状，应当先解决税收立法方面的缺失。税收法定主义要求“一税一法”，而我国仍有一些税种无相应的法律，这不仅有悖于严格的法定要求，亦有违《立法法》的明确规定。② 因此，须以立法为中心来研究税收法定主义的实现路径。

其二，考察本选题，学术界已有相当丰富的研究成果，为本选题提供了一定的理论与制度基础，但目前的研究仍缺乏系统性、充分性。因此，笔者力图结合理论与实践，阐明税收立法对于实现税收法定主义的重要性，并进一步深化税法属于“公共财产法”的理论，以税法的理论创新为指导，改变传统的税法理念，构建从征税、纳税到“用税”较完整的税收实体法与程序法的税法体系。由此，厘清税收法定主义的适用范围，探究各个税种立法的特定内容及内在联系，使税收实现“有法可依”。“有法可依”是税收法定主义在形式法定上的体现，即主要是税收立法的范围问题。税收法定主义的本质要求是不仅要实现

---

① 张守文：《税收法治当以“法定”为先》，载《环球法律评论》2014年第1期。

② 张守文：《税收法治当以“法定”为先》，载《环球法律评论》2014年第1期。

形式法定,还应达到实质法定的目标。实质法定则主要关乎:税收法定主义的衡量指标以及标准法定化、税法怎样成为"税之良法"等问题。

为此,笔者试对构建既能维护社会稳定,又能保障经济社会可持续健康发展的税法体系作出尽可能系统的学术研究,力求在理论与制度上有所突破,以便为完善税收立法提供参考,为保障纳税人合法权益,实现税收法定主义,达到依法治税的目标而服务。

第二节　文献综述

学界对于税收法定主义的关注由来已久,相关的研究成果亦是不断出新。对已有的相关研究进行文献综述具有重要意义:其一,确定本选题研究的起点,通过整理、分析、提炼相关文献的学术观点,为正文的写作提供理论支撑与创新性来源;其二,明晰本选题所讨论问题的范围。税收法定主义的实现该遵循何种路径,其中可待挖掘之处颇多,依不同的研究进路,可能会产生多元化结果。因此,对已有文献进行综述,有利于清楚地把握相关研究已取得的成果,以挖掘并明确本选题尚待解决的问题(找到已有成果中未进行研究或研究的不足之处)。

基于对任何选题的研究应具有问题意识,故进行文献综述的第二层意义尤显重要。正如学者张文显教授所言:"要称得上科学研究,就必须重视总结认识成果,使之概念化和范畴化,丰富范畴体系,而不能停留在感觉、知觉和经验的水平上。"①所以,笔者从税收法定主义一般问题的研究、税收法定主义实现之探究、税收立法之法律规制研究、税收法定主义实现的其他相关问题四个方面,对有关税收法定主义的文献作了相应梳理。在进行文献综述时,将重在对相应的理论共识进行提炼,关注已有成果的研究思路。一方面,以用于写作的理论支撑与创新性来源;另一方面,可在把握相关研究已取得的成果的基础上,挖掘并明确本选题拟解决之问题。

一、税收法定主义一般问题的研究

税收法定主义的实现,在理论上与实践中都是不言而喻的重要问题。如何实现税收法定主义,先须对税收法定主义有正确的理解。

---

① 张文显:《法学基本范畴研究》,中国政法大学出版社 1993 年版,第 1 ~ 3 页。

学界在研究税收法定主义时,除紧扣"主义"[①]与"原则"[②]作讨论外,一般不将其与税收法定原则作严格意义上的区分。因此,笔者在进行文献综述时,涉及面将涵盖税收法定主义与税收法定原则。

税收法定主义的一般问题,包括税收法定主义的历史溯源、概念界定、内容、适用范围、发展阶段,以下将逐一进行梳理、总结。

(一)税收法定主义的历史溯源

通说认为,税收法定主义发源于英国,其典型性成果体现为1215年约翰签署的《大宪章》、1689年英国议会通过的《权利法案》。对此,有学者认为,1215年《大宪章》、1689年《权利法案》中所确认的不能被称为税收法定主义,因为其没有明确规定国王需要通过法律向公民征税,其所确认的应是自我课征原则。[③] 随着"民主""法治"观念的兴起,"无代表则不纳税"(No taxation without representation)得到了世界倡导法治国家的广泛接受,[④]美国、法国、日本等国家相继将税收法定主义作为文明成果,在其各自的《宪法》中通过具体规定予以确定。因此可以说,近代民主政治制度的形成过程,也是税收法定主义的生成、发展与确立的过程。[⑤]

随着资本主义在世界范围的兴起,税收法定之观念逐渐被各国所接受并奉行。第二次世界大战后,税收法定主义已在世界主要国家得到落实。绝大部分国家将税收法定作为一项原则直接规定在其国家的宪法中,如法国《宪法》(1958年)第34条规定:"法律均由议会通过。法律规定下列事项……有关各种税收的征收基数、税率和征收方式……"[⑥]日本《宪法》(1946年)第84条规定:"新课租税或变更现行的租税,应当依法律或法律规定的条件进行。"《德意志联邦共和国基本法》(以下简称德国《基本法》)第105条、意大利《宪法》

① "主义",是指某种特定的思想宗旨、学说体系或理论;对客观世界、社会生活以及学术问题等所持有的系统的理论和主张。中国社会科学院语言研究所词典编辑室编:《现代汉语词典》,商务印书馆1978年版,第1497页。

② "原则",是指言行所依据的准则。中国社会科学院语言研究所词典编辑室编:《现代汉语词典》,商务印书馆1978年版,第1408页。

③ 翁耀武:《再论税收法定原则及其在我国的落实——基于意大利强制性财产给付法定原则的研究》,载《交大法学》2017年第1期。

④ 陈志勇、姚琳:《税收法定主义与我国课税权法治化建设》,载《财政研究》2007年第5期。

⑤ 刘剑文:《落实税收法定原则的现实路径》,载《政法论坛》2015年第3期。

⑥ 《世界各国宪法》编辑委员会编译:《世界各国宪法(欧洲卷)》,中国检察出版社2012年版,第271页。

第23条、比利时《宪法》第170条等均使用了与此相似的表述。此外,还有一些国家是将税收法定主义与公民纳税义务结合起来,例如,阿拉伯联合酋长国《宪法》第42条规定:“按照法律规定交税和交纳公共费用是每个公民的义务。”①

新中国成立之后,1954年第一届全国人民代表大会第一次会议通过的《宪法》第102条规定:“中华人民共和国公民有依照法律纳税的义务。”②我国现行《宪法》③第56条与1954年《宪法》第102条相同,以公民义务的形式,对税收法定作出了规定。直至2013年,我国决定落实税收法定原则,并于2015年修订了《立法法》,规定了税收基本制度只能制定法律,这才真正地将全面实现税收法定主义提上了议程。

(二)税收法定主义概念的界定

正确认识税收法定主义应从两个方面入手。一方面,是对税收法定主义的整体性界定;另一方面,是对税收法定主义中所包含的基础词语进行解构与确定。

税收法定主义,④亦可称为税的法律主义⑤、税捐法定主义、⑥税收法定原则等。学者对于税收法定主义概念的表述,既有抽象的概括,如日本学者北野弘久认为,税收法定主义对税收立法来说是其基本原理,在其作为原理的同时作用于税法的解释和适用;又有详细的描述,如学者刘剑文、张守文、朱大旗、施正文都在税收法定主义的定义中使用了“法律依据”“征税”“纳税”等较具体化的词语,各位学者虽在表述上繁简不一,但其中所蕴含的基本观点却是比较一致的。概括言之,即他们都清楚地指明征税、纳税都必须有法律依据,无法律就不能征税、纳税。

“税收法定主义”一词从语义上分析,可解构成“税收”“法”“定”“主义”。对“税收法定主义”进行解构,一方面,是因为学者对组成“税收法定主义”的

---

① 《世界各国宪法》编辑委员会编译:《世界各国宪法(亚洲卷)》,中国检察出版社2012年版,第40页。

② 《宪法》(1954年)第102条。

③ 我国现行《宪法》是1982年12月4日第五届全国人民代表大会第五次会议通过的,经过了1988年、1993年、1999年、2004年和2018年5次修正。

④ 张守文:《论税收法定主义》,载《法学研究》1996年第6期。

⑤ [日]金子宏:《日本税法》,战宪斌、郑林根译,法律出版社2004年版,第57页。

⑥ 陈清秀:《税法总论》,台北,元照出版有限公司2012年版,第44页。

“税收”“法”“定”“主义”在理解上存在一定的分歧;另一方面,是由于在行文时,需确定符合本选题逻辑的正确理解,以作为行文的知识基础。

其一,关于“税收”的语义。“税收法定主义”属法学上的概念,因此,关于“税收法定主义”中“税收”的探讨主要侧重从法学层面进行论述,当然,由于税收这一概念较早地出现在财政学中,因此,法学意义上的“税收”与财政学中的“税收”既有联系又有区别。如“税收是国家为实现其公共职能而凭借其政治权力,依法强制、无偿地取得财政收入的一种活动或手段”,①租税系指以获得满足公共需求的资金为目的,并无直接相对给付,由私人手中转移至国家手中之财富,②“租税是国家或地方公共团体为满足其必要的开支,强制性向国民征收的一种金钱给付”,③“税收是指国家或其他公法团体为财政收入或其他附带目的,对满足法定构成要件的人,强制课予的无对价金钱给付义务”。④

在法学范畴中,学者对“法律”视野下⑤的“税收”与宪法中的“税收”进行了探讨。德国《帝国税收通则》第1条没有直接给“税”下定义,⑥但规定了“税”的基本含义,在德国之后的《基本法》及《税收通则》⑦的制定及修改中,都沿用了此前《帝国税收通则》对税的认识。德国的联邦宪法法院在相关判决中也体现了对法律上的“税”与宪法上的“税”(以下简称“宪法税”)认知的同一性。我国台湾地区学者陈敏分析了“宪法税”概念的功能,其对“税”的定义与德国《税收通则》对“税”的定义较类似,因此可归结为对“税”定义的同一说观点。我国台湾地区学者葛克昌则认为,“宪法税”的概念应基于宪法解释而得,“宪法税”既具有一般税的特征,又具有积极形成(时代妥当性)和消极防御(遵

---

① 张守文:《税法原理》,北京大学出版社1999年版,第10页。

② 参见[日]金子宏:《租税法》(上册),蔡宗羲译,台北,中国台湾地区财政事务主管部门财政人员训练所1985年版,第1页。

③ [日]北野弘久:《税法学原论》(第4版),陈刚、杨建广等译,中国检察出版社2001年版,第17页。

④ 刘剑文、熊伟:《税法基础理论》,北京大学出版社2004年版,第10页。

⑤ 此处法律视野下,主要是指税收实体法与税收程序法的视野下,其法律位阶低于宪法。

⑥ 德国于1919年12月23日生效的《帝国税收通则》第1条规定:“公民团体以收入(Einkunften)为目的,对所有符合法律规定给付义务之构成要件者,课征一次性或继续性的无对价金钱给付。”

⑦ 此处《税收通则》仅是指德国《税收通则》。德国《税收通则》制定于1931年,德国现行《税收通则》是经过多次修改后的1977年的《税收通则》。

循税收法定主义)的功能。我国台湾地区学者黄俊杰则认为,德国《基本法》没有对宪法上税的概念进行明确地定义和限定范围,可能造成立法者的违宪,因此其主张"宪法税"与"法律税"不能同一化,"法律税"概念需经宪法解释后,在不抵触宪法的情况下,才可以成为宪法上的税。我国学者刘剑文认为,宪法上的税是遵从宪法最低约束的、合宪开支的、向不特定公众强制征收的无对价金钱给付。①

在财政学范畴中,有的国家形成了以"社会契约"与"税收牺牲学说"为基础的税收本质理论。法国思想家 J. 博丹、德国思想家克洛克是"公需说"(又称"公共福利说")的代表,其认为国家的职能是满足公共需要、增进公共福利,为此需要通过征税来取得用以实现国家职能的资源。② "交换说"以亚当·斯密为代表,该学说认为,国家征税和公民纳税是一种权利和义务的相互交换;税收是国家保护公民利益时所应获得的代价。③ 随着市场经济的发展,对于税收的理解又出现了"价格说"和"经济调节说"。以维克塞尔、葛兰采尔和林达尔为代表的"价格说"源于公共物品理论。他们认为,税收是人们享受国家提供的公共产品而支付的价格费用。"经济调节说"则认为,税收是调节经济运行的重要分配手段。在现代市场经济国家,学者较普遍地认为,国家课税的依据主要是市场失灵的存在和对公共物品的需求。④ 基于社会契约论的学者对于"税收"的界定各有不同,但在其本质上都是立足于"个人本位"的角度。与之相反的则是"税收牺牲学说",该学说起源于 19 世纪英国,德国学者瓦格纳进一步推动了这一学说的发展。这一学说主张,税收是一种义务和牺牲,而并非交换。随着经济学理论的进一步发展,又将边际效用引入税收领域,使税收的价格属性得以论证,使"税收牺牲说"逐步向"税收利益说"转移。

其二,对"法(法律)"的理解。"法(法律)"有狭义的法律、⑤广义的法律⑥

---

① 刘剑文、熊伟:《税法基础理论》,北京大学出版社 2004 年版,第 14 页。

② 张守文:《税法原理》,北京大学出版社 1999 年版,第 11 页。

③ 洪燮林:《政府征税权与纳税人权利的冲突与协调》,载刘剑文主编:《财税法论丛》第 9 卷,法律出版社 2007 年版,第 158 页。

④ 张守文:《税法原理》,北京大学出版社 1999 年版,第 9 页。

⑤ 张文显主编:《法理学》(第 4 版),高等教育出版社、北京大学出版社 2011 年版,第 39 ~ 40 页。

⑥ 张文显主编:《法理学》(第 4 版),高等教育出版社、北京大学出版社 2011 年版,第 39 ~ 40 页。

之分。据此,从法理学的角度解释法律,并结合对我国《宪法》第56条的分析,学界对税收法定之法提出了3种观点:一种观点认为,税收法定主义中的“法”,是指全国人大及其常委会制定的法律以及国务院制定的行政法规、地方国家权力机关制定的地方性法规、民族自治地方的人民代表大会制定的自治条例和单行条例等。另一种观点认为,税收法定主义中的“法”仅限于狭义的法律,即最高立法机关通过法定程序制定的法律,即全国人大及其常委会制定的法律。[①] 还有一种观点认为,税收法定主义中的“法”包括最高国家权力机关制定的法律,以及地方国家权力机关在符合宪法规定的条件下制定的,在本地方范围内适用的法规,但不包括其他行政机构的规范性文件。[②] 从解决税法本身合法性、规范征税权、保护纳税人权利的角度出发,税收法定主义的“法”应仅指狭义的法律,即最高立法机关通过法定程序制定的法律。[③]

其三,对税收法定主义之“定”的理解。学者从不同角度对之进行了阐述。有学者认为,税收法定主义指导并作用于税收的立法、执法、司法和守法的全过程;[④]所以,税收法定的“定”可以理解为“依据”,即一切有关税收活动必须依据法律进行。有的学者则认为,税收法定主义要求形式法定,因此“定”是指立法。不同的学者对立法有不同的见解。“立法”既可以被理解成是一种活动,也可以理解成是过程,更有甚者将其理解为一项结果。如立法是指“包括政府各部门所使用的规范社会行为的法的规则。一般来说,这一术语尤指代议机关所制定的法以及制定法的过程”[⑤]或“通过具有特别法律制度赋予的有效的公布法律的权力和权威的人或机构的意志制定或修改法律的过程”。[⑥] 目前,我国学者对“立法”的“过程说”“结果说”“活动说”进行了统一,并结合对税收法定主义的理解,即因税收法定之法为立法结果,普遍认为税收法定之“定”应指立法活动。学界的研究不仅限于此,他们认为,若“定”系指立法活动,是否仅指法的制定,根据立法的科学性、合理性要求,学者没有将“定”限制

---

① 刘剑文:《地方税立法的纵向授权机制设计》,载《北京大学学报(哲学社会科学版)》2016年第5期。

② 高桂林、刘文华:《税收法定主义之内涵界定》,载《武警学院学报》2005年第1期。

③ 刘剑文:《地方税立法的纵向授权机制设计》,载《北京大学学报(哲学社会科学版)》2016年第5期。

④ 覃有土、刘乃忠、李刚:《论税收法定主义》,载《现代法学》2000年第3期。

⑤ [英]沃克:《牛津法律大辞典》,北京社会与发展研究所译,光明日报出版社1988年版,第547页。

⑥ 周旺生:《立法论》,北京大学出版社1994年版,第47页。

在法制定这一环节,而是将其扩展至立法主体对税收法律的认可、修改、补充、废止、解释等。①

其四,对税收法定主义之"主义"的理解。学界研究税收法定主义,一般不明确区分税收法定主义与税收法定原则。"主义"原指"对客观世界、社会生活以及学术问题等所持有的系统的理论和主张";而"原则"则是指"说话或行事所依据的法则或标准";②"法律原则"是指法律的基础性真理或原理,为其他规则提供基础性或本源的综合性规则或原理,是法律行为、法律程序、法律决定的决定性规则。③ 事实上,将税收法定主义与税收法定原则同一化研究有一定的合理性,但容易造成理论研究上的不足。从逻辑上看,税收法定主义包含了税收法定原则的内涵和特征,其范畴较税收法定原则而言更广泛。有学者认为,税收法定主义不能只是税收立法技术规范,其效力仅约束执行机关的行政权力,而应将其上升至宪法的层面,④以指导整个国家的税收立法、执法、司法和守法。

(三)税收法定主义的内容

学界对税收法定主义内容的把握,虽在形式上有所不同,但在基本内容上,分歧并不是很大。其主要分歧点是对税收法定主义"度"的把握,实质上是对税法上不确定的概念、税收授权立法、税收执法的自由裁量权等问题存在不同意见。大部分学者都认为,税收法定主义的内容应该包括课税要件法定主义(税收要件法定主义);⑤有的学者认为,还应包括合法性原则、程序保障原则、课税要件明确主义、⑥税务合法性原则、⑦税种法定、税收要素法定、⑧类推禁止原则、溯及禁止原则、法律优位原则、法律保留原则⑨等具体内容。

---

① 刘剑文:《税法专题研究》,北京大学出版社2002年版,第103页。

② 中国社会科学院语言研究所词典编辑室编:《现代汉语词典》,商务印书馆1978年版,第1408、1497页。

③ *Black's law Dictionary*, United States of America: West Publishing Co,1983,p.1074.

④ 刘剑文、熊伟:《税法基础理论》,北京大学出版社2004年版,第103页。

⑤ 陈清秀:《税法之基本原理》,台北,三民书局1994年版,第7页。

⑥ [日]金子宏:《日本税法》,战宪斌、郑林根译,法律出版社2004年版,第59页。

⑦ [日]北野弘久:《税法学原论》(第4版),陈刚、杨建广等译,中国检察出版社2001年版,第64页。

⑧ 刘剑文:《中国税收立法问题研究》,载徐杰主编:《经济法论丛》第1卷,法律出版社2000年版,第82~144页。

⑨ 葛克昌:《税法基本问题》,台北,月旦出版公司1996年版,第127~163页。

(四)税收法定主义的适用范围

关于税收法定主义的适用范围,有学者认为,税收法定主义是税法的一项基本原则,是指导税收立法、执法、司法和守法的根本原则,其适用范围应当涵盖上述全部领域;也有学者对此提出了不同观点,认为对于税收法定主义的适用范围要区分层次结构,不能将所有的问题放在同一个层面上处理。① 中国台湾地区学者在此问题上的研究更细化,例如,学者陈清秀在《税捐法定主义》一书中"有关税捐法定主义适用"一节,分别对其在实体法、程序法、诉讼法、处罚法领域的适用进行了详细阐述。

(五)税收法定主义的发展阶段

有关税收法定主义的发展阶段,学者的主要观点如下。

有学者认为,从近代到现代,税收法定主义大致经历了保障国民主权的形式法定主义到关注税收正义的实质法定主义的升华。例如,日本学者则提出了税收法定主义发展的三段论,即税收法定主义发展的阶段分为3个阶段。第一个阶段是传统的租税法定主义理论阶段,在这个阶段仅以法定的形式确定租税,但不规定租税法律的内容;第二个阶段是现代宪法条件下的租税法律主义,旨在限制课税立法权的滥用,其中包含量能课税、公平负担、保障人权等体现宪法理念的原则,并且贯穿于立法、行政和裁判等领域,追求实体与程序的统一;第三个阶段,重在维护纳税人基本权利,实现财税民主主义,在此阶段纳税人有权只依照符合宪法规定程序和精神的立法承担交付税收的义务,基于税收法定主义的原理有权参与税收的支出过程。② 因此,对于税收法定主义的研究,还是应先解决形式上的税收立法权的归属问题,消除税法效力体系内部的冲突和矛盾,以实现形式上的税收法治,③进而再去追求实质意义上的税收法治。

(六)税收法定主义一般问题研究述评

探究税收法定主义的实现路径,必定需要界定清楚税收法定主义之内涵,其中对"税收""法""定""主义"的界定尤为重要。目前,学界有关税收法定主义的"税收""法""定""主义"的研究,虽已十分丰富,但因确定的税收法定主

---

① 张永忠:《税收法定理论研究需要层次论》,载《理论月刊》2005年第10期。

② [日]北野弘久:《税法学原论》(第4版),陈刚、杨建广等译,中国检察出版社2001年版,第73~80页。

③ 刘剑文、熊伟:《税法基础理论》,北京大学出版社2004年版,第106页。

义,大多数是从征税、纳税法定的维度进行探讨的,而对“用税”法定是否也应放入税收法定主义的范畴展开研究的较少。有学者仅从“财税法律一体化”的角度进行了浅表性的论述,因此,在这方面的理论研究还有待加深。

对于如何从理论上加深对税收法定主义的研究,是当前实现税收法定主义不可轻视的问题,结合我国国情,税收法定主义的实现必须有一条本土化的实现路径,而传统的税法理念、税收法定主义指导思路,已经难以符合现代国家发展的需求,因此要更新税法理念、税收法定主义的指导思路。

二、税收法定主义实现之探究

对于税收法定主义实现的必要性,学界已逐渐达成共识,而如何实现,即实现应遵循什么样的路径,这是目前研究税收法定主义的一个重要问题。学界对税收法定主义实现(路径)的研究,研究面十分之广阔,研究角度各有不同。有的学者仅针对一个点,有的学者考察的是一个面,有的学者采取点面结合的方式;有的学者从理论角度出发,而有的学者则从实践层面针对具体问题提出解决方案。

税收法定主义的实现,应遵循从“无法”到“有法”,从“有法”到“良法”,从“良法”到“善治”之路径,即在改革中全面加快税收法律化进程,提高立法质量,并在适当时机推动完善税收法定入宪,将税收立法、执法、司法和守法全过程纳入法治框架,并在税收法定的基础上进一步实现财政法定。[①] 这样的路径是税收法定主义从形式法定到实质法定[②]的路径。有学者提出,税收法定原则的实现过程,实际上是税收法治化的过程,而税收法治化则是指税收的立法、执法、税务管理、纳税服务须依法;税务部门须学法、守法。有的学者则认为,税收法定主义的实现不应当是静态法定,而应该是动态法定,即不是所有的税收要素都必须由最高立法机关的法律予以规定,[③]而应当给予适当的变通与自由裁量权。也有学者基于对税收法定主义内核的归纳,认为实现税收法定主义的有效路径是建立我国纳税人权利保护官制度。[④] 有学者从目前我国经济发

---

① 刘剑文:《落实税收法定原则的现实路径》,载《政法论坛》2015 年第 3 期。

② 刘剑文、侯卓:《税收法定原则,如何落实?》,载《光明日报》2015 年 3 月 30 日,第 11 版。

③ 邢会强:《论精确的法律语言与税收实质法定原则》,载《税务研究》2011 年第 3 期。

④ Kristiina Aima, *The European Tax Ombudsman? Legal Remedies in European Tax Law*, IBFD, 2009, p. 180.

展的现状出发，提出了“从税收衡平到税收实质公平”①的税收法定化演进的路径。

（一）税收法定主义形式法定的研究

财税法学界一般认为，税收法定主义在形式层面的法定，其体系的构成，应当以税收立宪为纲，以税收基本法为税收法律体系中的母法，以规定税收基本制度的各实体法和程序法为基干，以及包括税收的各种非基本制度的法律法规规章等的总和。

结合我国当前的税收法定主义实现的现实情况，税收法定主义实现路径应以立法为中心展开，即自上而下地实现税收法定，形成完整的税收法律体系，并促进税收法定主义从形式法定走向实质法定。

其一，关于税收法定入宪。在任何一个法律体系中，宪法始终处于该法律体系的顶层，任何法律的正当性都要能在宪法中找到依据，否则就是违宪。从立法角度来谈税收法定主义的实现，首先应讨论税收立宪的问题。在宪法层面对税收法定的认可是奠定一切税收法律具有正当性的基础。

在税收立宪中如何实现税收法定主义，应包含两个方面的内容。

一方面，是税收法定主义入宪，即在宪法中明确规定税收法定。目前，很多国家宪法中都有关于税收法定的规定。例如，美国联邦《宪法》第1条第8款、②法国《宪法》第5章“议会与政府的关系”第34条第1款、③韩国《宪法》第3章“国会”第59条、④日本《宪法》第7章“财政”第84条、⑤澳大利亚《宪法》第1章“议会”第5节“议会的权力”第51条“议会的立法权”、⑥伊朗《宪法》第4章“经济与财政事务”第51条、⑦委内瑞拉《宪法》第6编“社会经济制度”第2

① 张怡：《税收法定化：从税收衡平到税收实质公平的演进》，载《现代法学》2015年第3期。

② 美国联邦《宪法》第1条第8款规定，国会的权力之一为“规定和征收直接税、间接税、进口税与货物税，以偿付国债、提供合众国共同防御与公共福利”。

③ 法国《宪法》第5章“议会与政府的关系”第34条第1款规定：“各种税收的税基、税率和征收方式等事项由法律规定。”

④ 韩国《宪法》第3章“国会”第59条规定：“税种和税率由法律规定。”

⑤ 日本《宪法》第7章“财政”第84条规定：“新课租税，或变更现行租税，必须有法律或法律规定的条件作依据。”

⑥ 澳大利亚《宪法》第1章“议会”第5节“议会的权力”第51条“议会的立法权”规定：“在遵守宪法的前提下，议会有权制定有关税收的法律，但是不能因此在各州之间或者州的各部分之间造成歧视。”

⑦ 伊朗《宪法》第4章“经济与财政事务”第51条规定：“非经法律规定，不得征收任何赋税。免税和减税由法律规定。”

章“税收和货币制度”第2节“税收制度”第317条、[1]俄罗斯《宪法》第1编第3章“联邦结构”第75条第1款、[2]罗马尼亚《宪法》第4编“经济和公共财政”第139条、[3]乌克兰《宪法》第4章“乌克兰最高拉达”第92条、[4]越南《宪法》第6章“国会”第84条。[5]

学者对我国《宪法》第56条“中华人民共和国公民有依照法律纳税的义务”之规定[6]展开了讨论，有的学者认为，该条款是税收法定主义的宪法渊源，[7]而有的学者则从法解释的五大标准，即文义、体系、历史、目的和合宪性解释的角度，论述了税收法定主义在我国宪法中的缺失。[8] 但是，无论是认为我国《宪法》第56条是税收法定主义的渊源的学者，还是持反对意见的学者，他们都认为我国《宪法》在体现税收法定主义这一方面还有待进一步完善，尤其是应当明确地在《宪法》中规定税收法定原则，以便更好地保障纳税人的基本权利。

另一方面，是在税收立宪的全过程中体现税收法定主义的核心理念。税收法定主义的核心理念是民主和法治，即在税收立宪的各个环节，制约国家机器在税收领域的权力滥用，体现人民意志，以实现国家权力与人民权利的良性互动。税收立宪的基本理论源于公共选择理论代表者詹姆斯·布坎南。布坎南认为，税收立宪是财政立宪的主要内容，实行税收立宪可以为经济活动提供一个稳定的经济与法律环境，使纳税人能够通过对预先确定的税收法律的了

---

① 委内瑞拉《宪法》第6编“社会经济制度”第2章“税收和货币制度”第2节“税收制度”第317条规定：“税收法定。没有法律依据，不得纳税，亦不得征收任何捐款。没有法律规定，不得免税、减税或适用其他税收优惠。”

② 俄罗斯《宪法》第1编第3章“联邦结构”第75条第1款规定：“将税款纳入联邦预算的税收制度和俄罗斯联邦税收和收费的一般原则，由联邦法律予以规定。”

③ 罗马尼亚《宪法》第4编“经济和公共财政”第139条规定：“税、费或其他国家预算、国家社会保障预算的收入应由法律确定。”

④ 乌克兰《宪法》第4章“乌克兰最高拉达”第92条规定：“税、费或其他国家预算、国家社会保障预算的收入应由法律确定。”

⑤ 越南《宪法》第6章“国会”第84条规定，国会的职权之一为“决定、修改和取消各种税收”。

⑥ 我国《宪法》(2018年修正)第56条。

⑦ 刘剑文、熊伟：《税法基础理论》，北京大学出版社2004年版，第108～109页。

⑧ 李刚、周俊琪：《从法解释的角度看我国〈宪法〉第56条与税收法定主义——与刘剑文、熊伟二学者商榷》，载《税务研究》2006年第9期。

解,获得对于税收负担的可预测性,从而实现对经济发展的促进作用。① 发达资本主义国家的学者关于税收立宪的思想已经形成了较成熟的税收立宪理论,并大多付诸实践。这些研究对于完善我国宪法和税法具有参考意义。

其二,关于制定税收基本法。税收基本法在一国税收法治、税收法定主义的实现中占有举足轻重的地位。在我国,对于制定税收基本法,自 1995 年以来已连续三届被列入全国人大立法规划。② 1995 年至今,学界对税收基本法进行了较全面的研究,其中包括对税收基本法基本理论、制定意义、采取何种立法模式、与税法中其他部分的衔接等问题;以及积极地探究国外税收基本法的立法实践。

国内学界在税收基本法立法必要性的研究上,虽在语言表述上有所区别,但并无实质意义上的分歧,很多学者认为,税收基本法的制定、出台、实施是依法治税、完善税收法律体系、实现税收法定主义的必要之举。当然也有持反对意见的学者,他们认为税收基本法其形式明显重于实质,并没有迫切出台的意义。同时,持支持意见的学者,在税收基本法的名称、定位、立法模式及税收基本法与税收征收管理法的关系等问题上的意见,也尚未统一。

税法总则、税法基本法、税法通则,这是已有的研究中,对税收基本法的不同称谓。目前,学界较通用的是税收基本法与税法通则。未来我国的税收基本法将采用何种名称,还有待立法机关的确认。税收基本法该如何定位,学界也呈现不同的观点。有的学者认为,税收基本法应使用税法通则这一名称,使税法通则成为一部具有较强可操作性的法律;③而有的学者则认为,税收基本法应是税收领域的宪法性法律,对其他的税收立法起主导作用。

有关税收基本法的立法模式主要是基于对国外已形成完整税法体系的国家的有益参考。世界上,以综合法典模式制定税法的国家,如美国、法国等;以通则化为模式的国家,如德国、日本、韩国等。学者基于对我国实际国情与立法现实的考虑,认为通则化立法模式比较适合用来制定中国的税收基本法,如德国的模式,即总则—税收债务—主体—税收程序的一般规定—征税行为—专门税收程序—法律责任。

---

① [美]布坎南、瓦格纳:《赤字中的民主》,刘延安等译,北京经济学院出版社 1998 年版,第 178～185 页。

② 汤贡亮、刘爽:《税收基本法研究回顾与展望》,载《税务研究》2008 年第 1 期。

③ 施正文:《中国税法通则的制定:问题与构想》,载《中央财经大学学报》2004 年第 2 期。

税收基本法应当囊括哪些具体的内容,是学界争论较多的一个问题。有学者从处理好税收基本法与宪法、行政程序法、税收征收管理法的关系视角来确定税收基本法的内容,其认为有关税收立法权限、立法程序、税收管理体制、税权划分、公民纳税的基本义务等问题应由宪法规定;而行政程序法与税收基本法是特别法与普通法之间的关系。① 目前,世界上已有税法通则的国家在具体实践中有两种方式处理行政程序法与税收基本法的关系,大多数国家是以行政程序法补充适用税收程序;而以德国、日本为代表的少数国家,则是将行政程序法排除在税收程序之外。② 日本和韩国是将税收基本法与税收征收管理法分开制定的,也有的国家是将税收征收管理法的内容规定在了税收基本法中,形成了统一税收法典。在日本的税收基本法(《国税通则法》)中,以税法要素的基本概念,明确地规定了各税种纳税义务的成立时间、纳税义务的承继、征税权和还付金的消灭时效,及时效的中断、终止等事项,并且对纳税申报作出详细而全面的规定。因此,日本税收基本法的基本内容,可作为我国制定税收基本法之参考。

在我国,有的学者认为,税收基本法的内容应包括总则、税收立法程序、纳税人的权利及义务、税务组织机构和人员、税务执法、税务司法、税务违法处罚、税务争议的处理以及税务仲裁机构等部分。③ 有的学者则认为,其内容应有税法基本原则、税收征管权、征纳行为、法律责任、税收活动的程序制度等方面的内容。④ 我国的税收基本法究竟应包含哪些内容,还需立足于我国国情,在现有立法的基础上,作出合理、科学的判断。对于税收基本法在适用上,有两种典型的观点:一部分学者认为,其适用包括名称中有"税"字的所有收入;另一部分学者则认为,除名称为"税"的收入外,还包括实质为税的各种政府收入,如收费、基金等。

其三,关于单项税收立法的研究。《立法法》第 8 条规定,"税种的设立、税率的确定和税收征收管理等税收基本制度","只能制定法律"。这为在税收法定主义下,实现"一税一法"及税收立法中的诸多细节问题提供了法律依据,也将学者的研究目光逐渐聚集到一些具体税种的立法和对税收立法中其他单项

---

① 施正文:《中国税法通则的制定:问题与构想》,载《中央财经大学学报》2004 年第 2 期。

② 这里需要解释一点,德国将行政程序法排除在税收程序外只是形式意义上的除外,因为德国税收程序中的基本原则与制度在德国联邦行政程序法典中有所体现。

③ 汤贡亮、刘爽:《税收基本法研究回顾与展望》,载《税务研究》2008 年第 1 期。

④ 施正文:《中国税法通则的制定:问题与构想》,载《中央财经大学学报》2004 年第 2 期。

的讨论。

例如，在税收法定主义的背景下，增值税法、环保税法、关税法、房产税法以及税收征收管理法的制定或修改是目前学界讨论的焦点。关于增值税法，学者普遍认为，增值税目前实行的多档税率①与税收行政性文件过多是目前存在的两大问题。在税收法定主义的视野下，在未来的增值税立法中，一是要解决税率设定的科学性、合理性问题；二是要减少层级较低的行政性文件，其中一部分要废止，另一部分要上升至法律的形式。

我国《环境保护税法》作为中央决定“落实税收法定原则”后出台的第一部税收法律，受到了学者的高度重视。有学者认为，《环境保护税法》的出台是对排污收费制度的法律化，②是税收法定主义在税种立法上的体现。从税收法定主义的维度下看环保税立法，有学者提出，在税种名称、立法宗旨、课税要素和税权分配等方面③还需要明晰和优化。

在关税法方面，关税在各个税种中，应该是最具有特殊性的，其特殊性体现在关税税率和税目会依据国家经济发展的需要进行调整，这种调整并不符合税收法定主义的形式要求。因此，在关税立法过程中如何实现税收法定主义，如何协调税收法定主义与关税特殊性的问题值得进一步研究。

从税收法定主义角度来看房产税立法问题，有学者提出，要做到形式与实质的统一，即既要解决房产税立法的位阶问题，又要在立法过程中充分争取民众的普遍同意，将开征后的实际情况及时向民众公布。④ 也有学者分析了目前我国房产税试点的合法性问题，认为在房产税试点的过程中，国务院对地方政府进行的税收立法的转授权不符合《立法法》的规定，并且地方政府的规章也与上位法相冲突，不能成为房产税征收的依据。⑤

学界对税收征收管理法修订方面的研究颇多。有部分学者认为，《税收征收管理法》修订与完善的重点在于，优化涉税信息管理制度、建立纳税评定制度、完善税收强制制度、完善税收检查制度、修改逃税和漏税等税收法律责任

① 陈国英：《对现行增值税制度的思考与建议》，载《税务研究》2017 年第 2 期。

② 吴凯：《〈环保税法〉立法原则探析：税收法定与量能课税的融合与优化》，载《世界环境》2016 年第 1 期。

③ 张守文：《我国环境税立法的“三维”审视》，载《当代法学》2017 年第 3 期。

④ 姚海放：《宏观调控抑或税收法治：论房产税改革的目标》，载《法学家》2011 年第 3 期。

⑤ 刘剑文、陈立诚：《论房产税改革路径的法治化建构》，载《法学杂志》2014 年第 2 期。

制度,降低税收救济门槛。① 有的学者则从《税收征收管理法》的立法灵魂、核心原则、主体清晰、结构再造和征纳平衡等角度,对《税收征收管理法》的修改作出了分析。②

关于税率法定的问题,有学者从价值论的角度研究了税率法定在税收法定中的制约价值与权利价值,其认为税率法定中的基本要素法定是其核心内容,这种新内涵的确立,实现了在税收方面我国法律对政府的制约、人民对政府的制约,人民民主权利的行使以及人民民主权利的保障等法治价值;③也有学者以"营改增"为切入点,论证税率调整的正当性问题,其认为税率的调整既要具备形式上的合法性,④还要具备实质的正当性,即切实在税率的创设与调整上落实好税收法定主义的精神内核。

(二)税收法定主义实质法定的研究

以立法为中心探讨税收法定主义的实现,不只是对税收实体、程序的立法进行研究,而是要把握税收法定主义的实现路径应是一个有机、完整的实现体系,在我国目前的现实情形下,需以"立法为中心"即先做到"有法可依"、"有完整的税法体系"可依,并要结合税收司法、执法、守法,完善税收法治,提高纳税人权利保护,共同促使税收法定主义由形式法定走向实质法定。但要做到税收实质法定,我们就不能以孤立、静止的眼光看问题。

税收法定主义的实现,除要解决目前税收立法的形式法定问题外,更要解决实质法定的问题。一般认为,税收法定主义的实现包含 3 个层次:形式法定只解决了第一个层次的要求;而要实现税收法定主义的实质法定,就必须达到第二和第三层次的要求,即禁止立法机关滥用权力、制约课税权,⑤保护好纳税人的基本权益。

现代税收法定主义实质法定的实现,其重点主要在于如何保护好纳税人的基本权益。有关纳税人权益保护的问题,学界讨论颇多,研究角度各一。归纳而言,外国学者多从宪法、财政法、税法、行政法的角度关注此问题,如从财政立宪、财产权与税权等方面进行研究。

---

① 施正文:《论〈税收征管法〉修订需要重点解决的立法问题》,载《税务研究》2012 年第 10 期。

② 滕祥志:《论〈税收征管法〉的修改》,载《清华法学》2016 年第 3 期。

③ 许多奇:《税收法定原则中"税率法定"的法治价值》,载《社会科学辑刊》2015 年第 4 期。

④ 张成松:《税率调整何以正当:以营改增为切入点》,载《现代经济探讨》2016 年第 4 期。

⑤ 刘剑文、侯卓:《税收法定原则,如何落实?》,载《光明日报》2015 年 3 月 30 日,第 11 版。

我国有学者将纳税人的权利分别从纳税人与国家之间的关系及与税务机关之间的关系两个不同层面进行了论述。一是纳税人与国家之间,纳税人具有宪法性权利、宏观权利和整体性权利,具体表现为民主决策权等;二是纳税人与税务机关之间,纳税人拥有税收征管的程序性权利、微观权利和个体性权利,具体表现为诚实推定权、保密权、纳税申报权等。① 有的学者认为,税收法定的前提是纳税人权利的法定。② 有学者提出,落实税收法定原则的实质和核心,就是维护税法尊严,保护纳税人的合法权益。③ 因此,以立法为中心实现税收法定主义,一定要把纳税人权利保护贯彻在有关税收的各项立法之中,真正体现纳税人的同意权。

(三)税收法定实现之研究评析

对于税收法定主义应如何实现,其实现应遵循何种路径,学者的研究成果颇丰。但多以一个方面、一个层面、一个维度的讨论为主,缺乏系统化、体系化的论证。笔者拟遵循"宏观—微观"的进路,结合税法的体系构建、税法理论的创新以及实际的税种立法作出整体性研究,在统一的指导理念下,综合性地分析、论证,使以立法为中心的税收法定主义的实现路径成为完整的体系,以指导我国税收法治的实践。

三、税收立法之法律规制研究

无论是实现税收法定主义的形式法定,还是税收法定主义的实质法定,都需要对税收立法的本身进行法律规制。此处主要涉及税收立法权配置及税收立法评估两个问题。

(一)关于税收立法权配置

关于税收立法权的含义,代表性观点如有学者认为,"税收立法权是指特定国家机关依法享有的制定、修改和废止税法的权力,即特定的国家机关依法享有的进行税收立法的权力";④也有学者认为,其中尤为重要的是税种的开征

---

① 刘剑文、耿颖:《税收法定原则的核心价值与定位探究》,载《郑州大学学报(哲学社会科学版)》2016 年第 1 期。

② 施宏:《税收法定的前提是纳税人权利法定》,载《国际税收》2014 年第 8 期。

③ 俞光远:《落实税收法定原则与纳税人合法权益保护》,载《地方财政研究》2015 年第 11 期。

④ 刘剑文主编:《税法学》,人民出版社 2002 年版,第 154 ~ 155 页。

权与停征权、税目的确定权和税率的调整权、税收优惠的确定权等;[①]还有学者认为,税收立法权是有权机关制定、修改、补充、解释和废止税收法律法规规范,配置和调整税收资源,明确涉税各主体方权利义务关系,实现国家税收职能作用的权力。[②] 从横向的授权立法与纵向的中央、地方税权的划分来研究税收立法权问题,也都有相应的研究成果。

其一,对授权立法的研究。对于立法权的归属,孟德斯鸠曾指出:“在一个自由的国家里,每个人都被认为具有自由的精神,都应该由自己来统治自己,所有立法权应该由社会成员集体享有。”[③]因此,在税收立法方面,议会或国会根据宪法的授权而保留自己专有的立法权,除非它愿意授权其他机关立法,否则任何主体不得与其分享立法权,这即是“议会保留原则”或称“法律保留原则”。[④]

我国学者从不同角度研究了税收授权立法的问题,主要包括税收授权立法的危害、税收授权立法的属性以及税收授权立法存在的合理性等。例如,有学者认为,从课税要素法定的宗旨出发,授权立法只能限于具体、个别的事项,而一般的、空白的授权是无效的,依据此类授权所制定的行政法规自然亦是无效的。[⑤] 有学者提出:“现阶段我国应针对税收授权立法存在的诸多问题,包括税收空白授权、税收转授权、缺乏税收授权立法监督机制以及缺乏税收授权收回机制等问题进行改革。而改革的基本思路是要严格地执行新的《立法法》,从严控制税收授权立法,迫使税收立法实践在整体趋势上向税收法定目标回归。”[⑥]有学者在如何监督授权立法上提出,我国税收授权立法有必要从事前、事中、事后3个环节加强监控,以增强税收立法的科学性。[⑦] 对于税收授权立法的属性问题,有学者认为,税收授权立法须具备从属性、限制性以及灵活性3个属性。[⑧] 还有学者在探讨授权立法利弊得失的基础上提出了完善授权立法

---

① 张守文:《税权的定位与分配》,载《法商研究(中南政法学院学报)》2000年第1期。

② 参见许善达:《中国税权研究》,中国税务出版社2003年版,第20页。

③ [法]孟德斯鸠:《论法的精神》(上册),张雁深译,商务印书馆1982年版,第158页。

④ 张守文:《论税收法定主义》,载《法学研究》1996年第6期。

⑤ 张守文:《论税收法定主义》,载《法学研究》1996年第6期。

⑥ 刘继虎:《〈立法法〉修改背景下我国税收授权立法制度的改革》,载《湖湘论坛》2016年第2期。

⑦ 安晶秋:《关于我国税收授权立法制度的法律思考》,载《税务研究》2007年第6期。

⑧ 刘松珍:《论税收授权立法的属性——以纳税人权利保护为视角》,载《行政与法》2007年第2期。

监控制度、强化授权立法民主性的观点。[①] 有学者从法经济学基础和立法学基础研究了税收授权立法之合理性，由于税收及税法的专业化、现代管理的专门需要、现代社会政府职能的扩张等需要，为政府税收授权立法提供了更充分的现实依据。[②]

其二，对税收立法权纵向配置的研究。税收立法权的纵向配置，是指如何在中央和地方之间划分税收立法权力。到20世纪90年代中期，我国学术界开始关注税收立法权的纵向配置。按照不同视角，对此进行了详细研究，可主要归纳为以下几方面：我国税收立法权纵向配置的现实情况、中央及地方税收立法权的具体划分、税收立法权的合宪性问题，以及违宪审查、监督制度等。

例如，有学者认为，在税收立法的纵向划分方面，税收实践与法律规定差距很大，存在税收立法权的“集中—分散”的悖论。[③] 有学者提出，税收立法权适当下放可以提高立法效率，但是权力下放应有必要的制度保证，否则地方政府的立法行为将难以监督，[④]具体应以法律的形式明确规范并有效实施税收立法权的适当下放，并且按照公共产品的层次、税源流动性和外溢性，将我国现有税种的税收立法权限在中央和地方之间作了划分。[⑤] 我国税收立法权未来划分的理想模式，应是将税种分为中央税、共享税、全国统一实行的地方税和零星地方税。[⑥] 在税收立法权纵向划分时，要遵循几个基本原则，具体包括法定原则、与事权相统一原则、立法权的划分因地制宜原则和中央税收立法权对地方税收立法权进行法律制衡原则4项原则。[⑦] 当然，也有学者反对赋予地方政府税收立法权，持反对意见的学者认为，赋予地方税收立法权会增加地方机会主义发生的风险，导致中央宏观调控能力的削弱。

---

① 王保民：《论授权立法的利弊得失》，载《西安交通大学学报（社会科学版）》2009年第4期。

② 杨玉荣：《论税收授权立法的理论及现实依据》，载《黑龙江省政法管理干部学院学报》2010年第11期。

③ 安体富：《论财政分权中的税制改革》，载《财政监督》2007年第21期。

④ 李文：《税收立法权纵向分权的制度保证》，载《税务与经济（长春税务学院学报）》2004年第2期。

⑤ 汤贡亮：《合理划分税收立法权与税收管理权》，载《法学杂志》2005年第3期。

⑥ 白彦峰：《单一制国家赋予地方税收立法权的可行性分析——基于我国国情的探讨》，载《行政论坛》2008年第5期。

⑦ 周俊鹏：《税收立法权纵向划分的基本原则》，载《广西社会科学》2008年第1期。

(二)关于税收立法评估

税收立法评估是保证税收立法质量,促进税收法定主义达到良法善治目标(实质法定)的重要机制。

目前,专门研究税收立法评估的文献较少,因此主要从立法评估的一般问题进行综述。关于立法评估的一般问题,包括立法评估概念以及立法评估理论、评估对象、评估主体、评估标准、评估方法等。

其一,立法评估的概念。"立法评估是对立法效果的评估和分析,是一系列针对立法实效进行合理性、合法性、可行性评估步骤的集合。"①其学理上的内涵主要包括两点:第一,评估针对的是具有法定立法权限的主体所进行的立法行为,主要形式包括相关的规范性法律文件以及依据这些法律文件制定的行政规章及作出的决定。第二,评估的旨趣在于效果。它重点考察立法在人们的态度、行为或者具体情形方面,实际和可能引发的变化或者无变化,以及这些变化的后果。②

其二,立法评估理论。有关立法评估的理论基础,有学者提出了"良法理论"。③ 亚里士多德认为,"只有符合正义的法才是良法;并且良法应具有普遍适用性、平等性、相对稳定性、最高权威性"。④ 古典自然法学派提出了"自然"和"理性"的概念,认为自然法就是理性法,理性作为一种遍及宇宙的万能力量,是法律正义的基础,也是衡量法之良恶的标准。⑤ 如西塞罗提出,真正的法是符合自然理性的,并具有普遍适用性。⑥ 霍布斯则把法律分为自然法和人定法两大类,认为自然法是人类理性的命令,而人定法则是国家产生以后由主权者制定的法律;人定法不得违背人的理性,即不得违背自然法。洛克认为,自然法就是一种理性的法则,理性,也就是自然法,教导着有意遵从理性的全人

---

① 王保民、崔东晓:《欧盟立法评估制度研究》,载《行政与法》2011 年第 5 期。

② 王保民:《立法评估:一种提高立法质量的有效途径》,载《青岛行政学院学报》2007 年第 6 期。

③ 邢亮:《论良法之治视阈下地方政府立法评估指标体系的构建》,载《福建江夏学院学报》2014 年第 3 期。

④ [古希腊]亚里士多德:《政治学》,吴寿彭译,商务印书馆 1965 年版,第 199 页。

⑤ 汪进元:《良宪论》,山东人民出版社 2005 年版,第 33 页。

⑥ [古罗马]西塞罗:《论共和国 论法律》,王焕生译,中国政法大学出版社 1997 年版,第 202 页。

类。所有人平等而独立,任何人不能侵害他人的生命、健康、自由或财产。① 孟德斯鸠认为,“最广泛的意义上来说,法是源于事物本性的必然关系”。② 就此而言,一切存在物都各有其法。他的良法标准,也就是法的规律性表现,即良好的法律必须符合人类社会发展的规律,保障和实现人民自由的权利。卢梭则认为,服从人们为自己所制定的法律,才能自由,③即制定的法律要符合公意,而公意的根本精神是正义。约翰·罗尔斯指出,“制度正义是首要的,即它满足了正义的两个原则;其次,一个人自愿接受这一制度安排的利益或利用它提供机会获取利益”。罗尔斯提出了正义的两个原则:一是平等自由原则;二是机会的公正平等和差别原则。其中,第一个原则优先于第二个原则,第二个原则中机会的公正平等原则又优先于差别原则,符合这两个原则的法律就是公平的法律或良好的法律。④

其三,立法评估主体与对象。评估主体决定评估的对象,是我国全国人大常委会法工委选择评估的法律、国务院法制办选择评估的行政法规、地方人大常委会和地方政府选择评估的地方性法律和规章。而在其他国家(地区),评估的主体或对象各有不同。例如,美国立法评估的对象是政府部门制定的主要规章,评估主体是规章的制定机构、联邦及地方相应机构、社会团体;日本立法评估的对象是行政立法,评估主体是内阁、政府各部及地方政府部门、行政评价局、独立行政法人评估委员会、政策评价和独立行政机构评估委员会;欧盟立法评估的对象则仅仅是具有法律约束力的法律法规,并不包括行政决策、具有社会影响力的白皮书等内容。⑤

其四,立法评估标准。关于评估标准,不同的学者对此有不同看法,具体

① [英]约翰·洛克《政府论》(下篇),丰俊功、张玉梅译,北京大学出版社 2014 年版,第 11 页。

② [法]孟德斯鸠:《论法的精神》(上卷),许明龙译,商务印书馆 2015 年版,第 9 页。

③ [法]卢梭:《社会契约论》,李平沤译,商务印书馆 2014 年版,第 25 页。

④ [美]约翰·罗尔斯:《正义论》,何怀宏等译,中国社会科学出版社 1988 年版,第 106 页。

⑤ 王保民、崔东晓:《欧盟立法评估制度研究》,载《行政与法》2011 年第 5 期。

而言，不同的学者分别提出了3项指标、[①]4项指标、[②]5项指标[③]评估的体系标准。他们虽在研究角度上有所不同，但基本上是从法理、实践、价值以及技术的维度对立法评估标准进行了论证。从法理的角度，其中共性的部分包括合法性标准、合目的性标准；从实践的角度，学者普遍认为，评估标准应由效率标准、效能标准等部分组成；从价值维度，对于传统价值与现代价值，学者均有所涉及；从技术标准的角度，学者认为，协调性、结构安排、逻辑关系、语言表达和名称等应作为技术标准的主要内容。

其五，立法评估方法。对各文献进行总结评估的方法包括成本效益法、直接观察法、案例研究法、实验研究法、资料统计法、抽样调查法、走访座谈等。

（三）税收立法的法律规制研究的不足

从已有研究中不难发现，我国税收立法在法律规制方面，主要是围绕《立法法》等展开研究的。学界对于如何提高税收法律的质量，完善《立法法》对立法权配置、立法评估、合宪性审查等规定，以及对税收法定主义衡量指标和标准的法定化等问题的研究还不够。为提高税收立法的民主性、科学性，突出税收立法的特殊性，就需要制定与之相关的法律制度，这是本选题亟须解决的重要问题。

四、税收法定主义实现的其他相关问题

税收属于财政，税收收入属于财政收入，“用税”属于财政支出。税收的征收与缴纳虽然独立，但它作为财政预算收入的重要组成部分，只有相对的独立性，因为在使用环节上，税收与其他的财政收入是合并在一起的。基于这一事实，有学者提出了“财税法律一体化”“财政法定”的理论，即构建起“财政宪定—财政体制法定—财政收入法定、财政支出法定、财政监管法定”的三层次体系。[④]

税收法定本身并不包含非税收入法定和公债法定，但如果非税收入是放

---

① 学者汪全胜提出的3项指标为：立法的质量标准、立法实施标准（执行力标准）和法律法规的实施绩效标准。

② 学者王亚平提出的4项指标为：法理标准、价值标准、实践标准和技术标准。

③ 学者汪全胜、陈建平分别提出了不同的5项指标，汪全胜认为的5项指标为效率标准、效益标准、生产力标准、质量标准、效果标准；陈建平认为的5项指标为合法性标准、合理性标准、协调性标准、实效性标准和技术性标准。

④ 刘剑文：《论财政法定原则——一种权力法治化的现代探索》，载《法学家》2014年第4期。

开的、不受法律规制的，就会影响税收法定的实现。因此，有学者主张，税收法定应包括某些所谓的非税收入，从而拓展税收法定中税的范围。如有观点认为，《立法法》并未把收费、基金明确规定应当"法定"。对税收法定中的"税"作扩大解释，也应包括一些虽然不叫"税"，但实质上也是强制性收取的费和基金。此外，公共债务（以下简称公债）法定与税收法定也具有重要的关联性。公债是国家为了筹措资金而向投资者出具的、承诺在一定时期内支付利息和到期还本的债务凭证。①

依据举债主体的不同，可将公债分为中央政府的债务（以下简称国债）及地方政府的债务（以下简称地方债）。有学者认为，从表面来看，公债似乎并不具备税收的强制性，但是，公债的偿还是以国家的税收为担保的。因此，除发行公债本身所取得的收益外，公债的本息最终仍然要以未来国家的课税来偿还。换言之，公债具有税收的先导或者隐性的税收作用，②即公债本质上是一种"延期的税收"，公债的还本付息，主要是由国家的经常收入——税收来承担。据此可见，公债法定与税收法定是相关联的。

税收法定主义的实现路径，应是将征税、纳税法定与"用税"法定有机统一起来的体系化路径。当前，学界多从征税、纳税角度研究税收法定主义的实现问题，或者仅从财政预算法定的角度研究"用税"问题，他们担心若包含"用税"法定，是否人为地扩大了税收法定的范围，故将"用税"法定纳入预算法定、财政法定的研究中。另外，对于非税收入、公债的法律规制，也被排除在税收法定主义实现路径的研究之外。在这个层面上，较少地涉及国家机关与纳税人之间的问题。③ 事实上，"用税"法定与税收法定、财政法定在"财税法律一体化"体系中是相互交叉的。另外，非税收入与税收法定也是紧密相连的，非税收入一旦不受法定的限制，那么，税收法定在一定程度上就会形同虚设。这些具体问题都会影响税收法定主义的实现。因此，与税收法定有关联的部分问题也被列入拟研究的范围。

---

① 刘怡：《财政学》（第2版），北京大学出版社2010年版，第29页。

② 王锴：《论公债的宪法基础》，载《中州学刊》2011年第3期。

③ Paul A. Samuelson, *The Pure Theory of Pubilc Expenditure*, The Review of Economics and Statistics, Vol. 36, p. 387 – 389(1954).

第三节　理论与实践意义

以立法为中心,研究税收法定主义的实现路径是要为实现税收法定主义,提供税收应当“有法可依”、“有完备的税法体系”可依,并达到有“税之良法”可依的方案,使税法成为既能维护经济社会稳定,又能保障经济社会发展的“税之良法”,以便更好地实现对纳税人权益的保护及依法治税。其理论和实践意义可以具体归纳为如下几个方面。

一、深化税收法定主义的理论基础

现代财税法越来越强调国家财政权与私人财产权之间的平衡协调和良性互动。只有构建征税、纳税与“用税”的税收实体法与程序法体系,才能在“立法”上保障税收法定主义的实现。关于税收法定主义的理论基础,国内外学界发展至今,提出了“社会契约之权利让渡论”“公共物品之有偿交换论”“税收债务关系论”“国家所有权论”等重要理论。以上的几种理论对国家征税的合法性都有一定的解释力。前3种理论所主张的权利已经让渡或交易已经达成等,说明了税收的财产所有权已发生转移,即归属于征税人(国家);而第四种“国家所有权论”则更是直接确认税收所有权归属于国家。既然税收已经归属国家,那么国家(政府)的“用税”难道还要受纳税人控制、监督、问责?“用税”是否还有必要实现法定?征税人(国家)“用税”还需要对社会承担什么义务?针对这些问题,只有把税收定性为“公共财产”,税法定位为“公共财产法”,对于税收法定主义的解释才更具正当性与合理性。

依据税法是公共财产法的理论,税收是一种特殊的、区别于公有制(尤其是全民所有制)财产的公共财产,是国家用来制作公共物品、支撑全社会的整体的存在与发展的重要物质条件。由于国家是全社会的正式代表,国家就有权向纳税人征税,国家权力机关就可以行使税收的所有权(通过预算决算的审批,决定征税与“用税”),国家行政机关就可以行使税收的用益物权(执行权力机关对征税与“用税”的决定),并通过各种国家机关及其公职人员具体的“用税”(包含在运用财政收入之中,下同),承担从事公共物品(含公共服务,下同)的生产经营的义务,享有“用税”的权利,以及公职人员有获得工资薪金福利、共享发展成果的权利。但由于国家只是全社会的代表,不直接等同于全社会,所以,税收这项公共财产最终的归属权仍属于全社会,纳税人作为这项公共财产的“投入者”所缴纳的税收，均以社会公共财产的形式存在，他们不但有权限制国家的征税权，还享有参与对国家“用税”的管理、监督、问责等过程的权利，以及作为国家“用税”所提供的公共物品的“享用者”的权利。

笔者拟对税收法定主义及其本质作出新的探讨，试图深化税收法定主义的理论基础。为实现这一目的，笔者试对什么是“税收”作进一步的追问，进一步论证税法为“公共财产法”，并以“公共财产法”理论为基础，创新税法理念，即以促进发展为理念，对构建发展促进型税法的体系作出分析，以利于从根本上回答税收法定主义不仅包括征税、纳税法定，也应当包括“用税”法定的问题，为确定税收法定主义的实现路径，提供全新的理论基础。

二、提供全面推进税收立法的方案

笔者以税法是“公共财产法”的理论为指导，为实现税收法定主义，构建税法体系提出参考方案，并对各项税收立法的特定内容及其内在联系作出分析。税收法定主义重在税收法定，而税收法定又以立法为基础。目前，我国在实现税收法定主义的实践中，税收还未达到完全“有法可依”的程度。因此，笔者将围绕税收法定入宪，制定税收基本法与纳税人权利保护法，以及构建征税、纳税、“用税”一体化的税收实体法与程序法体系等问题进行系统、全面的论证，为完善税收立法提供税法体系的构建方案。

其一，对税收法律体系基本框架的论述。税收立法要成为完整的体系，应有其基本架构。应当认为，宪法中有关税收法定主义的原则性规定、税收基本法与纳税人权利保护法三者将共同引领整个税收法律体系，构成税收法律体系的基本框架。

一是宪法对税收法定原则的规定仍需完善。我国现行宪法仅规定了公民须依法纳税，然而纳税人的范围却不等同于公民的范围；税收法定主义的传统意义在于对征税权进行限制，随着现代社会的发展，对宪法中有关税收法定主义的条款也出现了新的立法需求，即对于“用税”也应有相应的宪法规定。所以，税收法定入宪的完善，还需深入研究。二是在税收基本法的研究上，我国税收基本法 3 次纳入了立法规划，但仍旧没有出台，以及未来制定税收基本法研究的关键在于税收基本法的实用性，即税收基本法怎样成为税收法律体系总则的问题。三是纳税人权利保护法的制定。从应然层面讲，纳税人的权利既不能仅限于《税收征收管理法》中，即纳税人对征税、纳税享有的权利，也不能停留在由国家税务总局发布的《关于加强纳税人权益保护工作的若干意见》(2013 年)中规定的权利的状态。事实上,保护纳税人权利是整个税法体系的"神经中枢",所有单行税法都要体现对纳税人权利的保护,尤其是要体现对纳税人基本权利的保护。

其二,对构建税收实体法体系与税收程序法律体系的分析。对此,笔者主要从构建税法体系,确定税收法定主义的适用范围以及各项税收立法特定的内容与内在联系方面进行论证。

以税收实体法体系保障税收法定主义的实现,不仅要构建以征税、纳税("一税一法")为主的实体法体系,还须包括"用税"方面的实体法。收入与支出本就互有联系,税收法定不能限于税收收入(取之于民)法定,还应提倡"用税"(用之于民)法定。与此同时,要更好地实现税收法定主义,就不能对非税收入"网开一面"。税收收入与非税收入在事实上是可以相互转化的,如果不对非税收入进行法定限制,那么税收法定的实现就将大打折扣。当然,这里的非税收入的法定是从与税收法定相衔接的角度来谈的,并不是将税收法定与财政法定之义混同。只要造成国家税收收入短缺等有关问题,就需要有相应的法律治理措施与税收法定相衔接。

税收法定主义的实现同样离不开税收程序法体系的保障,尤其是对税收征收管理法的完善。税务机关对税收的征收管理,既要对国家负责,也要对纳税人负责,所以税务机关作为征税的职能机关,既要履行好国家赋予的职能,又应提高其为纳税人服务的意识;税收程序法应当包括处理税收案件的仲裁与诉讼的程序,如征税、纳税争议的仲裁与诉讼程序,"用税"公益诉讼的法律制度,以及与税收法定相衔接的其他相关法律制度等。税收程序法的范围应与税收实体法的范围相适应,使税收的实体性权利能得到有效救济。这是实现税收法定主义必须解决的立法问题之一,笔者将对此进行分析,以供税收立法参考。

三、提供促成"税之良法"的法律进路

依据税法是"公共财产法"的理论,可说明税收法定主义实现的最终目标是要使征税人、"用税"人与纳税人之间,征税人、"用税"人之间,纳税人之间等各种主体的税收利益,都能得到兼顾和达到平衡状态,税收的立法、执法和司法的全过程都处在法定化的运行状态中。实现税收法定主义,构建"税之良法",这正是税收法定主义的本质要求,是实现税收法定主义的充分

条件。

笔者以立法为中心,研究税收法定主义的实现路径,不但要为之设计税收法律体系,更需要关注税收立法的质量。因此,为了促成“税之良法”的形成,拟提出相应的法律对策。笔者认为,促成“税之良法”的进路,是依宪立法、依法立法的进路,应当强调税法体系结构的合理化和提高各项税法的质量,故将进行专章探讨。

一是对于《宪法》及《立法法》中有关税收法定已有特别规定的,并还能进一步完善的条款,应加以完善。例如,《立法法》只列举了“税种的设立、税率的确定和税收征收管理”,“须制定法律”,对此我们能否扩大现已列举的范围,明确地将税收基本制度都加以列举并且纳入“只能制定法律”的范围,使整个税法体系的立法有《立法法》可依。

二是《宪法》以及《立法法》中对提高立法质量已有的一般规定,在此基础上,可在税收基本法中对这些一般规定加以细化。如《立法法》中对立法评估的规定,也适用于税收立法,故不妨在税收基本法中依据《立法法》,对税收立法评估作出细化规定。

三是对于需要制定专门单行法的,就依据《宪法》以及《立法法》制定单行法。例如,纳税人(公益)诉讼,适用于税法的合宪性审查、立法评估等衡量标准,就制定单行法或者在有关法律中作出专门规定。

综上所述,研究此选题的理论和实践的意义在于,为新时期我国落实税收法定主义找到有一条“有法可依”、“有完备的税法体系”可依、有“税之良法”可依的实现路径。

第四节 研究方法

一、文献研究方法

笔者主要针对国内外税收法定主义的文献进行了收集、整理和归纳。一方面,以税收法定主义在我国已基本达成共识为基础,就如何实现税收法定主义,尤其如何以立法为中心实现税收法定主义的路径的研究,进行了比较系统地梳理,从而对国内外主流研究方向有了一定的把握;另一方面,虽然未对税收法定主义与税收法定原则作严格区分,但在文献的研读过程中,突出了对实现税收法定主义在理论上的追踪,以扩展视野、博览众家之长,深入了解实现税收法定主义的丰富内涵,深入分析我国目前的实践进展情况,力求找出其可供改进、创新之处，为完善我国税收法定主义提供理论基础。

二、规范分析方法

笔者在研究过程中紧扣现行法律文本，主要是对税收法定入宪的规范、对《立法法》中适用于税收立法的规范以及税收实体法与税收程序法的规范进行了分析，并拓展到对必须与税收法定相衔接的立法规范的分析。同时，注重对税收法定主义基础理论的推进，即在对税收立法的规范分析中，坚持税收法定主义理论的进一步深化，为实现税收法定主义奠定更坚实的理论基础。

三、实证分析方法

笔者通过对司法实践中的相关案例进行实证分析，证明税收程序法的范围应当包括：税收征收管理法，征税、纳税争议之仲裁与诉讼程序，“用税”公益诉讼法律制度（尤其是纳税人公益诉讼制度），以及与税收法定主义实现相衔接的有关法律程序等。此外，通过案例实证，着眼社会现实，并与规范分析结合起来，以求更好地解决实际问题。

四、语义分析方法

笔者以立法为中心研究税收法定主义的实现路径，在对现有法律文本展开规范分析时，对法条、法律规范的表述等，对其中的词和语句作语言要素、句法、语境的语义分析，是一种更细化的着重技术性的研究方法。例如，本书在对实现税收法定主义，需要“有法可依”、“有完备的税法体系”可依，以及需要有“税之良法”可依的路径作出分析时，对《立法法》第 8 条须制定法律的事项的第 6 项在列举了“税种的设立、税率的确定和税收征收管理”之后，用了“等税收基本制度”的用语，进行了语义分析，发现这种分析方法，可使我们回答税收法定的范围究竟有多大等问题。

五、历史分析方法

以历史、发展的眼光研究税收法定主义的实现路径，即根据税收法定实践的产生、历史发展，以及相应的税法理论的进化，梳理不同历史时期的不同观点，分析观点形成的源流，并且结合我国实际，提炼出在国家治理能力现代化语境下税收法定主义的深刻内涵。研究国外如何运用税收法定主义的原理解决各种理论冲突和实践问题,从法学理论的历史源流及形成背景中洞察税收法定主义的发展前景。

第一章　税收法定主义实践的概述

税收法定主义，是有关税法与依法治税的重要理论体系。它发端于发达的资本主义国家，并逐渐得到世界上众多国家的重视与认可。2013 年党的十八届三中全会首次提出要“全面落实税收法定原则”，这是对税收法定主义的明确认同。在此背景下，我们既应对现有税收法定主义的理论与实践有正确的认识和评价，又应对税收法定主义的演进作出分析，以税法理论的创新更新税法理念，构建起以促进发展为理念的税法体系，进而推进税收法定主义的实现。

第一节　税收法定主义及其本质

税收法定主义的实践以理解税收法定主义为基础，包括其缘起、表现形式及本质要求。

一、税收法定主义的含义

（一）税收法定主义含义的释明

税收法定主义是有关税法以及依法治税的理论。笔者以立法为中心，研究税收法定主义的实现路径，主要是以税收法定主义如何在税收立法中得以实现的问题为中心。由于在党和国家的有关文件中，通常提及的是税收法定原则，而没有提及税收法定主义。因此，笔者在进行论述时，首先对两者的关系进行分析。

税收法定主义与税收法定原则之间既有联系又有区别。二者均是以税收法定为核心内容,在本质上具有相同点。在通常情况下,若不将税收法定的理论与实践相分离,在使用时,税收法定主义与税收法定原则不予区分。换言之,税收法定主义与税收法定原则的区别在于,后者是作为税收立法、执法、司法与税法的一项准则贯彻税法制定与实施的全过程,是税收法定主义在实践中的具体表征;而税收法定主义则是税收法定原则的理论概括。即一方面,税收法定主义通过落实税收法定原则得以实现;另一方面,税收法定主义的理论指导我们更好地落实税收法定原则。

(二)税收法定主义产生的根源

税收法定主义的产生具有其经济根源、思想根源和政治根源。具体而言:

就其经济根源而言,税收法定主义的产生,主要与资本主义的生产方式取代封建主义的生产方式相关,即首先是在资本主义生产方式产生与发展比较早的欧洲国家——英国产生。在当时,议会与国王之间争夺课税权,新兴资产阶级要求征税须经议会同意,并依据法律进行,以防范国王恣意征税,由此为资本主义市场经济的资本自由逐利竞争,提供预期和稳定的制度交易成本。自此,固守封建小农经济的封建地主阶级,通过税收实行超经济的强制剥削的方式难以为继。

就其思想根源而言,历史上产生与发展资本主义较早的国家,出现了包括文艺复兴、宗教改革与启蒙运动等在内的思想解放运动,学术思想空前繁荣。税收法定主义的产生,无疑受到了这些思潮的深厚影响,体现出主权在民、私有财产神圣不可侵犯等理念。

就其政治根源而言,在资本主义代替封建主义的时期,随着资产阶级大革命的此起彼落,所谓"君权神授"的封建专制土崩瓦解,建立在资本主义经济基础之上的资本主义上层建筑,构成了税收法定主义实行的政治基础。

税收法定主义在历史上产生并延续是有其原因的。我们可从税收法定主义所内含的利益关系进行分析。

税收触及纳税人的财产利益与私权利的保护;征税人(国家)征税与公权力能否正常运行有关。数千年来,纳税人与征税人间的博弈从未停止。税收的利益冲突,要么驱动人们运用暴力解决问题;要么促使征纳双方用谈判的方式,相互妥协并达成合意,进而定为法律准则。因此,税收法定主义实际上就是人类社会为了缓和征税人与纳税人的利益冲突,所作出的一种必要选择。

历史上,人们最终决定通过税收法定协调征税人与纳税人的利益、维护社会稳定,并不是一帆风顺、一蹴而就的。无论在中国还是在外国,由于纳税人不堪税收重负，尤其是当统治者横征暴敛，甚至难以保障其基本生存时，就不得不揭竿而起，抗税造反。而统治阶级往往只在人民起义导致政权变更、朝代更替之初，才实行相对宽松的税收政策，用以稳定民心、恢复经济；但好景不长，当权者在执政数年后，逐渐又开始利用公权力横征暴敛，苛捐杂税愈演愈烈，人民再次陷入不堪重负之境，重复着因繁重税负引起的悲剧。

历史的经验总结告诉我们，征税人与纳税人的利益冲突，是人类社会核心的利益冲突之一。从理论上正确认识，并指导处理征税人与纳税人之间的冲突关系，是社会科学的重要任务之一。

诚如恩格斯所说："这只是因为在人类发展的以前一切阶段上，生产还是如此不发达，以致历史的发展只能在这种对抗形式中进行……不然……只能用人的恶意来解释。"①事实证明，税收法定主义，正是伴随生产力的发展，在较早出现以协作为基础的资本主义经济的英国率先产生的。英国等具有先进生产力并代表这种生产力的"资产阶级在历史上起过非常革命的作用"。② 当时，由于资本主义的产生和发展不平衡，英国王室不断抑制外商在英势力，英商势力不断增强，遂使英国资产阶级提升了与英国王室的博弈能力。于是，在1215年英国的《大宪章》中就出现了"除下列三项税金外，设无全国公意许可，将不征收任何免役税与贡金"③的规定，即出现了具有税收法定主义的最初规定。随后，英国在1628年的《权利请愿书》中规定："自今而后，非经国会法案共表同意，不宜强迫任何人征收或缴付任何贡金、贷款、强迫献金、租税或类此负担。"④再到

① 中共中央马克思恩格斯列宁斯大林编译局编：《马克思恩格斯选集》(第3卷)，人民出版社1972年版，第42页。

② 中共中央马克思恩格斯列宁斯大林编译局编：《马克思恩格斯选集》(第1卷)，人民出版社1972年版，第253页。

③ 英国1215年《大宪章》规定："(12)除下列三项税金外，设无全国公意许可，将不征收任何免役税与贡金。即(一)赎回余等身体时之赎金[指被俘时]。(二)策封余等之长子为武士时之费用。(三)余等之长女出嫁时之费用——但以一次为限。且为此三项目的征收之贡金亦务求适当。关于伦敦城之贡金，按同样规定办理。"

④ 英国1628年《权利请愿书》规定："据此，彼等(请愿者两院议员——译者注)伏祈圣主陛下：自今而后，非经国会法案共表同意，不宜强迫任何人征收或缴付任何贡金、贷款、强迫献金、租税或类此负担；亦不宜因此等负担，或因拒绝此等负担，而对任何人命令其答辩，或作答辩之宣誓，或传唤出庭，或加以禁闭，或另加其他折磨或困扰；亦不宜使任何自由人因上述种种致遭监禁或扣押；陛下宜调离上述海陆军队，俾民人等今后不再受累；又上述执行戒严法之钦差亦宜撤废；又今后不宜再委何人任此类特职，或令其以上述方式执行其职权，恐其有所凭借，竟违背国法民权，使陛下臣民皆有遭受陷害或被处死之虞。"

"光荣革命"胜利的1689年,英国国会制定的《权利法案》第4条规定:"未经议会授权,为王室所需而凭借特权征收钱财,超期征收或以其他非授权方式征收,均属非法。"这标志着近代意义上税收法定主义的正式形成。①

(三)税收法定主义之本意

税收法定主义首先在英国诞生时,其本意是国王不得恣意课税,征税须经"人民同意",即以经人民的代议机关制定的法律为准则。这意味着,其一,征税、纳税不可避免;其二,国家征税权需要限制;其三,限制国家征税权的方式是征税须立法;其四,国家征税立法的原则是须经"人民同意";其五,经征税立法,国家依法征税,纳税人依法纳税,征纳双方都有确定的预期;其六,征税人与纳税人在税收法定的过程中达到了利益平衡并维护了社会的稳定。可见,在传统税收法定主义下形成的税法是一种维护社会稳定的税法。

通过以上的历史分析可以看到,税收法定主义的本源含义应包括:其一,征税人(国家)的征税权要受到纳税人的限制,纳税人有权通过代议机关参与制定税法,享有与征税人(国家)的税收博弈权。其二,征税、纳税的税收要素法定,税收要素确定和征税程序合法。税收要素法定,即纳税人、征税客体、税率、计税依据、税收优惠、税收征收程序等税收基本要素应当由法律规定;税收要素确定,即税收法律的规定必须明确清晰,尽可能避免出现漏洞和歧义;征税程序合法,即征税机关必须严格按照税收法律规定的程序和权限征收税款,非经法定程序,不得随意开征、停征或免征税收。

(四)税收法定主义内容的拓展

传统的税收法定主义以限制国家征税权为起点,在税收征纳过程中保护纳税人的基本权利。随着社会经济的发展,税收法定主义是否仅限于对国家征税权的限制与在征纳过程中对纳税人权利的保护,值得思考。事实上,税收法定主义还应包含由立法者决定全部税收问题之意。长期以来,人们认为"如果没有相应法律作前提,国家则不能征税,公民也没有纳税的义务。征税主体必须依据且仅依据法律规定征税;纳税主体必须依据且仅依据法律规定纳税",即停留在对征税、纳税应法定的理解上,并未将"用税"法定纳入税收法定之中。

征税、纳税法定并不意味着"所有税收问题"都已经由立法者决定。需要

---

① Pual Hughes & Robert Fries, *Crown and Parliament in Tudor-Stuart England: A Documentary Consititutionl History, 1485 - 1714*, New York, Putnam, 1959, p. 311 - 315.

说明的是,目前“用税”在立法上还未完全独立出来,“用税”的事项大都没有直接制定法律规范,而是被包含在财政基本制度立法之中。一般来说,财政的预算收入与预算支出,最主要的内容是税收,其在预算收支中占比普遍很高,以2014年为例,我国税收在财政收入中的占比为84.9%。[①] 而“预算”立法中的预算支出部分,主要对应“用税”的内容。有学者提出,“对‘税收法定’中的‘税’要进行扩大解释,也应包括强制性收取的费、基金”。考虑到这些方面,笔者将“用税”法定的“用税”二字加上引号,表示“用税”法定在“财税法律一体化”的意义上是成立的。换言之,“用税”法定既是财政法定的重要内容,也是税收法定的重要内容。

根据上述分析,税收法定主义的实现,具体可包括以下几项内容:其一,征税、纳税的实体法问题;其二,征税、纳税的程序法问题;其三,“用税”的实体法问题;其四,“用税”的程序法问题;其五,与税收法定相衔接的相关法律制度的问题;其六,促成“税之良法”的问题。简言之,税收法定主义既要限制国家征税权,又要监督国家的“用税”;既要贯彻纳税人对国家征税的“人民同意”原则,又要贯彻纳税人对国家“用税”的“人民满意”原则,使税收法定做到从形式法定到实质法定,经由“税之良法”达到“国之善治”。

税收法定主义的扩展,实际上是税收法定主义的应有之义。以社会化生产为基础的资本主义经济,其资本逐利的市场竞争,已迫使政府开始重视提供公共物品的效益与效率。国家通过“用税”向全社会提供公共物品,既对宏观经济具有重要的调节作用,又对微观经济的可持续发展产生影响。因此,纳税人的注意力就会逐渐从国家征税中自己将失去什么利益,转移到国家“用税”制造公共物品时自己又将获取什么利益上来。

“发展才是硬道理”,[②]在经济全球化、全球市场化、市场竞争化的大背景下,我们将发展当作解决问题的关键,纳税人关心国家“用税”提供公共物品给他们带来的发展利益、关心国家“用税”的效益与法治,是全面落实税收法定原则,实现税收法定主义的一项重要内容。

---

① 崔文苑:《2014年全国财政决算亮相——“透明财政”再进一步》,载《经济日报》2015年7月13日,第5版。“根据决算表,2014年全国一般公共预算收入决算数为140,370.03亿元,完成预算的100.6%,同比增长8.6%。其中税收收入119,175.31亿元,完成预算的99.2%;非税收入决算数为21,194.72亿元,决算数为预算数的109.4%。”税收收入在财政收入中的占比为84.9%。

② 《邓小平文选》(第3卷),人民出版社1993年版,第377页。

二、我国对税收法定主义的认可

（一）我国认可税收法定主义的过程

税收法定主义第一次在我国出现，是1911年熊元翰、熊元楷、熊元襄三兄弟和熊仕昌在《京师法律学堂笔》法学丛书第22册《财政学》中的有关表达；后经周佛海（1923年）在《东方杂志》、吴崇毅（1934年）在《财政立法原理》中提及；1949年后谢怀栻（1989年）在学者刘隆亨主编的《以法治税简论》中，发表了《西方国家税法中的几个基本原则》一文，开启了对税收法定原则全面研究的先河；此后，学者刘剑文于1996年在《法学评论》上发表了论文《西方税法基本原则及其对我国的借鉴作用》，学者张守文在《法学研究》上发表了《论税收法定主义》一文。自此以来，学界对于税收法定主义的重视不言而喻，研究的重点逐步转向具体的运用、实践，而不再是基础理论的反复阐述。当然这并不是说，税收法定主义的理论问题已经彻底解决，而是仍有很大的研究空间。①

基于经济社会发展的现实需要，党的十八届三中全会的《中共中央关于全面深化改革若干重大问题的决定》（以下简称《决定》）中提出要“落实税收法定原则”。第十二届全国人大第四次会议通过的《中华人民共和国国民经济和社会发展第十三个五年规划》（以下简称《“十三五”规划》）中提出，要“按照优化税制结构、稳定宏观税负、推进依法治税的要求全面落实税收法定原则”。全国人大将“全面落实税收法定原则”纳入国民经济和社会发展的规划，是进一步对税收法定主义的肯定。

（二）我国认可税收法定主义的原因

近年来，我国对于税收法定主义的认同，是由多种原因造成的。

从我国征税发展的情况看，以1984～2014年30年间的数据为例，包括税收收入在内的国家财政收入的发展状况如下：

1984年（决算数）为1642亿元（人民币），2014年（执行数）为140,370.03亿元（人民币）。其中，2014年的财政收入中，税收收入为119,175.31亿元，非税收入为21,194.72亿元；②税收收入在财政收入中的占比为84.9%。我国财

---

① 杨大春：《对百年中国“税收法定原则”研究的回顾与展望》，载刘剑文主编：《财税法学前沿问题研究6：依法治国与财税法定原则》，法律出版社2016年版，第87～95页。

② 崔文苑：《2014年全国财政决算亮相——“透明财政”再进一步》，载《经济日报》2015年7月13日，第5版。

税收入大幅增长，财税收入数量（2015 年）已达到美国的 70% 左右。如此巨大的税收，在缺乏税收法律的状态下运行，就难免会发生风险。所以，我国加强征税、纳税和“用税”的立法，提倡实现税收法定主义、依法治税已刻不容缓。

我国税收法律体系仍然过于庞杂，税收法定原则的实现，还有待进一步落实（2022 年 3 月统计）。（详见表 1－1）

表 1－1　我国税收法律、条例及其发布时间

类别	时间	名称
法律	2007 年	《企业所得税法》
	1980 年	《个人所得税法》
	2011 年	《车船税法》
	2018 年	《车辆购置税法》
	2017 年	《船舶吨税法》
	2019 年	《资源税法》
	2018 年	《耕地占用税法》
	2016 年	《环境保护税法》
	2017 年	《烟叶税法》
	2020 年	《城市维护建设税法》
	2020 年	《契税法》
	2021 年	《印花税法》
	1992 年	《税收征收管理法》
条例	1986 年	《房产税暂行条例》
	1988 年	《城镇土地使用税暂行条例》
	1993 年	《增值税暂行条例》
	1993 年	《消费税暂行条例》
	1993 年	《土地增值税暂行条例》
	2003 年	《进出口关税暂行条例》

由表 1－1 可见，目前我国已经制定的税收法律一共 13 部，而部分重要税种还没有按照《立法法》的规定制定法律。

促进国家治理体系与治理能力现代化,提高国际竞争力的需要。财政是国家治理的基础和重要支柱,科学的财税体制是优化资源配置、维护市场统一、促进社会公平、实现国家长治久安的制度保障。我们从征税、纳税到"用税",实行全面的税收法定以及将整个财税法提升至国家治理的高度,使税收以及整个财政"取之于民,用之于民",达到"人民同意"与"人民满意"的统一,这也是促进国家治理体系和治理能力现代化、提高国际竞争力的需要。

三、税收法定主义的表现形式与本质要求

(一)税收法定主义的表现形式

一个完整的、各有特定内容的、存在内在逻辑联系的税法体系,是税收法定主义的具体表现形式,具体而言包括以下几个方面。

一是各项税收基本制度法律体系应当完备。依据《立法法》第 8 条第 6 项的规定,"税种的设立、税率的确定和税收征收管理等税收基本制度"都"只能制定法律"。《立法法》既列举说明,税种的设立、税率的确定方面的税收实体基本制度,只能制定法律,以及税收征收管理程序基本制度也只能制定法律;又在文字表述上以"等税收基本制度"概括地说明了凡是税收基本制度都只能制定法律。即必须制定法律的税收基本法律体系,既包括已经由《立法法》列举的、必须制定法律的征税、纳税的实体法与程序法,也包括《立法法》概括确定的其他税收基本制度。此外,《立法法》第 8 条第 6 项以"等税收基本制度"表述,即说明还可能有其他的税收基本制度未列举在《立法法》中,税收基本制度究竟还有哪些内容,值得进一步研究。

二是税收基本制度只能由最高权力机关制定。《立法法》第 2 条规定:"法律、行政法规、地方性法规、自治条例和单行条例的制定、修改和废止,适用本法。国务院部门规章和地方政府规章的制定、修改和废止,依照本法的有关规定执行。"根据我国《宪法》第 57 条,全国人大是最高国家权力机关,其常设机关是全国人大常委会。《立法法》第 7 条规定,全国人民代表大会和全国人民代表大会常务委员会行使国家立法权。根据《宪法》第 62 条第 3 项的规定,全国人民代表大会制定和修改刑事、民事、国家机构的和其他的基本法律。全国人民代表大会常务委员会制定和修改除应当由全国人民代表大会制定的法律以外的其他法律;在全国人民代表大会闭会期间,对全国人民代表大会制定的法律进行部分补充和修改,但不得同该法律的基本原则相抵触。

根据对《立法法》第 7 条及第 8 条的分析可知,税收法定主义的形式要求

中有关的税收立法,应是全国人大及其常委会制定的法律,并不包括国务院制定的行政法规等。

(二)税收法定主义的本质要求

税收法定主义的表现形式,要求税收基本制度必须制定法律,并且必须是全国人大及其常委会制定的法律。税收法定主义的"法",应是经过全国"人民同意"制定的法律,这是"立法者决定全部税收问题的体现"。根据我国《宪法》第2条、第57条、第58条的规定,人民通过国家权力机关行使国家立法权,制定税收法律,经过"人民同意"的程序,以体现税收法定主义的本质要求。在现代社会中,人民与纳税人的范围在某些层面上基本相当,如一国的公民通常也是一国的纳税人。因此,税收法定主义强调,税收基本问题的民主化和法定化,其核心就是人民的同意,即整体和抽象意义上的纳税人同意,要取得人民选举的代表所组成的代议制机关对税收基本问题的同意和立法,与人民当家作主、依法治国等理念天然契合。①

经过"人民同意"制定的税收法律,表明征税人与纳税人对征税、纳税与"用税"等问题,在实体法与程序法等方面达成了合意,并且在此基础上税收立法也确认和设定了征税人、纳税人、"用税"人各自的权利义务。这样的税法有利于缓和利益冲突、维护社会稳定,对促进经济社会持续健康发展,实现税收法定主义的目的来说,无疑是有益的。更何况,提高税收立法的质量,使之成为"税之良法"并达到"国之善治",是可以寻求相应的法律措施来予以保障的。

综上所述,税收法定主义的本质要求是,税收法律应是经过"人民同意",又能使"人民满意"的法律,实现税收法定主义应能使征税人、纳税人、"用税"人的利益得到高度统一。

第二节　我国税收法定主义实践的检视

自新中国成立至今,税收法定主义不仅在理论上有了长足发展,而且在实践中也开始全面落实。尤其是2013年党的十八届三中全会《决定》中提出要"落实税收法定原则"后,无论是在修订的《立法法》中,还是在具体税种的立法上,我国税收法定主义实践都有了长足的进步。我国开始了真正意义上的税收法定主义实现之路。

---

① 刘剑文:《落实税收法定原则的意义与路径》,载《中国人大》2017年第19期。

一、我国实践税收法定主义的基本情况

自新中国成立以来，我国的税收法定主义实践是随着社会经济、法治的发展而逐步深化的。以2013年为时间节点进行分析，具体情况如下。

建国初期至改革开放之前，我国实行计划经济，全民所有制经济占有很大比重。1953～1978年，国有企业收入占财政总收入的比重平均达51.44%，税收则不足50%。① 1949年我国召开首届全国税务会议，拟订《全国税政实施要则（草案）》，随后，1950年政务院发布《关于统一全国税政的决定》。到1978年，我国共有货物税、工商业税（包括营业税与所得税）、盐税、关税等14个税种。② 此外，各地还自行征收农业税、牧业税等。“牲畜交易税、盐税与牧业税没有全国统一的法律法规，由各地自定办法征收。这时，国营企业只需要缴纳工商税一种税，集体企业只需要缴纳工商税和工商所得税两种税，农村生产队一般只缴纳农业税，公民个人缴纳的税收微乎其微。”③1954年，《宪法》规定公民有依法纳税的义务。

1978年我国开始实行改革开放，从1980年9月至1981年12月，第五届全国人民代表大会先后通过并公布了《中外合资经营企业所得税法》《个人所得税法》《外国企业所得税法》。1982年12月，第五届全国人大第五次会议通过的《宪法》第56条重新作出了“中华人民共和国公民有依照法律纳税的义务”的规定。

1984年，我国实行城市经济体制改革。此前，1983年国有企业就开始试行“利改税”，将实行了30多年的国营企业向国家上缴利润的制度改为缴纳企业所得税④（这也意味着对社会公共财产与全民所有制财产作了某种区分）。接着，在全国实施国营企业“利改税”的税制改革中，国务院发布了关于征收国营企业所得税、国营企业调节税、产品税、增值税、营业税、盐税、资源税、集体企业所得税、私营企业所得税、城乡个体工商户所得税、个人收入调节税、国营企业

① 刘佐：《中国税制改革50年》，载《当代中国史研究》2000年第5期。例如，“税收收入占财政收入的比重和税收收入占国内生产总值的比重1958年分别为48.3%和14.3%，此后一度大幅度下降（最低点分别为35.6%和11.1%），后来逐步回升到1978年的45.9%和14.3%”。

② 还包括薪给报酬所得税、存款利息所得税、印花税、遗产税、交易税、屠宰税、房产税、地产税、特种消费行为税和使用牌照税，其中，薪给报酬所得税与遗产税未开征。

③ 刘佐：《中国税制改革50年》，载《当代中国史研究》2000年第5期。

④ 刘佐、马金华：《中国税制百年回眸》，载《中国税务》2012年第1期。

奖金税(1984 年发布、1985 年修订发布)、集体企业奖金税、事业单位奖金税、国营企业工资调节税、房产税、城镇土地使用税、耕地占用税、车船使用税、印花税、城市维护建设税、固定资产投资方向调节税(1983 年开征的建筑税)和筵席税的行政法规,并决定开征特别消费税。1986 年 4 月,在修改《工商税收管条例(草案)》与《税务专管员守则》的基础上,国务院发布了《税收征收管理暂行条例》。

1988 年,国家税务总局召开了成立后的第一次全国税务工作会议,提出了依法治税问题。1992 年 9 月,第七届全国人大常委会第二十七次会议通过了《税收征收管理法》。1994 年,我国进行了新中国成立以来规模最大、范围最广泛、内容最深刻的一次税制改革。

从 1984 年城市经济体制改革时起,到 2013 年党的十八届三中全会提出"落实税收法定原则",我国税收法治建设除制定了 4 部单行税法①外,国务院还先后颁布了《城市维护建设税暂行条例》(1985 年)、《房产税暂行条例》(1986 年)、《城镇土地使用税暂行条例》(1988 年)等 17 部税收条例、细则,②初步建立了税收法律法规体系。"聚财为国,执法为民"的税收法治观念已成为税收工作的价值追求;"法治、公平、文明、效率"的治税指导思想已深入人心。税收权利本位机制初步确立,即在税收立法、执法或司法中,规定了一系列法律制度和措施,维护、保障纳税人权利,限制、约束税收行政执法权力的扩

① 4 部单行税法分别是《个人所得税法》(1980 年 9 月 10 日发布,1993 年修正、1999 年修正、2005 年修正、2007 年修正、2007 年第二次修正、2011 年修正、2018 年修正)、《税收征收管理法》(1992 年 9 月 4 日发布,1995 年修正、2001 年修订、2013 年修正、2015 年修正)、《企业所得税法》(2007 年 3 月 16 日发布,2017 年修正、2018 年修正)、《车船税法》(2011 年 2 月 25 发布,2019 年修正)。

② 其余 14 部税收条例分别是《城镇土地使用税暂行条例》(1988 年发布,2006 年修正、2011 年修正、2013 年修正、2019 年修正)、《印花税暂行条例》[1988 年发布,2011 年修正,2021 年发布《印花税法》(2022 年生效)]、《增值税暂行条例》(1993 年发布,2008 年修正、2016 年修正、2017 年修正)、《增值税暂行条例实施细则》(1993 年发布,2008 年修正、2011 年修正)、《消费税暂行条例》(1993 年发布,2008 年修正)、《营业税暂行条例》(1993 年发布,2008 年修订,2017 年废止)、《土地增值税暂行条例》(1993 年发布,2011 年修正)、《资源税暂行条例》(1993 年发布,2011 年修正,2020 年因《资源税法》生效而废止)、《契税暂行条例》(1997 年发布,2019 年修正,2021 年因《契税法》生效而废止)、《车辆购置税暂行条例》(2000 年发布,2019 年因《车辆购置税法》生效而废止)、《进出口关税条例》(1987 年颁布,1992 年修订,2003 年重修发布,2011 年修正、2013 年修正、2016 年修正、2017 年修正)、《烟叶税暂行条例》(2006 年发布,2018 年因《烟叶税法》生效而废止)、《耕地占用税暂行条例》(2007 年发布,2019 年因《耕地占用税法》生效而废止)、《船舶吨税暂行条例》(2011 年发布,2018 年因《船舶吨税法》生效而废止)。

张及滥用。税收法律的不断完善，一方面，为税收法定主义的全面实现奠定了基础；另一方面，也确定了税收法治从形式法定走向实质法定的路径。但总体来说，当时我国尚未从理论与实践相结合的角度，全面深化税收法定主义的实践。突出表现为，当时制定的税收法律不多，征税和纳税主要依据行政机关制定的税收行政法规。

2013 年以来，我国真正开始将理论与实践相结合，开始实行“税收法定主义”。应当认为，我国实行税收法定主义，不是有的国家在资本主义替代封建主义的过程中，限制国王恣意课税权的重演，而是本土化语境下具有中国特色的税收法定主义的实践。

其一，党的十八届三中全会《决定》强调“落实税收法定原则”，意味着我国执政党对税收法定主义的认同与肯定。《决定》是在“八、加强社会主义民主政治制度建设”部分的“(27)推动人民代表大会制度与时俱进”中，与“加强人大预算决算审查监督、国有资产监督职能”同时提出，是直接作为推动人民代表大会制度、加强民主政治制度建设的一项重要任务被提出来的。

其二，我国 2015 年修订了《立法法》，重点体现税收法定主义的法律确定。即将 2000 年《立法法》第 8 条规定的实行法律保留的“税收基本制度”细化为“税种的设立、税率的确定和税收征收管理等税收基本制度”，且单列为一项，并居于公民财产权保护相关事项的首位。这是对落实税收法定原则强有力的支撑。此外，2015 年《立法法》第 8 条第 9 项还规定了“财政、海关”的“基本制度”也“只能制定法律”。2015 年《立法法》第 9 条至第 13 条，对全国人大及其常委会的授权立法等也作出了规定。《立法法》的修改对完善我国税收立法，实行税收法定主义具有重要意义。

其三，将“全面落实税收法定原则”列入《“十三五”规划》。2015 年 10 月，党的第十八届中央委员会第五次全体会议通过了《中共中央关于制定国民经济和社会发展第十三个五年规划的建议》，据此编制的、经过第十二届全国人民代表大会第四次会议批准的《“十三五”规划》，将“按照优化税制结构、稳定宏观税负、推进依法治税的要求全面落实税收法定原则”列入了其中。

其四，全面开展“营改增”税制改革，推动增值税法的制定。这次改革是继 1994 年税制改革以来的又一次重大变革，是在党和国家决定落实税收法定原则进程中的重要举措。

其五，我国制定了《环境保护税法》。2016 年 12 月《环境保护税法》正式出台(并于 2018 年 10 月进行了修订)，这是继党提出“落实税收法定原则”以及

《立法法》修改之后，全国人大常委会审议通过的第一部单行税法。《环境保护税法》于税收法定主义的实现，具有一定的标杆作用。首先，制定《环境保护税法》，是《立法法》的示范。既然税种设立和税率的确定需由法律规定，那么，不仅现行各项税收条例需要上升为法律，而且现实中各种具有税收性质的行政性收费也需要在"费改税"的基础上通过税收立法加以明确规范。以排污费改税为基础的环境保护税立法为此树立了典范。其次，《环境保护税法》对授权地方决定的具体事项，作出了符合2015年《立法法》要求的规定，即《环境保护税法》规定："应税大气污染物和水污染物的具体适用税额的确定和调整，由省、自治区和直辖市人民政府统筹考虑本地区环境承载能力、污染物排放现状和经济社会生态发展目标要求，在本法所附《环境保护税税目税额表》规定的税额幅度内提出，报同级人大常委会决定，并报全国人大常委会和国务院备案。"在纵向授权中，在税收要素的国家立法规定的范围内，立法权授予了地方人大而非地方政府，这是对2010年《车船税法》关于地方税授权规定的立法模式的完善。①

其六，在原有《烟叶税暂行条例》(2006年)、《船舶吨税暂行条例》(2011年公布，2012年实施)的基础上，2017年12月平移上升为《船舶吨税法》《烟叶税法》两部税收法律。2017年11月我国还发布国务院《关于废止〈中华人民共和国营业税暂行条例〉和修改〈中华人民共和国增值税暂行条例〉的决定》。2018年全国人大完成了《个人所得税法》的第七次修正，颁布了《耕地占用税法》。2019年我国颁布了《资源税法》，2020年颁布了《契税法》和《城市维护建设税法》。

此外，近30年来特别是从2013年以来，财税法学尤其是财税法基础理论发展得比较快，如"领域法学""理财治国观""公共财产法""财税法律一体化"等理论问题的提出与深化，也对税收法定主义的实现产生了积极影响。

二、我国实践税收法定主义的不足

从立法的视角来观察我国实践税收法定主义，可知目前主要有三方面不足。

---

① 《车船税法》(2019年修订)第5条规定："省、自治区、直辖市人民政府根据当地实际情况，可以对公共交通车船，农村居民拥有并主要在农村地区使用的摩托车、三轮汽车和低速载货汽车定期减征或者免征车船税。"

一是税收法定入宪仍待完善,即在宪法中对征税、纳税与“用税”作出明确规定。同时,须加快制定、出台税收基本法与纳税人权利保护法。税收能否达到“有完备的税法体系”可依以及有“税之良法”可依,都需要宪法的原则性指导。税收基本法是实现税收法定主义的总则性法律,在我国已起草多次,但迄今并未出台。保护纳税人权利则是税收法定入宪,以及税收实体法与税收程序法的制定与实施所要达到的最根本目标之一。以上问题是我国实践税收法定主义过程中需要重视和解决的问题。

二是税收法律供给不足。我国税收实体法与程序法的体系还不够完备。截至 2022 年 3 月,在我国税法体系中共包括 13 部法律,其他的税收依据均为国务院制定的条例或暂行条例,有 30 多部税收行政法规,有 5000 多部税收行政规章及税收通告,在具体实践中发挥主要作用。税收领域授权性法律文件远远超过税收法律;不仅如此,授权性税收法律文件普遍存在稳定性不够、效力层级不高、结构不科学,甚至存在与上位法相冲突等问题,这将对税收法制包括税收执法、税收司法及纳税人权利保护造成不利的影响。

三是“税之良法”形成机制的法律对策不足。例如,税收立法权配置不合理。在税收立法权横向配置上,授权性立法还大量存在,行政机关立法一度在事实上取代了立法机关立法,形成了“以行政机关为主、立法机关为辅”的税收立法权横向划分模式,继而形成“以税收行政法规为主、税收法律为辅”的税法体系,整个税收立法一度呈现立法行政化的趋势。在税收立法权纵向配置上,存在税收立法权主要集中在中央、地方缺乏相对独立的税收立法权、中央与地方的税收立法权缺乏法律上的明确界定、财政平衡依赖转移支付制度、地方非税收入的不断扩张等问题。又如,税法解释存在的问题也较多。在我国,税法解释权一般由财政部或国家税务总局行使,或由财政部、国家税务总局连同其他有权解释的机关联合发布具体解释,税法解释的行政权力色彩较浓厚。对于享有税法解释权主体的归属也模糊不清,有的将税法解释权归属于制定者,即“谁制定,谁解释”;有的则通过授权将税法解释权下放至下级部门;还有的将解释权归属于自身或是其他部门。有权解释机关对税法解释的效力也呈现一种随意性,而非法定性。此外,纳税人(公益)诉讼、税收立法评估、税收工作责任制、税法合宪性审查、税收法定衡量标准等法律对策也相对缺乏。

为了更好地解决以上问题,就需要我们以立法为中心研究税收法定主义的实现路径,以理论为基础制定出针对具体问题的解决方案。

第三节 实践税收法定主义的理论回应

随着税收法定主义实践的深入,现有税法理论逐渐产生一定的局限性,税法理论应跟随时代而更新,“公共财产法论”之税法理论创新,更有利于满足税收法定主义实践的需要。

一、实践税收法定主义的现有税法理论

(一)现有税法理论的回眸

税收法定主义作为有关税法与依法治税的一种重要理论,是征税人与纳税人利益冲突的产物。随着社会经济的发展,税收法定主义也相应地发生了变化。部分发达的资本主义国家学者最早为税收法定主义实践提供了理论支撑,对税收法定主义进行了比较丰富的论述。

其内涵包括:其一,税收法定(主义)是基于更好地保护私权利之需要;其二,税收法定(主义)也是征税人行使公权力的需要。

1. 税收法定是基于更好地保护私权利之需要

在资本主义国家,私有财产神圣不可侵犯是“宪法至上”精神下的国家根本经济制度的核心。无数的资产阶级思想家、理论家,都对这一点进行了论证,证明国家征税不得过度侵犯公民的财产权。

其一,以自然权利、自由主义等理论来证明私有财产神圣不可侵犯。在这种理论下,国家要征税,除非对人们的财产权有更大的保障作用,否则征税就不具有合理性甚至合法性。

关于这一点,英国哲学家洛克在其《政府论》中指出:“人们在过社会生活之前是处在一种自然状态中,在这个状态中,所有人平等而独立,任何人不能侵害他人的生命、健康、自由或财产。”①自然权利、自由主义除非可以得到更大的保障,人们才会选择共同体方式。他认为,“任何人放弃其自然自由并受制于公民社会的种种限制的唯一方法,是同其他人协议联合组成一个共同体,以谋他们彼此间的舒适、安全和和平生活,以便安稳地享受他们的财产并且有更大的保障来防止共同体以外任何人的侵犯”。② 这种理论试图从个人权利本位

① [英]约翰·洛克:《政府论》(下篇),叶启芳、瞿菊农译,商务印书馆1964年版,第11页。

② [英]约翰·洛克:《政府论》(下篇),叶启芳、瞿菊农译,商务印书馆1964年版,第89页。

的视角来看待人类共同体,认为共同体也是为了对人们的财产权给予更大的保障。洛克指出,“诚然,政府没有巨大的经费就不能维持,凡享受保护的人都应该从他的产业中支出他的一份来维持政府。但是这仍须得到他的同意,即由他们自己或他们所选出的代表所表示的大多数的同意。因为如果任何人凭着自己的权势,主张有权向人民课税赋而无须取得人民的那种同意,他就侵犯了有关财产权的基本规定,破坏了政府的目的”。①

其二,以“天赋人权”论等来证明税法并非征税之法,而是保障纳税人基本权利之法。

“天赋人权”是由资产阶级启蒙思想家,荷兰的格劳秀斯、斯宾诺莎,英国的霍布斯、洛克,法国的伏尔泰、狄德罗、卢梭等于 17 ~ 18 世纪提出的重要思想。关于人权的内容,根据世界各国人权法和国际人权法,可将其基本概括为 6 类,包括生命权,自由权,财产权,关于公民个人地位的各种权利(如国籍权和各项民主权利),涉及政府行为的权利(如不受任意逮捕的权利和公平审判的权利)、经济、社会和文化权利。“人权”是纳税人权利的根基。现代国家多为税收国家,作为国家财政收入主要支持者的纳税人,理应享有权利上的保障。1919 年德国《税收通则》颁布后,以阿尔伯特·亨泽尔为代表的税法学者开始从新的角度思考纳税人权利,试图寻找有别于传统学说的法理上的根基。日本学者北野弘久延续并发展了这一路径,他从国民主权原理和人权保障原则出发,认为税法并非征税之法,而是保障纳税人基本权利之法。②

私人的财产权利属于天赋的人权,属于自然权利,具有不可侵犯性。但是,正如恩格斯所说:“或者是私有制神圣不可侵犯,这样就没有什么国家所有制,而国家就无权征税;或者是国家有这种权力,这样私有制就不是神圣不可侵犯的,国家所有制就高于私有制,而国家就成了真正的主人。”③因此,私有财产究竟是否神圣不可侵犯,还须对国家公共权力作出解释,并且联系公权力的运行来思考和回答。

2. 税收法定是征税人行使公权力的需要

应当认为,既然私有财产神圣不可侵犯,国家征税不得侵犯公民的财产

---

① [英]约翰·洛克:《政府论》(下篇),叶启芳、瞿菊农译,商务印书馆 1964 年版,第 88 页。

② [日]北野弘久:《税法学原论》(第 4 版),陈刚、杨建广等译,中国检察出版社 2001 年版,第 32 页。

③ 中共中央马克思恩格斯列宁斯大林著作编译局编译:《马克思恩格斯全集》(第 2 卷),人民出版社 2005 年版,第 615 页。

权,但国家以及国家征税既已成为历史事实,国家权力运行又需要费用,那么征税就必然具有正当性。资产阶级的思想家、理论家即以各种理论来证明国家征税的正当性,在征纳税过程中需履行"人民同意"的程序,即实行税收法定主义。有关这方面的理论,主要包括社会契约、权利让渡论,公共物品有偿交换论,税收债务关系论等。

一是社会契约、权利让渡论。对此,英国政治家、哲学家霍布斯提出了"自然状态"和"国家起源说",指出国家是人们为了遵守"自然法"而订立契约所形成的一部人造机器人,"是一大群人相互订立信约,每个人都对它的行为授权,以便使它能按其认为有利于大家的和平与共同防卫的方式运用全体的力量和手段的一个人格"。[①] 霍布斯的社会契约假说,认为社会契约是能够使人们在自然状态下避免自私、残酷并赋予统治者以管理权的契约。英国哲学家洛克提出了与霍布斯不同的理论,洛克相信只有在取得被统治者的同意时,社会契约才会成立,如果缺乏了这种同意,那么人民便有推翻政府的权利。同样,法国思想家卢梭主张,政府的权力来自被统治者的认可。这些理论为资本主义国家实行税收法定主义,提供了政府与公民、纳税人社会契约的法律意识基础。

二是公共物品有偿交换论。随着时代的发展,现代国家形成了公共产品理论,该理论旨在处理政府与市场关系、政府职能转变、构建公共财政收支、公共服务市场化等问题。公共产品理论起源于古典学派(大卫·休谟、亚当·斯密等学者),后来由萨缪尔森在《公共支出的纯理论》一书中得以发展,开始建立公共产品理论。公共产品由国家提供给全社会,国民则以税收形式向国家支付费用。萨缪尔森认为:"政府必须寻找收入来源,以支持公共物品和保证收入再分配计划。这些收入来自于税收。"[②]而税收"是我们为公共物品所支付的价格",[③]这就为税收法定主义的实现提供了有偿交换论、公平分配论的法律意识基础。

三是税收债权债务关系论。德国法学家阿尔伯特·亨泽尔,针对当时德国税法学界普遍流行的"税收权力关系说"的理论,以1919年《税收通则》的制定为契机,在实质法治国家观的基础上提出:"税收法律关系性质为公法上的债权

① [英]托马斯·霍布斯:《利维坦》,黎思复、黎廷弼译,商务印书馆1985年版,第132页。

② [美]保罗·萨缪尔森、威廉·诺德豪斯:《宏观经济学》(第16版),萧琛等译,华夏出版社1999年版,第29页。

③ [美]保罗·萨缪尔森、威廉·诺德豪斯:《宏观经济学》(第16版),萧琛等译,华夏出版社1999年版,第29页。

债务关系。"[①]也即,税收法律关系的本质是纳税人应当履行的公法上的债务。

除以上3种理论外,民主、法治等理念也深深地影响着税收法定主义的产生与发展。"一切权力的源泉一向是来自人民",[②]"即使通过社会契约,最后的决定权还是属于人民,人民始终是主权者"。[③] 税收法定主义与民主有很深的渊源,不仅需要民主理论的支撑,更是"民主"在税收领域的具体体现。现代国家多为税收国家(租税国家),即其大部分财政收入来自税收。民主在财税上的体现便是依照这一主张,人民应有广泛地参与财税事务管理的权利,保护纳税人的基本权利,限制政府权力,控制国家征税权,保障税收法律关系主体平等,重大税法事项由人民决定。

亚里士多德在《政治学》一书中曾提出:"我们应该注意到邦国虽有良法,要是人民不能全部遵循,仍然不能实现法治。法治应该包含两重意义:已成立的法律获得普遍的服从,而大家所服从的法律又应该是制定得良好的法律。"[④] 法治在税收领域的集中体现就是税收法定主义。从历史层面进行考察,学者普遍认为,税收法定主义推动了近代法治的确立。如日本学者金子宏认为:"税收法定主义不但构成了法治主义的重要组成部分,是法治主义规范和限制国家权力,以保障公民财产权利的基本要求和重要体现;而且从渊源上说,还是现代法治主义的发端与源泉之一,对法治主义的确立起到了先导和核心的作用。"[⑤]

基于上述理论,国家是因为国家权力运行需要经费而进行征税的。那么,国家征税的权力从何而来?对此,学界提出了一系列理论:或是纳税人应向国家履行公法上的债务,或是国民以税收形式取得国家的公共物品,或是因权利让渡的"社会契约"。这些理论都肯定了纳税人需要承担纳税义务在财产层面上的理由。而民主政治论与法治论,则说明了国家权力属于人民,人民通过法治实现自己应有的权利与利益。

税收法定主义最初仅以税收立法来限制国家税权,防范国王恣意侵犯纳税人的私人财产权,而纳税人则通过立法保护自己的财产权不受过度侵犯。如果把税收作为对纳税人的私人财产权可以侵犯但不能过度侵犯来解释税收法定主义所要体现的"人民同意"。那么,不禁要问,难道人民能对侵犯其财产

① 刘剑文、熊伟:《税法基础理论》,北京大学出版社2004年版,第64页。

② [英]约翰·弥尔顿:《为英国人民声辩》,何宁译,商务印书馆1958年版,第165页。

③ [法]卢梭:《社会契约论》,何兆武译,商务印书馆1980年版,第121~125页。

④ [古希腊]亚里士多德:《政治学》,吴寿彭译,商务印书馆1965年版,第133页。

⑤ [日]金子宏:《日本税法原理》,刘多田等译,中国财政经济出版社1989年版,第48页。

权的行为欣然表示同意吗？因此，在纳税人私人财产神圣不可侵犯的前提下，只有当政府的权力被确认来自被统治者，而这种权力源于纳税人的自愿让渡或者自由交易（以纳税换取公共物品）等，才能证明税收具有正当性。此时，部分国家的税收法定主义理论，似乎才能从财产权的角度自圆其说。

实行税收法定主义并不是为了取消税收，人们也无法避免应缴纳的税收。马克思指出："赋税是政府机器的经济基础，而不是其他任何东西。"①国家存在的经济体现就是捐税。恩格斯也指出："为了维持这种公共权力，就需要公民缴纳费用——捐税。"②只要还存在国家，就必然存在税收。历史上税收法定主义的产生，在很大程度上是因为税收在古代社会普遍偏向统治者利益，这种偏向容易引发统治阶级与被统治阶级的对抗，阻碍经济社会的正常发展。因此，新兴资产阶级提出了税收法定这一主张，期望征税通过议会立法给予纳税人一个限制国家征税权的机会，直至以权利让渡、自由交易等加以解释，缓和征税人与纳税人、官与民的利益冲突并保障社会稳定。

（二）现有税法理论回应税收法定主义的局限

根据以上分析，已有税法理论对于解释征税人征税与纳税人纳税的财产关系具有很好的解释力：一方面，提出了限制国家作为征税人侵犯私人财产权，维护了私有财产神圣不可侵犯的基本原则；另一方面，论证了国家能够征税的理由是纳税人同意让渡权利或者与征税人存在交易关系。这样就解决了征税与纳税内在逻辑的一致性问题。

然而，随着税收法定主义实践的发展，这些理论也逐渐显现出一些局限性。事实上，这些税法理论对于税收法定主义的支撑，主要是为征税须经"人民同意"提供了财产权上自圆其说的理论依据。在中国古代社会就有"普天之下莫非王土，率土之滨莫非王臣"之说，资本主义国家的税法理论从事实上颠覆了这一点，论证了私人财产不可侵犯，国家征税除非经过纳税人同意，否则不可为。然而，纳税人为什么要让渡权利或通过交易来同意国家征税？

日本学者北野弘久真正看到了这一点。他认为，税收法定主义的发展从应然层面分析会经历"三个阶段"：第一，传统的租税法定主义理论阶段，在这

① 中共中央马克思恩格斯列宁斯大林著作编译局译：《马克思恩格斯选集》（第3卷），人民出版社1972年版，第22页。

② 马克思、恩格斯：《马克思恩格斯选集》（第4卷），中共中央马克斯恩格斯列宁斯大林编译局译，人民出版社1972年版，第167页。

个阶段仅以法定的形式规定租税,但不规定租税法律的内容;第二,现代宪法条件下的租税法律主义阶段,旨在限制课税立法权的滥用,其中包含量能课税、公平负担、保障人权等体现宪法理念的原则,并且贯穿立法、行政和司法等各领域,追求实体与程序的相统一;第三,旨在维护纳税人基本权利,实现财税民主主义阶段。在此阶段,“纳税者有权只依照符合宪法规定程序和精神的立法承担交付税收的义务,有权基于税收法定主义的原理关注和参与税收的支出过程”。① 税收法定在实践中的变化,使税收法定主义也处于进化之中。资本主义社会生产力的再发展,使之遇到了各种危机与障碍,纳税人不仅关注纳税,也开始关注税收支出过程,这是让渡权利或通过交易的税法理论所难以解释的。因为,既然权利已经让渡、交易达成契约,纳税人对征税人如何使用税收,便也就丧失了参与的权利。基于此,税法理论的更新已经在所难免。

二、实践税收法定主义的税法理论创新

(一)创新税法理论的必然性

日本学者北野弘久提出:“只以法定的形式确定租税,但不规定租税法律的内容,这只是初始的税收法定主义,初始的税收法定主义也只能做到税收只须立法这种程度。然而,税收立法权仍然可能被滥用,体现量能课税、公平负担、保障人权等可能不足,不能很好贯穿于立法、行政和司法等领域,而且实体与程序的相统一的税法体系并没有形成。这使‘税收法定’的实践开始发展为征税、纳税实体与程序的相统一的税法体系。”②不仅如此,纳税人也开始“关注和参与税收支出的过程”,关心国家“用税”的效益与法治问题。比如,对于要缴纳多少税,税收如何缴纳,以及纳税是否公平,征税、纳税的纠纷是否能够得到公平的处理,税收的具体用处,税收使用的效率与效益,纳税人可行使的监督权等,诸如此类的问题在实行税收法定主义的初始阶段是很少涉及的。

笔者认为,税收法定主义实践的发展是资本逐利下的自由竞争的必然选择:其一,资本逐利下的自由竞争,虽极大地推动了社会生产力的发展,但也带来了资源与环境(包括可控与不可控的资源与环境)的巨大破坏,人类社会需

---

① [日]北野弘久:《税法学原论》(第4版),陈刚、杨建广等译,中国检察出版社2001年版,第73~80页。

② [日]北野弘久:《税法学原论》(第4版),陈刚、杨建广等译,中国检察出版社2001年版,第73~80页。

解决资源枯竭、气候变暖等日益严重的问题。其二,资本以逐利为核心,劳动者的所得必然受资本逐利竞争的制约,只能被控制在劳动力商品的价格范围内,致使全社会中劳动者的消费,以及资本家的新消费,总是赶不上生产增长的速度。于是,自1825年以来,每十年左右就会出现一种周期性、以过剩为特征的经济金融危机。其三,以损害消费者利益的逐利行为日渐成为造成个人身体素质、劳动力素质降低的重要因素之一。其四,综合性两极分化的社会危机也时有激化。

总之,在市场经济中由于资本逐利的个体理性所造成的整体非理性,近期理性,远期非理性,导致支撑资本盈利的劳动力要素相对衰落,以及自然资源与环境的损坏,资本无法可持续盈利的情况时有发生。此外,资本逐利的一些非理性行为也时常加剧这种危机。这已经不能不要求国家作为社会的正式代表,必须承担起对经济社会可持续健康发展的领导和保障任务。一方面,一个国家的国家治理体系与治理能力的现代化,已经在经济全球化、全球市场化、市场竞争化之中大大加速,成为一国国际竞争力的重要内容;另一方面,国际的应对,包括联合国、世界贸易组织和其他各种国际组织,促进经济社会可持续健康发展的各种合作共赢方式,也繁荣地发展起来了。

国家的职能开始从维护稳定向维护稳定与促进经济社会发展的方向扩展。当然,为了满足促进经济社会发展的需要,国家权力运行的费用也会随之增多。同时,纳税人除继续关注对国家征税权的限制外,也开始"关注和参与税收的支出",关心国家"用税"的效益与法治,以及国家"用税"能够给他们带来什么。反映在税收法定主义上就是:其一,世界上许多国家在完善税收法定入宪的同时,还制定了税收基本法和纳税人权利保护法,这是从体现税收法定主义的总体要求的意义上完善税收立法。其二,税法开始了税收实体法与税收程序法的统一立法,征税、纳税的税收立法体系逐渐走向完整;更重要的是,以税收立法为主的财政立法预算绩效评估以及纳税人(公益)诉讼等涉及国家"用税"的实体与程序的立法也逐步发展起来了。其三,税收法定与非税收入、税收风险相衔接的法律治理,以及政府债务的法律治理等也成为研究税收法定所要涉及的内容。此外,在税收法定主义实践中,还应更加注重"税之良法"的完善。例如,完善税收立法权配置的立法、完善税收工作责任制的立法、完善税收法定主义衡量标准的立法等。税收法定主义实践的不断深化,对税法理论提出了新要求,即原有的税法理论虽然论证了国家征税,需经过纳税人同意,包括愿意让渡权利或者通过交易;但这对解释纳税人的财产在转入国家之后,纳税人为什么对国家“用税”享有知情权、监督权等权利,仍缺乏有力解释。这是税法理论需要深入研究并回答的问题。

(二)税法之“公共财产法”理论的提出与证成

税法之“公共财产法”理论的提出与证成,是为了更好地解释税收法定实践所提出的新问题。原有的税法理论难以解释国家取得税收之后为什么还要受纳税人的制约,而“公共财产法”则对此提供了一个清晰的视角。

1.“公共财产法”理论的提出

有学者认为,“税法不是侵犯纳税人财产权的法律,而是保护纳税人财产权的法律”。[①] 财税法所调整的财税关系或者公共财产关系,[②]本质上是一个财产法或者“公共财产法”问题,它与私法一起构筑了私人财产权的双重保障体系。作为公共财产法,财税法既要处理其与私人财产法(民法、商法)的关系,划定私人财产征收的限度及程度,防范公权力侵犯合法的私人财产,又要保障公共财产安全,防止公共资金被挪用、侵吞与浪费。同时,财税法负有公平、公正、公开地分配财政资金的任务,为社会提供必要的公共产品或者公共服务。[③] 税法属于公共财产法理论的产生,使以往关于税收具有无偿性、强制性、固定性的理论在人们心目中有所转变,也动摇了税收是对纳税人财产权的侵犯,即税法是“侵权法”的观念。财税法意义上的公共财产法,就是治理“公众之财”之法、控制政府公共财产权之法、规范政府财政收支行为之法,进而彰显其保护纳税人权利之本质。[④]

作为公共财产法的税法,既具有静态的公共财产性,又具有动态的公共财产性,其更多地强调国家与纳税人之间的协商与合作,而不是对立与对抗,这对于实现征税人与纳税人的合作共赢具有重大意义。

2.税法属于“公共财产法”的证成

上文已提出,税法属于公共财产法,而税法为什么属于公共财产法,税法属于公共财产法又有什么特征?有学者认为,“公共财产法可以分为财税法和非财税法两大部分,前者主要包括财政基本法、财政收入法、财政支出法和财政监管法等,后者包括自然资源法、能源法、国有资产法(但依法上缴且纳入预

---

① 刘剑文:《重塑半壁财产法——财税法的新思维》,法律出版社2009年版,第5页。

② 公共财产关系包括收入、支出和管理等关系。

③ 刘剑文:《公共财产法视角下的财税法学新思维》,载刘剑文主编:《财税法论丛》第13卷,法律出版社2013年版,第69页。

④ 刘剑文:《公共财产法:财税法的本质属性及其法治逻辑》,载《财经法学》2015年第1期。

算的国有资产经营收益属于财税法范围,此处存在交叉)、公物法和其他非财税法等。财税法和非财税法之公共财产法共同组成了公共财产的基础性法律体系”。[①] 笔者的观点如下。

(1)税收属于公共财产的性质决定了税法属于公共财产法

税法是公共财产法是由税收的公共财产属性所决定的。公共财产,是指一定范围内的社会成员共同享有所有权的财产。[②] 公共财产在有的国家又称“公产”,包括公家财产、公共产业,与“私产”相对。这里我们取其“公家财产”之义,是指供公众使用或供公务使用的财产,它的性质是供公众使用或供公务使用的财产。由于税收服务于政府为社会提供公共物品,因此,税收是一种公共财产。我国历史上虽然有“普天之下莫非王土,率土之滨莫非王臣”的说法,但也有税收是“取之于民,用之于民”[③]之说,此话包含了税收所有权属于人民之意。不仅如此,在历史上,有的封建帝王也直接承认税收的所有权不属于自己,如唐玄宗曾经拒绝其下属为皇女、公主争取待遇,称“百姓租赋,非我所有”。[④] 实际上,由国家掌控的税收都是从纳税人手中一点一滴地征收、聚集而来的,它本是归属于纳税人的共同财产;纳税人纳税后,对税收的所有权并没有消失,而是以全社会公共财产的形式存在。

在历史上,国家不是从来就有的,国家所掌控的税收财产皆来自纳税人;而纳税人(特别是自然人)是从来就存在的,纳税人拥有财产具有自发性。纳税人的财产是不可剥夺的,哪怕是用征税的方式,否则一定会发生激烈对抗。从人具有社会性的角度分析,纳税人并不能孤独地生存与发展。纳税人作为人,是社会的动物,人存在的群体性是不可回避的,而维护群体或共同体的生存与发展的公共需要,必须有一定的经费作为支撑。税收的本质就是纳税人拿出一部分财产,用作其赖以存在的国家这种特殊群体或共同体的生存与发展的公共费用,即公共财产。[⑤]

---

① 柴金发:《关于公共财产法的几个基本问题》,载《财税法学动态》2014 年第 7、8 期。

② 一定范围内的社会成员共同享有所有权的财产,所有权主体只有一个——全体社会成员。

③ 《荀子》:“上好贪利,则臣下百吏乘是而后丰取刻与,以无度取千民。”第十一篇,君道。

④ [美]B. 盖伊·彼得斯:《税收政治学:一种比较的视角》,郭为桂、黄宁莺译,江苏人民出版社 2008 年版,第 5 页。

⑤ 对税收是公共财产,还可解释为纳税人所掌控的财产中,有部分财产本属于公共所有,因为这是他利用了公共的自然资源、人力资源等应向社会支付的对价。国家就代表全社会从纳税人那里,通过征税把分散的属于公共的财产聚集起来。税法也就是征税人与纳税人对这部分财产属性达成的共识与合意的法律表达。

"国家从纳税人处取得的财政收入理应称为'公共财产',财税法作为对这笔财政收入的筹集、管理和使用等整个流程的规制之法,作为对国家利用这笔资金充分地为公共事业服务的保障之法,自然即为'公共财产法'。"①公共财产法是规范公共财产行为的法律规范的总和。税收是公共财产,税法属于公共财产法。公共财产法所要调整的是公共财产关系。税法正是规范公共财产行为的法律规范的一部分。

(2)税法是一种特殊的公共财产法

税法调整围绕税收(公共财产)的"征、纳、用"所产生的征税人、"用税"人与纳税人之间的关系,是一种特殊的公共财产法。税法的特殊性主要有以下两点。

其一,税法调整围绕税收(公共财产)的征、纳、用所产生的征税人、"用税"人与纳税人之间的关系。

一是对纳税人来说,税收(公共财产)是每个纳税人因纳税形成的属于全社会的公共财产,各个纳税人是税收公共财产的投入者;但一经纳税,税收就成为全社会的公共财产,全社会成为税收财产的所有权人。各个纳税人不再独立享有其所缴纳税收财产的支配权,但其可以全社会成员的身份共同享有对整个税收财产的支配权。二是对征税人来说,由于国家是全社会的代表,所以从全社会生存与发展的需要出发,国家有权向纳税人征税并对税收代为行使所有权。税收的归属与行使是可以两相分离的:税收虽然归属于全社会,但全社会作为拟制的主体难以享有税收的所有权,国家作为全社会的代表不直接等同于被代表的全社会,但它可以通过国家机构及其公职人员来代表全社会享有税收的所有权,同时它又须对被代表的全社会负责。

其二,税法主要由国家掌控、运用税收公共财产,并从事生产经营公共物品的法律规范构成,这是税法的重要特征。税法调整围绕税收(公共财产)的征、纳、用所产生的征税人、"用税"人与纳税人之间的关系,由此配置权利义务,规范征税人、"用税"人与纳税人的行为。

一是对纳税人行为的规范。纳税人有依照法律纳税的义务,同时又享有纳税人的基本权利,即享有以社会成员的身份,与其他纳税人共同管理并使用税收。纳税人所享有的权利并不是由一个简单的权利所构成的,而是一个由不同的单一权利构成的权利体系或权利集合。可以认为,纳税人在依法履行

---

① 刘剑文等:《财税法总论》,北京大学出版社2016年版,第143页。

纳税义务的同时，享有通过代议机关参与制定税收实体法与程序法的权利、享有要求公平税负的权利，以及在征税、纳税中享有税法规定的各项权利等。换言之，每一个纳税人虽有纳税义务，但同时也与其他纳税人一起构成整体纳税人，并与征税人对税种的开征、税率的确定、纳税对象、纳税方式等作出约定。对税收公共财产的筹集、管理、分配、使用的整个过程，都享有知情、评估、监督、问责等权利。

此外，纳税人对各种国家机关及其公职人员运用税收公共财产，从事公共物品生产的经营成果，享有包括提起税收公益诉讼在内的公共物品"享用者"的各种权利。必须说明，这些权利是纳税人应有的权利。在税收法律关系中，国家作为征税人是全社会的代表人，而全体纳税人（包括国家机关的公职人员在内）是被代表人，国家对税收公共财产的筹集、管理、分配、使用，对被代表人（包括国家机关及其公职人员在内的全社会）负责，税法保障纳税人的权利，合乎代表人的理性，对全社会的共同发展有利。

二是对征税人行为的规范。国家作为征税人，代表全社会对税收公共财产进行筹集、管理、分配、使用，既行使公共权力，又（代表全社会）代为行使税收财产所有权。

作为征税人的国家依法行使征税的公共权力。征税人所享有的公共权力是人民赋予的。国家通过立法有权合法地将纳税人的一部分财产筹集、转化为社会公共财产，以保障全社会整体生存与发展的公共需要，从而为社会个体的可持续生存与发展提供充分与必要的条件（公共物品、公共服务）。显然，国家只能从纳税人的内在需要中征税，国家征税既不是凭公权力剥夺纳税人的财产归于己有，也不是由国家任意决定征税的数量与方式，而是要根据实际的需要与可能，经过"人民同意"。国家在征税过程中处于主导性地位，这使征税成为一种权力，但我们应当认识到，根据现代税法理念的转变，国家的征税权力实质上应为纳税人服务，即国家征税应为纳税人提供公共服务。当然，这种公共服务与国家经营整个公共物品所需经费，都只能从财政收入中支出。

作为征税人的国家，代表全社会行使税收（公共财产）所有权。国家通过立法授权征税机关（税务、财政和海关）征收、筹集税收收入，再由国家依照宪法规定，代表全社会行使公共财产所有权，并按宪法和法律的规定配置用益物权，将税收的管理、分配、使用等纳入税收法治。国家通过立法授权财政机关具体行使财政收支等行政管理权。各个国家机关及其公职人员具体行使用益物权与公共物品经营权，最终将公共物品无偿地提供给全社会，由全社会的纳税人公平“消费”，但不是一对一的等量纳税并获得等量的公共物品。国家公职人员也从中开支工资、薪金、福利费用，并共享发展成果。作为征税人的国家代表全社会行使税收公共财产所有权，向全社会负责，受纳税人监督，使“人民满意”，全面保护纳税人权利。使纳税人从“同意”到“满意”，使纳税人对纳税有相应的预期和获得感，这正是税收法定主义更深层的本质所在。

对于税法公共财产法属性的求证，不是对公共财产法的全面研究，而是证明税法属于公共财产法的一种特殊形式。税收是公共财产，税法是公共财产法这一理论能更好地解释国家征税、“用税”的正当性，纳税人参与、监督税收的立法和纳税的必要性，以及纳税人在缴纳税收后仍然可以监督“用税”等问题。由此，为税收法定主义的实现，即满足从“征税、纳税”法定到“用税”法定，奠定了坚实的理论基础。

第四节　更新税法理念、深入实践税收法定主义

税法的公共财产法理论更新了人们的税法理念，支撑了税法理念由税法维护稳定向既能维护稳定又能促进发展的方向转变，即税法应是发展促进型税法。以税法理念的更新构建税法体系，是实现税收法定主义的应有之义。

一、公共财产法视野下税法理念的更新

（一）新税法理念之提出

税法理念是“人们对税法的理解”。[①] 对于税法理念，学界有传统的属于公法范畴的税法理念，以及以公法理念为主导，与私法理念兼容的新型税法理念。笔者则从税法的功能及目的的角度，将其分为“维护稳定型”税法理念与“促进发展型”税法理念。

1.“维护稳定”是税收法定初始阶段的税法理念

税法随着经济社会的发展而变迁。税收法定主义的实践，在开始时着重

① 谭志哲：《当代中国税法理念转型研究——从依法治税到税收法治》，法律出版社 2013 年版，“前言”第 3 页。谭志哲认为：“税法理念是指人们在对税收法律现象进行反思与总结的基础上，所形成的对税收法律的基本看法、意识、信念或观念，是人们对税法的理解以及由此形成的税法认知模式。”

以法定形式确定租税,并不规定租税法律的内容。[①] 处于较低级阶段的税收法定主义,主要是为了解决纳税人对国家征税是否拥有基本的话语权,以及对君王恣意征税权力能否加以限制的问题。在税收法定主义发展的低级阶段,保障纳税人合法财产权不受国家征税权的过度侵犯的核心理念中,仍然存在税收属于统治者的假设,税收法定只是限制纳税人的合法财产权益不受"过度侵犯"。其实质是为了缓和统治者与被统治者、征税人与纳税人的关系,将统治者对被统治者的财产侵犯控制在被统治者或是纳税人可以承受的范围之内。在这个阶段的税法,只是一种以"维护稳定"为其核心理念的税法。

2. 税收法定主义基本假设的更新

随着税收法定主义实践的深入,仅规范征税、纳税的税法开始从形式延伸到内容,即确认国家征税不得侵犯纳税人财产,除非纳税人同意让渡权利、有偿交换等。这是税收法定主义基本假设的更新。这种理念使税收法定主义从限制国家征税权力,转变为除非纳税人同意转让权利或同意有偿交易,即财产权人可有权自由处分自己的财产来应对国家征税。

资产阶级的思想家、理论家从理论上阐述了民主、法治、人权等理念,支撑了税收法定主义从形式到内容的深化,其核心在于"私有财产神圣不可侵犯"。综观历史,随着法学思想的发展和传播,人们重新审视了税法以及税收法定主义。17～18 世纪荷兰的格劳秀斯、斯宾诺莎,英国的霍布斯、洛克,法国的伏尔泰、狄德罗、卢梭等纷纷对"天赋人权"进行了论证,其重要理论包括"社会契约""公共产品理论""法治""税收债务关系说"等。东方学者则在前述基础上进一步肯定了税收法定主义。如日本学者金子宏认为,税的法律主义(税收法定主义)是"支配税法体系的基本原则"[②]之一。我国台湾地区学者黄茂荣认为,"税收法定主义、量能课税原则(实质课税原则)与稽征经济原则并列为税捐法之建制的三大基本原则"。[③]

随着税收法定主义实践的深入,及其理论阐释的深化,规范征税、纳税的税法内容也进一步明确化,税法理念也有了新变化。上述理论在事实上认为,国家代表全社会从分散的纳税人手中筹集税收,作为财产所有者的纳税人向

---

① [日]北野弘久:《税法学原论》(第 4 版),陈刚、杨建广等译,中国检察出版社 2001 年版,第 73～80 页。

② [日]金子宏:《日本税法》,战宪斌、邓林根等译,法律出版社 2004 年版,第 57 页。

③ 黄茂荣:《税法总论(法学方法与现代税法)》(第 1 册增订 3 版),台北,植根法学丛书编辑室 2012 年版,第 299 页。

国家让渡其权利，或者是有偿交换等，即税收不是归属于统治者的财产，而本就是纳税人的私人财产。这就从税收立法的税收内容上肯定了纳税人的财产权是不容侵犯的，除非纳税人愿意让渡权利、有偿交换等。由此大大促进了对课税立法权滥用的限制，将量能课税、公平负担、保障人权等基本原则贯穿税收的立法、行政和司法等之中，在征税、纳税的法定上，对实体法与程序法都赋予正当性基础。

3. 税法理念应从维护稳定向促进发展变化

无论是税收属于国家的假设，还是税收属于纳税人财产的假设，两者都没有涉及税收如何使用的问题。换言之，税收如果属于国家，当然地由国家支配、利用，与纳税人无关；如果税收属于纳税人，当纳税人把税收缴纳给国家，或者与国家进行了有偿交换，税收的所有权就已经流转到国家手中，那么纳税人便无权干涉国家对税收的支配、利用。可以认为，税收法定主义的实践促使纳税人开始"关注和参与税收支出"[①]立法，财政法定也随之发展起来。因此，国家不可肆意侵犯纳税人的财产权，事实上纳税人对所纳税款也并没有丧失所有权，而只是用私人财产转变为公共财产，纳税人对税收（公共财产）仍然享有相应权利。

纳税人对税收，并非只有在征税、纳税中享有限制征税人权力的权利，他们也享有关注和参与税收支出的权利，即包括对税收具体用途、经营公共物品的效益、对滥用"用税"权行为的处理、纳税人能否公平享用国家"用税"制造的公共物品等关注和参与的权利。当税收立法深入"用税"法定时，税收法定主义才真正从形式层面进入实质层面。而税收法定主义从形式向实质层面的过渡，蕴含了促进发展型的税法理念。具体而言，征税、纳税与"用税"一体化，体现了纳税人从投入到产出直到"消费"享用的全过程。纳税人通过享用公共物品，既要保证自身的存量利益不受侵害，又要在此基础上提高自己的增量利益。纳税人存量利益的保障来自税法发挥其维护稳定的功能，纳税人增量利益的发展则来自税法促进发展的功能。因此，税法理念应从维护稳定向促进发展进行变化。

这里所说的"发展"，是指事物由小到大、由简单到复杂、由低级到高级的变化。税法所要促进的是经济社会的发展（包括经济增长与社会进步）。所谓

---

① ［日］北野弘久：《税法学原论》（第4版），陈刚、杨建广等译，中国检察出版社2001年版，第73～80页。

“促进发展型”税法,是指一种将征税、纳税与“用税”融入一体的、着重税收的运用效益,保障征税人、“用税”人与纳税人增量利益公平,即发展公平,促进经济增长,同时促进社会进步的现代税法。事实上,现代社会也只有不断地向前发展,才能真正地保持稳定,这也是财税法治的目的之一。

(二)公共财产法理论对更新税法理念的支撑

税收法定主义实践的深化,其主要表现形式是征税、纳税与“用税”法定的“财税法律一体化”的税收立法趋势已经出现。税法从“维护稳定型”向“促进发展型”进化是必然的。税法应对保障经济社会可持续健康发展发挥作用。税法不仅要保障国家能够顺利地获得税收收入、纳税人能得到税收公平,更要保障税收的筹集、管理、分配和使用的效益,以及对公共物品的“消费”享用公平,从而达到全面的税收公平,以便为经济社会的可持续健康发展服务。党的十九大提出:“中国特色社会主义进入新时代,我国社会主要矛盾已经转化为人民日益增长的美好生活需要和不平衡不充分的发展之间的矛盾。”①在此背景下,我们提出,运用税法的“公共财产法”理论更新税法理念,构建“促进发展型”税法,发挥税收的分配功能,更好地作用于解决发展不平衡、不充分的问题,是合时宜并符合实行税收法定主义之目标的。

其一,在当今以社会化大生产与资本逐利竞争的市场经济中,生产力大发展与各种危机日渐深重并存,税法如果只关注限制征税权,不关注“用税”权规制,则国家不能向全社会供给数量充分的、质量较高的公共物品,②必然会阻碍经济社会的可持续健康发展。现代市场经济向前发展的两大支撑,一方面,是市场主体之间经营私人物品的公平竞争,它推动了商品生产与交易的发展。当然,如果发生了非理性的市场竞争行为(如损害劳动者权益、不正当竞争、损害消费者权益等),抑或是资本逐利的理性行为也可能导致经济社会不能可持

① 《决胜全面建成小康社会,夺取新时代中国特色社会主义伟大胜利——在中国共产党第十九次全国代表大会上的报告》,载《人民日报》2017年10月28日,第1版。

② 公共物品是与私人物品相对应的一个概念,消费具有非竞争性和非排他性特征,一般不能或不能有效通过市场机制由企业和个人提供,主要由政府提供。公共物品是相对那些可以划分为企业或个人消费单元的基本生活或生产资料等私人物品而言的共享性物质产品和服务项目。公共服务是使用了公共权力或公共资源的社会生产过程。假如一个社会生产过程没有使用公共权力或公共资源,那么就是纯粹的民间行为,属于民间服务而不是公共服务。比如,不仅政府和公立机构提供的教育是公共服务,民间教育机构假如有政府特许或者使用了公共资源,那么也是在提供公共服务。公共服务一定是公民所需的,能够使公民的某种直接需求得到满足的,使公民受益的和得到享受的。

续健康地发展，那么国家介入经济活动成为必然。另一方面，因为国家征税、“用税”为全社会提供公共物品的内容增加，为促进经济社会持续健康发展所需的公共物品范围扩大，所消耗的经费增加，使税收运用的效益与法治问题日益突出。纳税人除关心国家征税、自己纳税是否公平外，也开始关心国家通过“用税”向全社会提供公共物品、纳税人的享用是否公平。

其二，税法不能只发挥其限制或者控制政府征税权的功能，即不仅限于保障纳税人的合法财产权益不受国家征税权的侵犯，税法还需要在良法善治的意义上，保障政府“用税”的效益及效率，在为全体纳税人提供经济社会可持续健康发展的公共物品中，使纳税人与征税人实现共同发展。在经济全球化、全球市场化、市场竞争化、竞争法治化的趋势下，体现出“用税”的效益与公平的税法是国际制度竞争的一项重要内容。

因此，把税法打造成“促进发展型”税法已是大势所趋。这就说明，征税、纳税的国家征税权力要限制；除非纳税人让渡权利或有偿转让，否则国家不得侵犯纳税人的财产权等税法理论，不足以为税收法定提供理论支撑。而税法属于公共财产法的理论则可以支撑“促进发展型”税法的构建。其一，税法是公共财产法的理论，不再采取过去着重限制君王恣意征税权力的视角，即实质是以确认税收属于国家，只是有限度地属于国家的假设。其二，税法是公共财产法的理论，论证了纳税人的私有财产通过其同意后经过权利让渡、有偿交换变为公共财产的属性问题。权利让渡、有偿交换均以税收本属于纳税人所有为假设，该假设虽然有其道理，但不足以解释为什么转让权利、有偿交换不由纳税人自主而要受到国家强制，纳税人在纳税之后为什么还享有对国家“用税”进行监督等权利。因此，只有当税收是公共财产，税法属于公共财产法时，才能较好地回答这些问题。

国家依靠公权力征税，是因为以个体存在的纳税人需要依赖国家而生存，因此纳税便成为一项法定义务。为了保障纳税的公平，征税便主要采取国家强制而非由纳税人自主纳税的模式。但是，对国家来说，它并非就此取得了所有权，即便是国家可以代表全社会行使税收所有权，它也必须对真正的税收所有权人负责；对纳税人来说，缴纳税款并不意味着财产已被剥夺，这部分财产只是以全社会公共财产的方式继续存在，每个纳税人可以全社会成员的身份关注国家“用税”并公平地享用公共物品。这正如人类社会中的人，其本来就只能作为自然人的个人而存在，税收是公共财产，税法属于公共财产法，而不是一个单独划分出来的体系，其仍旧属于财产及财产权的范畴。不然，也就无法回答，为什么转让权利、有偿交换不由纳税人自主而由国家强制；纳税人纳税之后，为什么还有对国家“用税”进行监督等一系列问题。

二、新税法理念下实现税收法定主义的税法体系

以税法属于公共财产法为理论指导，并根据税收法定主义的实践，基于征税、纳税与“用税”法定的一体化，着重税收运用效益的现代税法发展趋势，为此，我们应当构建新的以促进发展为理念的税法体系，结构大体如下。

（一）新税法理念下税法体系的构成

新税法理念，即“促进发展型”税法理念，在此理念指导下的税法体系由税收法定入宪的原则规定以及税收基本法与纳税人权利保护法所构成。

税收法定入宪的原则规定是实现税收法定主义的顶层设计，它可以指导并带动整个税法体系的构建。但是，在宪法对税收法定的原则规定与各项税收基本制度的立法之间，需要制定税收基本法与之衔接，使各项税收基本制度的立法系统化。同时，制定纳税人权利保护法，实现在征税、纳税、“用税”各环节对纳税人的全面保护。全面保护纳税人权益是税收法定主义入宪的精神实质，也是各项税收基本制度立法共同追求的目标。不仅如此，保护纳税人合法权益也是税收法定主义所称之法是否为“税之良法”的标准及达到“国之善治”的表征。税法体系具体是由征税、纳税、“用税”的税收实体法体系与征税、纳税、“用税”的程序法体系所构成的。

（二）征税、纳税与“用税”的税收实体法体系

征税、纳税与“用税”的税收实体法体系主要包括 4 个方面。

一是征税、纳税的“一税一法”的税收实体法体系。这是实现税收法定主义最基本的税收立法内容。

二是“用税”方面的立法。这里将“用税”加上引号，是因为“用税”与征税不同，大都未单独制定法律。有关“用税”的规定大都可以包括在财政基本制度立法中，如预算法、政府间财政关系法；税收的征收与运用构成财政收支的重要组成部分，可以说，财政收支制度的立法，实际上主要是征税与“用税”的立法。因此，“用税”立法，既是财政收支立法的组成部分，也是税收立法的一部分内容。在征税、纳税与“用税”的“财税法律一体化”的意义上，从其内在逻辑和关联性来说，“用税”法定是税收法定主义的核心内容，关系纳税人纳税能否得到回报的问题。当然，有时“用税”也可单独立法，如我国实行的“分税制”也需要加以法律规制。

三是税收法定与非税收入相衔接的法律治理。税收法定着重税收利益的协调,有一定的局限性。非税收入对于国家财政是一把“双刃剑”,一方面,在财政紧缺时,非税收入是一项很好的补充手段,用以解决财政收入不足的问题;另一方面,非税收入也可能成为政府应付税收法定的手段,是其滥用权力征收其他财政收入弥补财政收支不平衡状况的有效“措施”之一。所以,在实现税收法定主义之时,必须以税收法定为税法第一原则,且不允许利用非税收入达到违背税收法定主义的目的。各种非税收入凡是可转化为税收的,就应当纳入税收法定;需要保留的,也应当以法律规定之,以与税收法定相衔接。

四是税收风险的法律治理措施。税收法定是征税、纳税的法律保障,但它并不能完全地决定税源,影响税源的主要因素仍旧是经济,而经济情况又是由多种因素决定的。因此,经济情况如果发生变化,依照税收法定征税也可能无法满足税收收入的预期目标,那么,当税收收入出现不可完全预知的税收风险时,法律上就应当有相应的规制,允许利用变通手段保障国家的税收收入。

(三)征税、纳税与“用税”的税收程序法体系

征税、纳税法定与“用税”法定的税收程序法体系主要包括四个方面。

一是征税、纳税方面的税收征收管理法。税收征收管理是税务机关对纳税人依法征纳税、进行税务监督管理的总称。从立法目的上看,为了加强税收征收管理,规范税收征收和缴纳行为,保障国家的税收收入,保护纳税人的合法权益,促进经济和社会发展,必须制定税收征收管理法。税收征收管理法作为税收征收管理的行政执法程序规范,用以保障税收实体法之实施。此外,政府性基金等非税收入的征收管理则可另行立法,且也应当与税收征收管理立法相衔接。

二是处理征税、纳税案件的仲裁与诉讼程序立法。如果征税、纳税案件可通过仲裁处理,就存在税收仲裁立法的问题。而税收民事、行政与刑事案件的诉讼,虽然可适用民事诉讼法、行政诉讼法与刑事诉讼法,但有关税收的诉讼是否还有一些特殊问题,是否需要一些特定诉讼程序处理,又怎样通过完善上述诉讼法解决问题?这是值得研究的问题。

三是“用税”案件的税收公益诉讼程序立法。税收公益诉讼,针对国家未能向纳税人提供或提供的公共物(产)品的质量较差,对纳税人的利益造成损害的情形。此时,纳税人依然拥有对财政资金(主要由税款构成)的实体权利,故对国家机关及其公职人员“用税”经营公共物品、损害公共财产利益的行为,纳税人有权提起公益诉讼。

四是政府债务的法律治理。税收法定虽能在一定程度上保障国家的税收收入,但不能避免税收风险的发生。国家可能通过举债、政府基金等方式取得非税收入来应对税收风险。此外,经济发展的某些不确定性和“用税”法定的完善与否,都会对此产生影响。因此,政府债务的法律治理成为实现税收法定主义的一个重要内容,尤其是地方政府通过破产程序立法来解除债务危机是一个绕不过去的问题。

(四)促成“税之良法”保障税收法定主义的实现

实现税收法定主义,首先,应使征税、纳税与“用税”能“有法可依”;其次,有“税之良法”可依。因此,为提高税法质量,就需要有促成“税之良法”的法律措施作为税收立法的保障。促成“税之良法”并不是关于税收立法范围的问题,而是在税收立法范围内如何提高税法质量的问题,具体包括:其一,如何优化宪法以及立法法等直接针对税收立法的规定,从源头上解决税收依宪立法、依法立法,提高税法质量的问题;其二,可将宪法、立法法中用于提高税收法定质量的规定,按照“税收法定”的特定要求,放到税收基本法中加以细化;其三,对促成“税之良法”设计的制度制定专门的法律。

应当认为,提高税法质量所采取的法律措施与“有完备的税法体系”可依,在这两者之中,后者是税收法定主义的适用范围的问题,而前者是税收法定主义的质的要求与衡量标准的问题。因此,我们需将两者结合起来,在量与质上统一地构建促进发展型的税法体系。笔者认为,在以维护稳定为基础的税法理念上,构建促进发展的税法是税收法定主义实践深化所提出的要求。当前我国正致力全面落实税收法定原则,实现税收法定主义,如果能以促进发展为理念构建税法体系,可为我国以立法为中心、探索税收法定主义的实现指明方向。

小　　结

本章主要是联系我国税收法定主义实践的具体情况,探讨税收法定主义的理论基础。我国理应结合我国国情研究、打牢税收法定主义的理论基础,指导税收法定主义的实践。

税收法定主义最初的目的是,限制封建君王的恣意课税权,试图通过议会立法来限制封建君王对纳税人财产权的过度侵犯。最初的税收法定主义,对于缓和征税人与纳税人的利益冲突、维护稳定发挥了作用,但仍然没有否定封建君王有权侵犯纳税人财产权的问题。因此,随着资本主义社会经济与法治的发展,资产阶级的思想家、理论家在继承前人的民主、法治、人权等思想的基础上,提出了天赋人权、自然权利论,社会契约、权利让渡论,有偿转让、公平分配论,税收债权债务关系论等,把此前的税收法定主义发展为一种"私有财产神圣不可侵犯"的观点,国家征税除非得到纳税人同意、自主让渡权利或者通过有偿转让的理论体系,为征税、纳税形成税收法定的法律体系,实现税收法定主义发挥了重要的理论促进作用,也为资本主义生产力的大发展扫清了道路。

但是,在资本主义以私有财产神圣不可侵犯为基础的市场经济中,资本逐利竞争的个体理性行为,可能造成整体非理性,眼前理性行为可能造成长远非理性。资本家损害劳动者权益,垄断、不正当竞争,损害消费者权益等非理性的资本逐利,使经济危机、资源环境危机、人的素质(身体、工作能力等)综合变差与两极分化的社会危机等时有发生,经济社会可否持续健康发展,成为不同意识形态国家必须共同面对的问题。尤其是在现阶段的我国,新的社会矛盾出现,更加需要国家从顶层设计上作出决断,例如,加快税收法定进程、积极地进行财税体制改革,以缓和新时期社会的最主要矛盾、促进国家经济社会的发展。国家承担起了对经济社会发展的领导责任。在继续完善市场主体经营私人物品法制的同时,人们也开始关注国家"用税"、经营公共物品的效益与法治问题,以此展开了"用税"法定的实践,希望国家能为市场主体提供可持续发展所需的公共物品。

"用税"法定实践的深入,又对税收法定主义理论的发展提出了新要求。过去的国家征税要得到纳税人同意、自主让渡权利或者通过有偿转让的理论体系,已不足以解释税收法定,需要向征税、纳税与"用税"的"财税法律一体化"方向发展。实际上,税收本来就是国家代表全社会向纳税人征税而筹集起来用于制造公共物品,无偿提供给全社会"消费"的公共财产,调整这种公共财产的筹集、取得、管理、配置、使用等关系的税法,自然属于公共财产法。税法属于公共财产法的理论,破解了纳税人为什么对国家"用税"还可享有参与管理、监督与问责等权利的难题。同时,也为税法理念从维护稳定向促进发展的更新提供了理论支撑。

结合我国实际情况,我国实践税收法定主义不应是对其他国家实行税收法定主义的简单重复,而是应以促进发展的理念指导税收法定主义的实现。

注重“促进发展型”税法的建设，即不但要注重税收法定入宪的完善，制定税收基本法与纳税人权利保护法，还要完善征税、纳税与“用税”一体化的税收实体法与税收程序法体系，并为“税之良法”的形成提供有效的法律措施等，以达到税收“有法可依”、“有完备的税法体系”可依、有“税之良法”可依的目标。

本章在阐述税收法定主义的基础理论中，在求证税法属于公共财产法的基础上，提出了要构建“促进发展型”税法，使税收不仅有利于保障经济社会持续健康的发展，也能继续积极地维护社会稳定，以达到依法治税的目的。此章为以下各章的阐述提供了总体思路，即明确以立法为中心，研究税收法定主义的实现路径。

第二章　实现税收法定主义的总体框架

税收法定主义的实现需要具备税法的整体框架。在这一框架下，坚持立法先行，发挥立法的引领和推动作用，提高立法质量，[①]既是实现税收法定主义的关键，又是必要路径。我们需要建立以促进发展为理念的税法体系，其中，首先要完善“税收法定”入宪的原则规定，制定税收基本法与纳税人权利保护法，由此形成税法体系的总体框架。只有在总体框架下，我们才能全面构建税收实体法体系与税收程序法体系。

第一节　实现税收法定主义整体框架的设定

税收法定主义在税收领域体现依法治税及依法治国的理念，实现税收法定主义主要是实现依法治税。在税收法治中，坚持立法先行，发挥立法的引领和推动作用，提高立法质量是关键。因此，以立法为中心设定实现税收法定主义的整体框架是必然选择。

一、选择以立法为中心的实现路径的必要性

研究税收法定主义的实现路径，即为研究实现税收法定主义的路线图。税收法定主义重在“税收法

---

① 《中共中央关于全面推进依法治国若干重大问题的决定》(2014 年)。

定”,而税收法定以立法为基础。法律是治国之重器,良法是善治之前提。[①] 建设中国特色社会主义法治体系,必须坚持立法先行,发挥立法的引领和推动作用,抓住提高立法质量这个关键。实现税收法定主义,也应当以立法为中心,坚持立法先行,发挥立法的引领和推动作用。

目前,我国税收法律供给不足。税收不解决“有法可依”、“有完备的税法体系”可依以及有“税之良法”可依的问题,就无法真正地实现税收法定主义。根据对税收法定主义中“法”的定义来界定“立法”,“立法”是指全国人民代表大会及其常委会制定和修改法律这种特定规范的活动。“以立法为中心”与“立法中心主义”的意义不同。故在此语境下,应对“以立法为中心”与“立法中心主义”进行区别。

“立法中心主义”的实质是站在立法者的立场上看待法律,法律只能来自国家立法者的制定、认可、修改、补充;法律的废止也只有国家立法者可以决定。在“立法中心主义”的指引下,法律是国家整体意志的体现,而国家整体意志的承载者是主权者,即最高国家权力机关。税收法定主义之内核则在于控制和规范征税、“用税”的权力,以保障纳税人权利,有效保护公民的财产权。所以,在此语境下的“以立法为中心”的实质是站在人民立场上看待法律。在立法过程中,应当注重纳税人同意权的实现。它并不直接涉及对执法中心主义、司法中心主义、法律多元主义等孰优孰劣问题的讨论。

二、税收法定抑或征税法定的辨析

(一)税收法定抑或征税法定

实现税收法定主义,其核心内容是税收法定。但是,税收法定究竟是什么?税收法定主义的适用范围究竟有多大?这是在“立法先行”中应当确定的问题。

税收法定主义有赖税收法定的实践,而税收法定的实践是有其边界的。在学界,大多数学者把税收法定的边界确定在征税人征税、纳税人纳税的范围,即征税主体征税必须依据且仅依据法律的规定征税;纳税主体依据且仅依据法律的规定纳税。[②] 但这只能说是税收法定的最基本含义。事实上,随着税收法定主义实践的深化,税收法定的边界应有所拓展,即主要包括税收立法

① 《中共中央关于全面推进依法治国若干重大问题的决定》(2014 年)。

② 刘剑文:《落实税收法定原则的意义与路径》,载《中国人大》2017 年第 19 期。

权、国家征税权和税款收益权,以及享有税收立法权的机关对税法要素作出明确规定,征税机关和纳税人依法征税和依法纳税,国家机关与公职人员依法“用税”并向全社会提供公共物品,纳税人依法监督并享用公共物品。税收法定不仅表现在税收法定主义的形式方面,即税收法定主义中的“法定”不仅应包括国家征税时必须具备的要件法定,如税种法定、税收要素法定、程序法定等,更应该是税收立法权、国家征税权和税款收益权等的法定①,及保障纳税人权利的实现。如果不对这些根本制度实行法定,就会造成税收立法权、国家征税权、税款收益权的缺位或滥用等现象的发生。

同时,从税收的筹集取得、管理、分配和使用而言,税收法定也不限于税收的征税、纳税法定,即不限于税收收入法定。如果把税收法定认为是凭借法律的强制力进行财产权的剥夺,以及控制过度剥夺纳税人的财产,从本质上说,这已经不属于税收法定主义,充其量也只是早期资产阶级反对封建君王过度侵犯私人财产权时的税收法定主义。在现代社会,税收从征收、筹集、取得,到税收的管理、分配和使用如何纳入法治,使纳税人从中更多地获益,这些问题已经开始被提上议事日程。规范国家“用税”行为,就不再只是使国家征税获得财产收益,而是使国家能够把税收有效地用于维护社会稳定与促进经济发展,以回报社会和保障纳税人能有所获益,包括获得有形无形、直接间接的各种利益,这才是税收法定主义真正的本质要求。

(二)以立法为中心拓展税收法定边界的实质

在立法先行中拓展税收法定的边界,是税收法定主义适用范围扩大的问题,即从征税与税收收入法定扩大到“用税”与公共物品反馈给全社会,再扩大到税收“取之于民、用之于民”的整个税收事项范围的问题。事实上,这本来就是税收法定主义的应有之义,其实质内容如下。

一是有关税收公共财产权的实现。从税收财产权的运行来说,拓展税收法定的边界,就意味着国家从纳税人处征收的财产只是暂时地被集中到一起,成为社会的公共财产,它并不由征税人所有,而是由全社会所有。这项公共财产是被国家用于生产经营公共物品并反馈给全社会的。因此,纳税人对税收应享有全部的权利,这是从税法属于公共财产法的意义上来保障纳税人权利的。税收法定包括纳税人缴纳的税收公共财产权的法定。对于征税人来说,

---

① 徐蓉:《试论税收法定主义及其对我国税收立法的要求》,载《西南民族大学学报(人文社科版)》2004 年第 3 期。

全部国家机关的公职人员，因生产经营公共物品而付出劳动，应享有相应回报的权利的法定。

二是关于国家行使公权力实现了其职能。因为国家是社会的正式代表，通过税收立法权的法定，它有权代表全社会行使征税权、行使税款所有权（并配置给各个国家机关行使用益物权、公共物品经营权）；但国家又不直接等于被代表的全社会，国家只能代表全社会行使这些权利，且须对被代表的全社会负责。纳税人个体虽然是独立存在的主体，但其作为纳税人能够以全社会有机整体的一分子而存在和发挥作用。那么，按照民主与法治、人权原则，纳税人就有权要求国家、要求征税人与“用税”人，依照法律进行征税与“用税”，高效地运用税收公共财产生产经营公共物品，供全社会公平享用。这样，税收法定扩大到税收立法权、国家征税权和税款收益权①等范围，国家行使公权力实现其职能就有了保障，纳税人缴纳税款虽然花费了一些财产，但也获得了可公平享用的优质高效的公共物品，并且纳税人对这个过程也进行了有效的控制。最终，纳税人纳税直接、间接地获得了利益回报，税收法定从实体到程序也实现了其目标。

三、以立法为中心设定税法体系的总体框架

税收法定不限于税收收入的法定，它不是专门为国家取得税收收入服务的，它是为保障征税人与纳税人、国家与公民，共享社会稳定与经济发展的利益服务的。因此，我们应当转变税法理念，从过去重点（消极）保障社会稳定，向以促进经济社会可持续健康发展、积极保障社会稳定的方向转变，由此构建以促进发展为理念的税法体系。以立法为中心构建的税法体系需要有“引路石”，以便为税法的其他部分提供一个整体框架。

在以促进发展为理念的前提下，税法体系所需的总体框架是一个法律体系的总纲。具体而言，其与一部法律的总纲（如我国《宪法》有“总纲”部分）有一定的差别，主要是形式上的差别，但纲领性的作用相同。一部法律的总纲只能是该法的一个组成部分；而一个法律体系的总纲有可能由若干法律组成。笔者认为，以促进发展为理念的税法体系的总纲或者整体框架应当由税收法

---

① 税款收益权，应指国家通过征税可代表全社会对入库税款行使所有权，以及配置给各个国家机关等，使国家机关享有用益物权与公共物品经营权，公职人员获得劳动报酬权的统称，不是指所有权权能中的收益权。

定入宪的原则规定,以及税收基本法(如税法通则、税法总则等)与纳税人权利保护法(如纳税人权利通则、纳税人权利总则)等构成,而税收法定入宪的原则规定是这一框架中最根本的内容。

宪法对税收法定的原则规定,以及税收基本法与纳税人权利保护法,是以促进发展为理念的税法体系的总体框架。在整个法律体系中,宪法是根本法、基本法。宪法是党和人民意志的集中体现,是通过科学民主程序形成的根本法。宪法当然也是税法体系的纲领。[①] 同时,依据宪法制定的税收基本法和纳税人权利保护法,与税法体系中的其他法律相比,它们应作为宪法性法律并成为税法体系总体框架的组成部分。

税收基本法(如税法通则、税法总则等)属于税法体系的总体框架之理由。一方面,因为它是宪法对税收法定原则规定的具体化;另一方面,是因为税收基本法在整个税法体系中起到税法总则的作用,即它不但要对税收实体法与税收程序法的基本内容作出总则性质的规定,还要对与税收法定相衔接的非税收入、税收收入不可完全预知治理的法定,以及对必须与税收法定相衔接的程序方面的政府债务治理法定等的关系,作出总则性质的规定。此外,它也应当对造就“税之良法”的法定措施作出总则性质的规定。因此,税收基本法是税法体系总纲的重要组成部分。

纳税人权利保护法属于税法体系的总体框架之理由。由于税收法定并非只限于税收收入法定或征税法定,还包括“用税”法定。如果没有“用税”法定,征税法定很可能会不受限制地扩展。不仅如此,纳税人权利也不只是在税收征纳过程中的权利,也应包括纳税人作为税收公共财产权人应享有的监督“用税”的全部权利。

宪法对税收法定的原则规定,以及税收基本法与纳税人权利保护法,它们不但要对各种税收事项的立法起总则性的指导作用,而且还应在缺乏具体法律规定或法律适用时,用以解决实际问题,将作用发挥至税收法治的各个环节中。

第二节 税收法定入宪

以立法为中心设定实现税收法定主义的整体框架,首先需要完善税收法

---

① 《中共中央关于全面推进依法治国若干重大问题的决定》(2014 年)。

定入宪的原则规定。

一、我国税收法定入宪的现实考量

(一) 税收法定入宪的回顾

以近代到现代作为时间区间进行考察,我国于1912年经临时参议院(南京)通过,由孙中山代表中华民国临时政府颁布《中华民国临时约法》,该法是中国第一部资产阶级性质的宪法。该法第13条规定,人民依法律有纳税之义务。第16条规定,中华民国之立法权,以参议院行之。第19条规定,参议院的职权包括议决一切法律案,议决临时政府的预算决算,议决全国的税法币制及度量衡的准则,议决公债的募集和国库有负担的契约等12项。这些规定是当时涉及税收法定的宪法性规定。

此前,我国清末时期的《钦定宪法大纲》(1908年)中,虽在"附臣民权利义务"中,之七有"臣民按照法律所定,有纳税、当兵之义务",之八有"臣民现完之赋税,非经新定法律更改,悉乃照旧输纳"等规定,但《钦定宪法大纲》主要是确认"君上大权",规定"一、大清皇帝统治大清帝国万世一系,永永尊戴;二、君上神圣尊严,不可侵犯;三、钦定颁行法律及发交议案之权。凡法律虽经议院议决,而未奉诏命批准颁布者,不能见诸施行"等,实际上仍以"大权统于朝廷"为宗旨,故不能认为已有开启税收法定之意。

随着新民主主义革命的胜利,1949年新中国成立,具有临时宪法作用的《中国人民政治协商会议共同纲领》(1949年)中,涉税的有第8条"中华人民共和国国民均有保卫祖国、遵守法律、遵守劳动纪律、爱护公共财产、应征公役兵役和缴纳赋税的义务"的规定,以及第40条"关于财政:建立国家预算决算制度,划分中央和地方的财政范围,厉行精简节约,逐步平衡财政收支,积累国家生产资金。国家的税收政策,应以保障革命战争的供给、照顾生产的恢复和发展及国家建设的需要为原则,简化税制,实行合理负担"的规定。

自1954年全国人民代表大会制度建立后,我国先后颁布了4部宪法,分别是1954年《宪法》、1975年《宪法》、1978年《宪法》和1982年《宪法》。其中,1954年《宪法》与1982年《宪法》都在公民的基本权利和义务一章中作出了"中华人民共和国公民有依照法律纳税的义务"的规定。随着我国社会主义法治进程的逐步推进,税收法治改革迫在眉睫,2015年第十二届全国人大第三次会议,审议修订了《立法法》,将2000年《立法法》第8条中规定的"税收""基本制度",细化为"税种的设立、税率的确定和税收征收管理等税收基本制度",且单列为一项,并居于公民财产权保护相关事项的首位。

目前,我国现行《宪法》第56条公民有依法纳税义务的规定,被认为是直接涉及税收法定的规定,是我国税收法定已经入宪的表征。

(二)对我国现行《宪法》第56条的认识:税收法定是否已经入宪

"税收法定"与"罪刑法定"作为保障公民财产权、人身权的两大基石,其重要性不言而喻。有学者认为,税收法定已经入宪,并以《宪法》第56条作为例证,这一观点的提出,引发了财税法学界的诸多讨论。笔者认为,对于《宪法》第56条"中华人民共和国公民有依照法律纳税的义务"的规定,无疑是涉及税收法定入宪的规定,但是税收法定入宪的规定还须完善。

1. 我国《宪法》第56条已涉及税收法定入宪

笔者认为,我国《宪法》第56条已涉及税收法定入宪,理由如下。

一是我国税收法定入宪可认为是采用了不同的方式。即采用了"以公民义务的形式在宪法中加以体现"的方式,来体现税收法定。

二是以宪法规定公民负有依法纳税的义务,与其他国家实行税收法定有共通之处。

三是考察其他国家的税收法定实践,我们发现世界上也有一些国家,采取以宪法规定公民有依法纳税义务的方式来体现税收法定。如阿拉伯联合酋长国《宪法》第42条规定,"按照法律规定交税和交纳公共费用是每个公民的义务";乌克兰《宪法》第67条规定:"每个人均有依照法律规定的程序和数额缴纳税收和收费的义务。"

四是我国《宪法》中公民负有依法纳税义务的规定,虽在理解上会存在一定的歧义,主要涉及对这一条款中"公民""法律"等词语的理解,但国家有权对此进行宪法解释以使之明确。针对这一条款,不能草率地认为其不属于有关税收法定的规定。我国2015年《立法法》第1条指出,"根据宪法,制定本法",该法的第8条被普遍认为是有关税收法定的规定。2015年《立法法》是在依据《宪法》并符合《宪法》的规定下制定的,否则就不具备法律的正当性与合法性。

2. 税收法定入宪尚待完善

我国《宪法》第56条已涉及税收法定入宪,但有关税收法定入宪的规定尚待完善,理由如下。

一是纳税主体不仅限于一国公民。经济全球化的发展造就了纳税主体的多元化,它不再仅限于一个国家公民。自然人(如本国公民或外国人都可能成为个人所得税的纳税人)、个体工商户和法人(如居民企业与非居民企业)等可成为纳税人。因此,只规定我国公民有依法纳税的义务,会有遗漏纳税主体的问题。

二是对限制税权缺乏规定。税收法定主义强调,要以税收立法来限制征税人的税权,防范侵犯纳税人的财产权。若《宪法》只规定了公民有依法纳税的义务,而对征税人依法征税需要通过对《宪法》的解释进行推导,显然对限制征税人的征税权是缺乏明确规定的。

三是对"用税"也缺乏规定。税收既然应"取之于民,用之于民",那么,在现代社会,税收法定就不能再限于征税、纳税的法定,即不再限于税收"取之于民"的法定,也须对税收"用之于民"("用税")进行法定,以此达到国家机关事权与支出(主要是"用税")责任的相协调,并提高"用税"绩效,使"人民满意"。

四是对纳税人权利的规定不够明确。税收法定主义的主旨在于限制公权力,包括国家在征税方面的权力等,以保护纳税人的合法权益。我国《宪法》第56条是宪法第二章"公民的基本权利和义务"中的重要条款,其明确规定了公民依法纳税的义务,当然我国《宪法》第二章也规定了许多公民可享有的权利。但问题在于,这部分内容并没有以"纳税人的基本权利和义务"命名,公民的基本权利是否可以与纳税人权利等同?已如前述,既然纳税人不仅限于公民,那么纳税人的权利与公民的权利就会有所不同。从目的解释的角度分析,由于公民的范围不能等同于纳税人的范围,纳税人的范围远大于公民,而税收法定主义的重要目的是保障纳税人的合法权益。因此,我国现行《宪法》规定,公民负有依法纳税的义务是否体现了对纳税人权利的保护,值得研究。

五是《宪法》中不同位置的"法律"一词含义不同,因而公民有依照法律纳税的义务中的"法律",是否只是指全国人大及其常委会制定的法律并不明确。按照税收法定主义的理论,公民有依照法律纳税的义务中的"法律"一词,应是全国人大及其常委会制定的法律。但在我国现行的《宪法》中,"法律"一词,因存在含义不同的问题(见表2-1),故很难直接断定《宪法》第56条中的公民有依照法律纳税的义务中的"法律",是指全国人大及其常委会制定的法律。

表 2－1 宪法中“法律”的不同含义

章	条款	内容	含义
第一章“总纲”	第 5 条第 3、4、5 款	一切法律、行政法规和地方性法规都不得同宪法相抵触。一切国家机关和武装力量、各党政和各社会团体、各企业事业组织都必须遵守宪法和法律	“法律”是指狭义的法律，即全国人大及其常务委员会制定的法律
	第 17 条第 1 款	一切违反宪法和法律的行为，必须予以追究； 任何组织或者个人都不得有超越宪法和法律的特权 集体经济组织在遵守有关法律的前提下，有独立进行经济活动的自主权	“法律”是指广义的法律，包括全国人大及其常务委员会制定的法律、行政法规等
第二章“公民的基本权利和义务”	第 33 条第 2 款	中华人民共和国公民在法律面前一律平等	“法律”是指广义的法律，包括全国人大及其常务委员会制定的法律、行政法规等
	第 56 条	中华人民共和国公民有依照法律纳税的义务	“法律”是指狭义的法律，即全国人大及其常务委员会制定的法律
第三章“国家机构”	第 62 条第 3 项	制定和修改刑事、民事、国家机构的和其他的基本法律	“法律”是指狭义的法律，即全国人大及其常务委员会制定的法律
	第 67 条第 2 项	制定和修改除应当由全国人民代表大会制定的法律以外的其他法律	“法律”是指狭义的法律，即全国人大及其常务委员会制定的法律

因此,《宪法》第56条位于《宪法》第二章“公民的基本权利和义务”中,其表述更多地体现了对于公民应负有依法纳税义务的规定,并没有明确地表达此处的法律仅是指全国人大及其常委会制定的法律,故有怎样表述更符合税收法定主义核心意旨的问题。

六是2015年《立法法》对税收法定主义的规定,尚不能认为是依据税收法定入宪作出的明确规定。2015年《立法法》第8条对税种的设立、税率的确定和税收征收管理等税收基本制度,作出了只能制定法律的规定,该条款说明,税收法定主义已在《立法法》中得以确立。2015年《立法法》第1条“根据宪法,制定本法”的规定,是否意味着《立法法》是依据《宪法》第56条对税收法定作出的规定?或者说,《立法法》是否依据税收法定入宪的明确规定作出的规定?根据上述6个理由可以看到,我国《宪法》第56条,虽然涉及税收法定,但税收法定入宪的规定还不完善。应当说,我国《宪法》的第56条,虽然为《立法法》提供了规定税收法定的宪法依据,但还不够充分、不够明确。因此,从体系解释的角度,考虑到《立法法》属于《宪法》的下位法,为了更好地防范下位法的效力越级统领上位法,我们应以直接的宪法条款,明确而又充分地对税收法定作出规定,为税收法定提供明确、充分的宪法依据。检视我国税收法定主义的实践,我国税法体系中仅有几部税收法律,其余的税收规范性文件都是以行政法规、行政规章以及税收通告的形式发布的,其中发挥最主要作用的是税收通告。出现此种情形与税收法定入宪的有关规定不完善,以及与《立法法》对税收法定缺乏明确、充分的规定存在关系。

二、税收法定入宪的域外考察与路径选择

(一)税收法定入宪的域外考察

世界上大部分的国家对于税收法定是十分重视的,并且以明确的宪法条文将税收法定在宪法中确定下来。各国宪法对税收法定的表述各有特点。从域外税收法定入宪的情况看,有以下几点特征。

一是对征税权、税的内容与征收方式(程序)等加以规范。例如,西班牙《宪法》第七章“经济与财政”第133条“征税的权力”规定:“征税的原始权力专属国家,并通过法律行使。”又如,澳大利亚联邦《宪法》第一章“议会”第五节“议会的权力”第51条“议会的立法权”规定:“在遵守宪法的前提下,议会有权制定有关税收的法律,但是不能因此在各州之间或者州的各部分之间造

成歧视。"[①]再如,法国《宪法》第五章"议会与政府的关系"第34条第1款规定:"各种税收的税基、税率和征收方式等事项由法律规定。"[②]

二是对纳税人权利保障作出规定。如芬兰共和国《宪法》第七章"国家财政"第81条"国家税费"规定:"国家税收由法律规定,法律中应包括纳税义务和纳税额的依据以及纳税人的权利保障。"[③]该条款不但强调纳税人的纳税义务,同时也强调了纳税人的权利。

三是对"用税"作出规定。如美国联邦《宪法》第1条第8款规定,国会的权力之一为"规定和征收直接税、间接税、进口税与货物税,以偿付国债、提供合众国共同防御与公共福利"。[④] 该项条款规定了"用税"的范围等。

四是收费与税都实行法定。如埃及《宪法》第18条规定:"只有通过法律才能设立、修改和取消公共税收,只有在法律规定的情况下才可以免除纳税,只有在法律范围内才可以征税和收费。"[⑤]

对于域外税收法定入宪的规定,以上只是作了少量列举,可能存在以偏概全的问题。在考察各国宪法中有关税收法定的规定时我们发现,各国对于税收法定的理解是不同的,以致在各国宪法条文中体现了对"税收法定"的"税收""法""定"各自范围及内容的差异性。在宪法的规定上,有的国家明确地区分了"税"与"费";有的国家则是模糊了两者的界限;有的国家税收法定中的"法"仅是指狭义的法律,而有的国家的"法"是指广义的法,包括行政法规等;对于税收法定所"定"事项的内容,也并不相同,总结而言所"定"事项主要包括笼统的征税法定,税收要素法定,新税的开征,旧税的修改、取消、减免,征税程序法定等。这些存在于各国宪法条文中的差异性,提醒我们对于税收法定的入宪,首先要界定在本土语境下什么是税收法定。此外,各国在宪法中有关税收法定的条文出现的位置也各不相同,在宪法的序言、正文和附则中均有出现。各国税收法定在宪法中内容和位置的差异正体现了税收法定的丰富内

---

① 刘佐:《借鉴外国宪法税收法定规定 推进中国税收法定早日"入宪"》,载《国际税收》2015年第7期。

② 《世界各国宪法》编辑委员会编译:《世界各国宪法(欧洲卷)》,中国检察出版社2012年版,第271页。

③ 刘佐:《借鉴外国宪法税收法定规定 推进中国税收法定早日"入宪"》,载《国际税收》2015年第7期。

④ 刘佐:《关于税收法定若干热点问题的进一步探讨》,载《经济研究参考》2015年第37期。

⑤ 刘佐:《关于税收法定若干热点问题的进一步探讨》,载《经济研究参考》2015年第37期。

涵。此外,总结世界上绝大多数国家的宪法在有关税收法定条款立法的模式,主要有两种:第一种是分散式,即分别在宪法的不同章节中规定有关税收法定的内容;第二种是分散集中式,即在宪法中不仅专门设立了财政、税收的章节,也分别同时在宪法的不同章节规定有关税收法定的不同内容。

(二)我国"税收法定"入宪的路径选择

宪法作为我国的根本大法,具有最高效力,是一切法律的合法性依据,因此,须在宪法中全面详细地体现税收法定主义之内核,只有这样,才能促使税收法定主义在税收立法中得以有效地贯彻落实,有助于税收法律体系的日益完善,真正实现税收的"有法可依"、良法善治。正如有学者所言:"唯有将税收法定主义作为一项宪法原则确立下来,才能有效发挥其统领其他税收法律法规、捍卫纳税人财产权利的功效,为我国税收法治建设提供坚实的宪法基础。"①"税法在本质上,对人民自由权、财产权的干预与介入的命运导致其先天上较其他法域更受宪法基本价值观,特别是基本权理念之约束。"②

有学者提出,要通过对我国《宪法》第56条的修改,来完善税收法定的入宪。修改《宪法》第56条,很可能会影响宪法本身的体系结构,会导致与该章前面规定的公民的基本权利的不协调;而且就《宪法》第56条本身而言,在语义和设置上并无不妥。考虑到这两个原因,笔者认为,我们难以通过修改《宪法》第56条来完善税收法定的入宪。我国税收法定入宪的完善可以考虑选择以下路径。

其一,可在《宪法》第三章"国家机构"中单列一条,将国家依照法律征税,依法使用税收与非税收入,纳税人依法享有权利、承担义务,国家保护纳税人的合法权益,以及加强纳税人监督等规定纳入。其二,在宪法序言中,将"逐步实现工业、农业、国防和科学技术的现代化"修改为"逐步实现工业、农业、国防、科学技术和国家治理体系与治理能力的现代化";然后在第一章"总纲"的最后,增加一条即第33条,将国家实行税收法定原则,国家依照法律征税,依法使用税收与非税收入,纳税人依法享有权利、承担义务,国家保护纳税人的合法权益,加强纳税人监督等内容予以规定。在《宪法》"总纲"中对税收法定作出规定,可以涵盖征税人、"用税"人与纳税人等主体的税收行为。

---

① 李香菊:《完善我国依宪治税的思考》,载《涉外税务》2003年第10期。

② 葛克昌:《税法基本问题》(财政宪法篇),北京大学出版社2004年版,第29页。

第三节 税收基本法的创制

税收基本法是以立法为中心实现税收法定主义整体框架中的一项重要内容,它是税收法律体系的统领之法,对于税收法定主义的实现有举足轻重的作用。

一、税收基本法创制之求索

(一)我国创制税收基本法的回顾

税收基本法或可称为税法总则、税法通则等,它是税法体系中的一部基本的法律。我国制定税收基本法,在政界、学界等已经达成了基本共识:其一,认为税收基本法是税收领域的"宪法性法律",又称"税收母法"或"税收宪法",它是介于宪法和各单行税法之间的一部法律;其二,税收基本法规定的主要内容是税收的基本法律制度和原则,是税收法律中的上位法,是税法体系的核心和主体,对其他各单行税法有统领和指导作用;其三,税收基本法应当立足于税收职能作用的充分发挥,考虑税法的统一、税负的公平、分权的合理、分配关系的理顺等因素,①在当前的历史条件下,要立意高远、视野宽广、科学制定。

税收基本法既是对宪法中确定的有关税收活动的基本原则的具体化,并使税收原则性的规定具有可操作性;又在税收法律体系中居于最高地位,是统率税收实体法与程序法的导向性法律。事实上,我国 1950 年由政务院公布的《全国税政实施要则》,就具有税收基本法的性质,它是根据《中国人民政治协商会议共同纲领》第 40 条"国家的税收政策,应以保障革命战争的供给,照顾生产的恢复和发展及国家建设的需要为原则,简化税制,实行合理负担"的政策精神制定的,其主要内容是有关统一全国税政、建设新税制、加强税务工作等。在新的历史条件下,我国自 1995 年以来,全国人大常委会又连

① 申鹏:《税收基本法立法的困境与选择》,载《国际税收》2013 年第 10 期。

续三届都将它列入了立法规划;[①]最近一次起草税收基本法是在 2004 年 3 月,全国人大常委会为此成立了税收基本法起草小组,由全国人大财经委员会和预算工作委员会,以及国务院有关部门组织起草。此前,关于税收基本法的国家税务总局的草案,已经 6 次提交全国人大常委会,财政部的草案也反复审议了 4 稿。但由于种种原因,两个草案最终都没有通过。2006 年 9 月,全国人大财经委委托有关专家组成税收通则法(税收基本法)专家稿起草小组,专家小组起草了税收通则法(共计 8 章)[②]的专家稿。税收基本法在我国历经国家税务总局、财政部以及相关税法学专家的多次起草、提交审议,至今尚无最终的立法成果。

(二)创制税收基本法须理顺 3 种关系

税收基本法在我国早已被列入立法规划,但只见立法有所启动而未能成功制定,其原因究竟何在？笔者认为,过去起草的税收基本法,在纵向上,不能很好地起到承上启下的作用,即与税收法定入宪及税收实体法与税收程序法等的关系难以理顺;在横向上,与纳税人权益保护法的关系也未理顺。因此,税收基本法的实用性和稳定性都大打折扣,因而未能很快出台。为此,笔者提出 3 点分析意见。

一是拟创制的税收基本法与税收法定入宪的关系。可以说,目前税收基本法因直接的宪法依据不够明确而搁浅。必须说明,宪法只有规定了税收财产的权属,税收基本法才有最根本的宪法依据。在 2004 年对《宪法》的修正中,全国人大将原《宪法》第 13 条"国家保护公民的合法的收入、储蓄、房屋和其他合法财产的所有权""国家依照法律规定保护公民的私有财产的继承权"

① 全国人大常委会连续三届都将制定税收基本法列入了立法规划,这是指:其一,1993 年夏开始着手制定《八届全国人大常委会立法规划》。在征集立法项目的过程中,国家税务总局于当年 7 月提出了制定税收基本法和增值税法等另外 14 个单行税法的建议。在制定立法规划过程中,对是否制定税收基本法问题作了认真研究。为慎重起见,1994 年 1 月出台的《八届全国人大常委会立法规划》列入了"税法(及若干单行税法)"的立法项目。这里的"税法"有税收基本法的意思,但没有明确规定,有灵活性。其二,1998 年 12 月出台的《九届全国人大常委会立法规划》又在"第二类:研究起草、成熟时安排审议的法律草案(26 件)"中第 17 项列了"税法(若干单行税法)",这里少了一个"及"字,上次有一个"及"字,就有并列或者包含的不同意义。其三,2003 年 11 月出台的《十届全国人大常委会立法规划》,将制定统一适用各类企业的企业所得税法、修改《个人所得税法》、制定税收基本法列入了规划[在"第二类:研究起草、成熟时安排审议的法律草案(17 件)"中第 8 项明确列了税收基本法]。因此,实际是有两次列入立法规划较符合事实。

② 汤贡亮、刘爽:《〈税收基本法〉研究评述》,"中国法学会财税法学研究会暨全国财税法学学术研讨会"论文集,2007 年 9 月于南昌。

修改为"公民的合法的私有财产不受侵犯""国家依照法律规定保护公民的私有财产权和继承权""国家为了公共利益的需要,可以依照法律规定对公民的私有财产实行征收或者征用并给予补偿"。这表明,我国宪法确认了私有财产权的合法、不可随意侵犯的地位。但是,国家税收所得的财产究竟是归属于谁的财产,宪法对此没有明确的规定。税收是属于私有财产还是属于公共财产?它的所有权由谁来行使?是按照全民所有的财产由国务院行使所有权?显然,税收公共财产不同于社会主义全民所有制的财产。税收既然不是全民所有制的财产,其所有权也不能由国务院行使,税收法定主义也反对由行政机关决定税收。因此,税收财产究竟是归属于谁、由谁来行使,对这一问题宪法须明确规定,因为税收基本法首先须依照宪法确认税收的权属。如果这一最基础性的问题解决不好,税收基本法与宪法的其他问题,如税收立法权限、立法程序、税收管理体制、"用税"是否法定、纳税人权利等也将难以解决。

二是拟创制的税收基本法与税收实体法、税收程序法等的关系。税收基本法,上要依据宪法,下要统领各项单行税收法律。那么,究竟在何种意义上统领各项单行税收法律?如果仅对各项单行税收法律,即仅对我国2015年《立法法》第8条第6项列举规定的"税种的设立、税率的确定和税收征收管理"的税收法律的共性问题作出原则规定,那么,它必然因远不如各项单行税收法律的具体实用而使税收基本法显得多余。笔者认为,税收基本法制定与出台的重要性和必要性是不言而喻的,但更重要的是,应提高它的实用性,对此有两点值得关注:其一,税收基本法必须对单行税收法律不能涉及但又必须规定的税收事项,作出系统的规定。例如,对征税纳税方面的"一税一法"的税法体系的结构、宏观税负、税收征收管理体制、"用税"法定等作出规定,即在税制改革的大背景下,税收基本法必须体现税法理念的转变,应体现从维持稳定型税法向促进发展型税法的转变。在纳税法定方面,税收的实体法与程序法,要突出优化税制结构和加强税收征纳服务,控制宏观税负。"用税"法定方面,要突出保护纳税人的发展利益(包括纳税人的私益与公益),即既要保护纳税人基本的生存权,又要保护纳税人的发展权,促进国家治理体系与治理能力现代化。其二,对非税收入、"用税"等,与税收有密切联系的其他事项的法定,如何与税收法定相衔接,应作出系统规定。主要包括"用税"法定及其与财政法定(预算法定等)的衔接,非税收入法定与税收法定的衔接,税收法定下税收风险的法律治理,征税、纳税的仲裁与诉讼,"用税"公益诉讼或纳税人(公益)诉讼,政府债务治理等的原则规定。可以认为,实现税收法定,必然要处理与税收有密切联系的其他事项的法定，否则税收法定就会失去原本的意义，依法治税也会落空。因此，单行的税收法律必须借助税收基本法解决税收涉及的其他问题，这增强了税收基本法的实用性，但税收基本法并不直接是对与税收有密切联系的其他事项的法定，即不是对非税收入法定等作出直接规定，而是使与税收法定相衔接作出规定，这是税收法定范围的问题，税收基本法并没有超越税法的范畴。

三是拟创制的税收基本法横向与纳税人权益保护法的关系。笔者认为，税收基本法与纳税人权益保护法，这两者并不是上位法与下位法的关系，而是横向的平行关系。在所有单行税收法律中或多或少都有保护纳税人权利的规定，而纳税人权利保护的专门立法，具有统领各项单行税收法律的意义，属于税收的基本法律。征税人、“用税”人与纳税人的权利义务关系通常包含两层关系，即征税人、“用税”人与全社会整体的权利义务关系，以及纳税人与全社会整体的权利义务关系。具体而言，其一，税收财产属于全社会的公共财产，征税人对纳税人征税，是征税人对全社会履行义务的同时向纳税人行使权利；纳税人向征税人纳税，则是纳税人对全社会行使投资人权利的同时向征税人履行义务。其二，征税人“用税”，是征税人对全社会行使其权利（税收用益物权）同时又对纳税人履行义务（提供公共物品），纳税人则是对全社会履行义务（监督“用税”）的同时又对“用税”人行使权利（享用“用税”人提供的公共物品）等。总之，包含征税人、“用税”人与纳税人（分别以税收公共财产的投入者、“用税”监督者与公共物品享用者身份出现）的权利义务关系。以税收通则或税收总则形式出现的税收基本法，侧重对征税人征税权、“用税”权以及对纳税人义务的规定；而纳税人权利保护法，则侧重对纳税人权利以及对征税人、“用税”人义务的规定，两者分工合作共同统领各项单行税收法律。如果没有税收基本法，以及各项单行税收法律的有关规定，那么税法体系就失去了躯壳；如果缺乏纳税人权利保护法以及各项单行税收法律的有关规定，那么税法体系就失去了灵魂。

二、以创制税收基本法实现税收法定主义

（一）厘清创制税收基本法的基本思路

目前，在全球范围内，单独制定了税收基本法的国家数量有限，其中代表性的国家分别有欧洲的德国、法国、西班牙、俄罗斯、克罗地亚，亚洲的日本、韩国，美洲的美国、巴西等国家。制定税收基本法的历史也不长，较早的可从

1919 年德国颁布实施的《税收通则》算起。考察其他国家的税收基本法时我们发现,一些国家对于税收基本法的修订也比较频繁,例如,德国 1919 年生效的《税收通则》,历经多次修改,于 1931 年重新颁布,后经过修正,形成了现行的《税收通则》(1977 年 1 月 1 日生效)。日本的《国税通则》在 1962 ~ 1987 年,一共修改了 28 次。韩国的《国税法》在 1974 ~ 1984 年修订了 8 次。因此,我国在制定和实施税收基本法时也应因时制宜地修正税收基本法,以应对在不同的社会发展阶段税法所面临的新问题。

制定税收基本法,是落实税收法定原则,实现税收法定主义的重要举措。税收基本法将统领我国的税收实体法与税收程序法,使税收"有法可依"和"有完备的税法体系"可依,乃至有"税之良法"可依,以实现依法治税,从而既能很好地保护纳税人权益,也能更好地保障国家治理体系与治理能力现代化建设。当前,国家已经提出要全面落实税收法定原则,再次提起创制税收基本法是很有必要的。为此,在考察域外制定税收基本法的基础上,笔者认为,我们有必要厘清我国制定税收基本法的基本思路。

一是须对域外某些国家制定税收基本法的思路进行分析。对于税收基本法所要确定的税收法律关系,如德国、克罗地亚等国强调税收债务关系,日本、韩国、俄罗斯等国强调税收权力关系。其一,强调税收债务关系,是基于反对征税是对纳税人私人财产权的侵犯的观点,"债务关系说"确实能够很好地解释征税不是对私有财产的侵犯。但这只适用于对征税、纳税法定的解释,对于征税人"用税"的民主监督就难以解释了。在税收以财产流转方式转移到国家手中时,国家与纳税人之间的债权债务关系就结束了,由税收基本法规定纳税人对征税人"用税"享有民主监督权,就缺乏正当理由。其二,强调税收权力关系,国家运用权力向纳税人征税的立法,可以用来处理征税的合法性问题,在一定程度上也能解释民主监督的正当性问题,但是对国家为什么有权征税,缺乏从经济原因上的说明。

显然,这两种思路各有其侧重点。前者坚持的是在财产私有制下的债权、债务关系。按照这一思路,税收基本法规定征税、纳税要保障纳税人的同意权,以此构建税收基本法,虽然能保护纳税人的财产权不受侵犯,但难以保障纳税人对"用税"的监督权,难以促进国家治理体系与治理能力现代化水平的提高。况且我国并不是私有制国家,我国社会主义经济制度的基础是生产资料的社会主义公有制,即全民所有制和劳动群众集体所有制,我国在社会主义初级阶段,坚持公有制为主体、多种所有制经济共同发展的基本经济制度。① 我国不以私有制经济为主导,后者则强调,税收权力关系,这正是我国税收多年来付诸实践的思路,与我国实行计划经济或者实行"使市场在国家宏观调控下对资源配置起基础性作用"②的市场经济相匹配,对纳税人主要强调其必须履行纳税义务,强调政府可利用公权力对纳税人的财产强制课税;显然,这里存在把政府作为全社会的正式代表与被代表的全社会相等同的问题,实际上,政府作为全社会的正式代表只是被代表的全社会的一个有机组成部分,它与我国实行的"使市场在资源配置中起决定性作用和更好发挥政府作用"③的经济体制,以及推进国家治理体系和治理能力现代化不相适应。

二是须理顺我国制定税收基本法的总体思路。本书在前面关于如何完善税收法定入宪的分析中提出,国家治理体系和治理能力现代化应写入宪法的总纲。完善和发展中国特色社会主义制度,推进国家治理体系和治理能力现代化,是全面深化改革的总目标。税收基本法对于推进国家治理体系和治理能力现代化的意义十分重大,不强调这一点,我们就难以理顺制定税收基本法的思路。为此,我国制定税收基本法实际上是一种创制,而创制税收基本法就需要有理论作为支撑。笔者认为,创制税收基本法应遵循税法是公共财产法以及"财税法律一体化"的理论。其一,创制税收基本法应当采纳税法公共财产法理论。税法应当确认,税收收入是国家从纳税人手中征集起来的属于全社会的公共财产,无论从其用途是"用之于民"来分析,还是从纳税人的财产中有部分财产本来就属于全社会的公共财产来分析(因为纳税人利用了公共的某些不可排他性占有的自然资源与人力资源且并未支付对价),其结果都须肯定税收是公共财产。对于税收这项税收公共财产,征税人有权代表全社会向纳税人征收和使用;但也有义务取得纳税人的同意(通过税收民主立法)和使纳税人满意(通过民主监督和公平享用公共物品),当然,征税人、"用税"人也有得到工资福利的回报的权利与共用公共物品、共享发展成果的权利。这就是说,我国的税收基本法要把征税人、"用税"人与纳税人对全社会的税收公共财产的权利义务规定好,使征税人、"用税"人与纳税人,在关心自己利益与社

① 《宪法》(2018年修正)第6条。

② 《全面建设小康社会,开创中国特色社会主义事业新局面》,载《人民日报》2002年11月18日,第1版。

③ 《中共中央关于全面深化改革若干重大问题的决定》(2013年)。

会整体利益相结合的意义上，依法征税、“用税”、纳税。税收基本法就是要在保障人们生存公平的同时，保障人们的发展公平，成为促进发展型税法，更好地对经济社会持续健康发展发挥促进作用，实现征税人、“用税”人与纳税人的合作共赢，实现税收法定主义的目标。其二，创制税收基本法应当采纳“财税法律一体化”的理论。税法与财政法之间，两相独立而又联系密切。财政法调整财政收支关系，而财政收支的主要内容是税收的征收与使用即“用税”。税法是由征税、纳税的法律与“用税”的法律共同构成的，其中的征税与纳税的法律有很强的独立性，从而使税法独立于财政法而存在。实际上，征税与纳税的法律也不过是属于执行财政预算收入的法律，它也只有相对的独立性。因为税收收入大都是并入财政收入而统一支出的，因此“用税”的法律通常通过财政支出的法律来体现，但这并不影响我们从税法的角度研究“用税”的法律问题。况且，“用税”的法律规定有时也直接以税命名，如“分税制”。“分税制”的规定，无非就是有些税归属中央政府使用，另有一些税归属地方政府使用，还有一些税则归属中央政府与地方政府共同使用。实际上，财政也不能离开税收而独立存在，对税法与财政法进行整体主义思考和一体化研究，打通纳税人、征税人、“用税”人的内部逻辑与关联性，在税收基本法中规定“用税”并与财政支出法定相衔接，符合财税法治的基本逻辑，以更好地实现“财税法律一体化”。

（二）拟创制的税收基本法的基本结构

税收基本法或可称为税法基本法、税收通则法、税法通则、税收法、税法等。① 有学者认为，称税收基本法不妥；②有的学者则认为，使用税收基本法不会破坏我国法律体系的和谐统一。③ 称“税收法”“税法”已经不被学界推崇。若考虑到税收基本法在税法体系中具有最高地位及效力，拟用税收基本法的名称也未尝不可。征税、纳税、“用税”的实体法与程序法都可能由多部单行法律组成，税收基本法可参照民事立法，分为两个部分，或由两部法律构成，即税法总则或者税法通则侧重对征税人的征税权、“用税”权，以及对纳税人的义务作出规定；又以纳税人权利保护法，也可称为纳税人权利保护总则或纳税人权

① 汤贡亮、刘爽：《税收基本法研究回顾与展望》，载《税务研究》2008 年第 1 期。

② 施正文、徐孟洲：《税法通则立法基本问题探讨》，载《税务研究》2005 年第 4 期。

③ 涂龙力、涂京联：《税收基本法立法若干基本问题研究——兼与施正文、徐孟洲同志商榷》，载《税务研究》2005 年第 8 期。

利保护通则,侧重对纳税人权利以及对征税人、“用税”人的义务作出规定,可分工合作共同统领各项单行税收法律,其理由在前文已有阐述。现在,对税收基本法的前一部分,即税法总则的基本结构试作分析。

一是税法总则的立法目的与宪法依据。税法总则的立法目的,主要涉及三个方面:其一,征税、“用税”法定,促进国家治理体系与治理能力现代化;其二,税收取之于民用之于民,税法保护纳税人权益;其三,促进国际税收合作,维护本国的国际税收权益。

关于制定税法总则的宪法依据。其一,税法总则如果要以宪法对税收法定的直接规定作为依据和体现促进国家治理体系与治理能力现代化的需要,则需要通过修宪才能做到。笔者已在上文提出过一个修宪方案:在宪法序言中,将“逐步实现工业、农业、国防和科学技术的现代化”修改为“逐步实现工业、农业、国防、科学技术和国家治理体系与治理能力的现代化”;然后在第一章“总纲”的最后,增加一条即第 33 条,把国家实行税收法定原则,国家依照法律征税,依法使用税收与非税收入,纳税人依法享有权利、承担义务,国家保护纳税人的合法权益,加强纳税人监督等一并加以规定。其二,如果按照“财税法律一体化”的要求,那么我国现行宪法已有的一些规定,包括《宪法》第 2 条、第 56 条、第 62 条和第 67 条等,对于制定税法总则提供宪法依据,可以说,已经大体具备,但是《宪法》第 56 条只规定了公民的纳税义务,存在遗漏纳税主体等问题。这里,可作为税法总则宪法依据的,主要是宪法直接规定了全国人大及其常委会对预算①和预算执行②方面的职权。税收是预算收入执行的主要内容,预算支出又主要依赖税收。全国人大及其常委会对预算和预算执行方面的法定职权,其中,就包括体现了人民对征税的“同意权”与对“用税”的“满意权”的宪法保障,税法总则可专门对预算收支中的征税与“用税”作出全面细化的规定,但对纳税的义务及有关权利等作出系统的法律规定,其宪法依据则有待完善。

二是税法总则须对税收法定作出细化规定。其一,应根据 2015 年《立法法》第 8 条的规定,包括税收、税收基本制度以及对税收基本制度只能制定法

---

① 预算是经法定程序审核批准的国家年度集中性财政收支计划。它规定国家财政收入的来源和数量、财政支出的各项用途和数量,反映整个国家政策、政府活动的范围和方向。其中,预算收入的形式有税收、上缴利润、规费及公债等,税收是主要的。

② 预算执行是组织国家预算收入与支出实现的过程,包括预算收入与支出的执行。

律等内容,即对税收法定的适用范围作出详细规定。其二,对税收的征收、管理、分配、使用的主体制度和税收缴纳、监督、公共物品享用的主体制度作出规定。其三,根据落实税收法定原则的要求,对于与税收相关联的事项以及须与税收法定相衔接的原则分别作出规定。

三是税法总则对税收实体法体系的规定。其一,这主要是关于征税、纳税应有一个什么样的税法结构与体系,单行税收法律与征税纳税实体法体系如何进行协调的规定。其二,对"用税"的实体法作出规定,以及对"用税"法定与财政法定,尤其是与预算支出法定如何衔接作出规定。其三,对于与税收密切相关的非税收入的法定,对如何与税收法定相衔接作出规定。其四,对税收法定下税收风险的法律治理措施作出规定。

四是税法总则对税收程序法体系的规定。其一,对将征税、纳税的征收管理改变为"税收服务"作出规定。其二,对征税、纳税案件的仲裁以及诉讼的法律适用作出原则性规定。其三,对"用税"案件或纳税人(公益)诉讼作出原则性规定。其四,对政府债务法律治理与税收法定的衔接作出原则性规定。

五是税法总则对法律责任的规定。按照主体所属税收法律关系的不同,分别作出相应法律责任的原则性规定。

六是税法总则对国际税收合作与税收法定相衔接的规定。为了防止国际偷漏税的发生,提高我国对跨国纳税人的税收征管水平,加强我国与其他国家之间的税收征收与管理合作(主要包括情报交换和征管互助),税法总则须对与本国的税收法定相衔接,使依法治税与国际税收法治进行对接作出原则性规定。

七是附则。

应当提及,在税法总则中也必须依据宪法,对税收法定下的税收内外政策的制定与实施以及审查与评估等作出原则规定。此外,税收基本法既然是创制,就可以有中国特色,并且不妨碍我们在立法后及时加以改进。

第四节　制定纳税人权利保护法

以立法为中心设定实现税收法定主义的整体框架,应当包括制定纳税人权利保护法。

一、纳税人权利保护立法的提起及其价值

(一)纳税人权利保护立法的提起

有学者提出,税法不是侵犯纳税人财产权的法律,而是保护纳税人财产权的法律。[①] 保护纳税人的合法权益,是实现税收法定主义的实质与核心。保护纳税人权利是法治精神在税法领域的本质追求,无论是税收的形式法定,还是税收的实质法定,以及以法律手段促进税收的良法善治,其最终目标都要锁定在对纳税人合法权益的保护。从以立法为中心的维度促进税收法定的实现,除要在宪法层面上完善税收法定的入宪,在税法体系层面上制定税收基本法外,还应建立健全纳税人权益保护法律制度体系,其中最重要的就是要制定纳税人权利保护法。

1. 域外纳税人权利保护的立法

纳税人权利保护在税收法定主义诞生于英国时已经萌芽。那时,英国制定的《大宪章》规定,除少数税种外,英国国王要征税需要召开全国会议并得到纳税人代表的同意。这项规定被视为国家征税须经"人民同意",即纳税人享有征税同意权的起源。但是它被当作一种专门的权利进行立法,则是相当晚近的事。

一般认为,世界税制改革已经历了5次浪潮:其一,1789年以英国创立所得税引发的税制改革浪潮;其二,开始于20世纪30年代,许多国家推行社会保障制度,开征社会保障税形成的税制改革浪潮;其三,1954年由法国首先实行的增值税改革,形成的第三次税制改革浪潮;其四,第四次税制改革浪潮是对公司来源的所得免除双重征税;其五,从20世纪80年代中期开始的"降低税率、扩大税基、简化税制、加强管理"税制改革。进入21世纪以来,为了应对全球经济增长放缓的趋势,各国纷纷推出了新的减税计划和方案,掀起了新一轮的世界性减税浪潮。[②]

随着税制改革浪潮的兴起,纳税人权利的保护日益得到世界各国的普遍关注,因为它已影响了资本利润率,从而影响了资本的地区转移和税基变化。美国于1988年制定了《纳税者权利保障法》。各国也先后以"纳税者权利宣

---

① 刘剑文:《重塑半壁财产法——财税法的新思维》,法律出版社2009年版,第5页。

② 刘辉、焦建国:《新一轮税制改革中非正式制度约束及与正式制度的融合》,载《现代财经(天津财经大学学报)》2010年第12期。

言”“纳税者权利宪章”等方式，从立法上保护纳税人的权利，例如，英国、加拿大、法国等国家，分别颁布了《纳税者权利宪章》《纳税人权法案》《纳税人宪章》。

以美国制定的《纳税者权利保障法》（1988年）为例，该法案规定的主要内容包括：纳税人在与征税机关协谈、接受调查时享有录音权；纳税人享有被告知稽征程序进行的权利；在协谈过程中，纳税人能够咨询税务代理人，并可以依据法律自由地选择代理人；因咨询内地税局而被提供了错误建议时，税务机关应减轻对纳税人的罚款金额；当纳税人负担过重时，纳税者监察官享有发布纳税义务协助命令的权力；内地税局不得以税务员执行税捐的成果作为绩效评量基础；需协议以分期付款缴纳税款；在税务诉讼前，纳税人已穷尽行政救济程序，税务法院在审判时如发现内地税局的理由不够充分正当，判决纳税人胜诉，应附带判决内地税局负担诉讼费用；因内地税局人员造成的故意或重大过失，使纳税人发生直接经济损失的，内地税局要负民事赔偿责任，以10万美元为赔偿上限；扣押纳税人财产时，应提前10天通知，并制作书面的通知书。

美国1988年《纳税者权利保障法》经1996年、1998年先后两次修订，于2014年被美国国内收入局（Internal Revenue Service，IRS）正式发布的新《纳税人权利法案》所替代，其主要内容包括纳税人知悉税法、获得优质服务、仅缴纳应纳税额、质询与被倾听、提起上诉、知悉最后期限、隐私受尊重、涉税信息保密、雇用代理人、要求税制公平、公正的权利。该法案把分散于美国各税法之中，不利于纳税人了解和掌握的纳税人权利，作出了较为系统的规定。①

2. 国际组织对纳税人权利保护的关注

随着人权的发展和经济全球化的影响，对纳税人的权利保护，也引起某些国际组织的关注，由35个市场经济国家组成的经济合作和发展组织（Organization for Economic Co-operation and Development，OECD），1990年为其成员方制定了《纳税人宣言》模板，规定纳税人的基本权利应包括隐私权、信息权、只缴纳法定税款的权利、税收预测与筹划的权利、诉讼权。OECD建议，各个课税主权国家或地区对其所拟定的有关纳税人权利保护方面的法律文件应因地制宜地依据OECD模板进行本土化调整，以适应各国的实际国情。

综上所述，世界各国或地区有关纳税人权利保护的立法各具特点。英美法系国家在纳税人权利保护立法上，重点强调正当法律程序在税收征管、稽查

---

① 赵岩、赵艳清、安剑：《美国发布新〈纳税人权利法案〉》，载《国际税收》2014年第8期。

中的运用,纳税人享有诸多程序性权利。而 OECD 的模板除与英美法系国家一样规定了大量的纳税人程序性权利的内容外,还包括了涉及纳税人财产权保护及规范税收用途的实体性权利。

不仅如此,各国(地区)制定纳税人权利保护法时采用的立法模式也各有不同,主要可概括为以下几种方式:

一是将纳税人权利保护法定位为宪法性基本法;二是汇编法的模式,即由专门的权利保障法来汇编现行法律中的有关规定,使权利保障体系更加完善;三是以示范法、宣言法的模式,将纳税人的应然权利和实然权利加以罗列和宣告,①为立法提供借鉴和制定立法规则。

(二)纳税人权利保护立法的价值分析

纳税人权利保护立法的价值应从两个方面来研究:一是纳税人权利保护法所追求的内在目标;二是纳税人权利保护法对国家经济社会生活的外在价值。应当认为,从纳税人权利保护法所追求的目标上来说,纳税人权利保护法所要实现的价值是公平;从纳税人权利保护法在国家社会生活中能起到的作用的层面来说,对纳税人权利的保护是一种有效的权力监督模式。②

其一,纳税人权利保护法内在的价值追求——税收公平。公平是法律的基本价值取向,税收公平是纳税人权利保护的价值追求。税收公平,包括征税人与纳税人之间权利与义务的公平分配,以及纳税人与纳税人之间权利与义务的公平分配。③

一是纳税人权利保护法对征税人与纳税人之间的税收公平之价值追求。长期以来,人们更多地关注政府征税要使各个纳税人承受的负担与经济状况相适应,并使各个纳税人之间的负担水平保持平衡,即符合量能课税原则。而税收公平首先应当强调征税人与纳税人之间的公平。当然,不可否认的是,纳税人的权利依赖国家强有力的政治体制,如果没有这样的基本保障,纳税人将很少享受甚至享受不到宪法保证的私权利;④国家在保护个人权利的同时,要消耗必要的公共资源,所以纳税人应当缴纳税收。但这不能成为征税不公的

---

① 高军:《立法保护纳税人权利刍议》,载《贵州警官职业学院学报》2012 年第 3 期。

② 黎江虹:《中国纳税人权利研究》,中国检察出版社 2010 年版,第 124 页。

③ 杨杨、杜剑:《纳税人权利保护:税法本质公平的实现途径》,载《税务与经济》2009 年第 6 期。

④ Stephen Holmes & Cass R. Sunstein, *The cost of rights: Why liberty depends on taxes*, W. W. Norton. 2000, p. 15.

理由。事实上,在税收征纳过程中,征税人往往处于主动地位,而纳税人常常处于被动地位,最易形成征税人权力的无限扩张,致使其使用的权力大于其应承担的义务,导致社会公平的结构性失衡;在监督机制不够健全或者监督机制的功能发挥不利的情况下,这种不公平所造成的社会危害将会加倍放大;不仅如此,这种不公平一旦累积到一定程度,就很容易诱发社会不稳定因素的出现。因此,税法加强纳税主体权利的保护,使征税人和纳税人彼此之间权利与义务的公平关系得以维护。

另外,征税人与纳税人之间的税收公平,也应从征税、纳税的领域延伸到“用税”的领域。如果说,征税人依照公平原则取得了税收,但并没有为纳税人优质、高效地提供公共物品,没有为纳税人创造出稳定的生存和可持续发展的条件,而是将税收用于满足有权者的贪污腐败上,同样也会造成社会的不公。对于社会整体来说,税法保护纳税人权利主要是使纳税人的存量利益保持平衡,①保障增量利益②。要做到这一点,纳税人就必须有效地参与对税款使用的民主决策、制约以及监督的活动中,以确保税款的使用具有合法性、高效性和合理性。同时,政府在纳税人的制约、监督下必须进行自我约束,促使自己真正地为民众服务,这就要求政府不能肆意使用税款,使用时应注意“用税”信息的公开,并主动接受纳税人的监督,保证税款的使用落实在利国、利民方面。

二是纳税人权利保护法对纳税人与纳税人之间的税收公平之价值追求。税收公平理应包括税法确保纳税人与纳税人之间的税负公平。所有纳税人的法律地位都是平等的,分配给各个纳税人的税负应当是公平合理的;当然,税负的公平合理不是绝对平等地负担,而是相对平等地负担,即在符合量能课税原则的要求下,纳税能力相同的人负担等量的税收,纳税能力不同的人负担与其能力相符的税收。按照税法是公共财产法的理论,纳税人纳税能力的大小与其利用社会公共资源的多少相关。因此,为了更好地实现纳税人与纳税人之间的税收公平,在立法上应注重贯彻与体现量能课税原则。

其二,纳税人权利保护法在国家经济社会生活中的作用——有效的权力监督,有利于国家治理体系与治理能力的现代化与提升国际竞争力。纳税人权利保护是一种有效的权力监督模式,是以维护纳税人权利为目的的,通过法

---

① 纳税人的存量利益保持平衡,是指因付出税款而减少的价值,能与纳税人获得的因税款使用而增加的价值相一致。

② 增量利益:发展利益。对应既得利益、存量利益。

律规定纳税人权利来规范征税权、“用税”权的设置和行使。根据税收法定主义的基本要求,纳税主体、课税对象、课税标准等都应在立法中作出明确规定。进一步说,税收法定也要求“用税”法定。总之,税收“取之于民,用之于民”都需要法定,都应使纳税人同意与满意。在税法上,纳税人对于征税、“用税”权力的监督主要体现在税收立法、税收执法和税收司法中,即在税收立法中,应保护纳税人参与税收立法的权利;在税收执法中,应切实保障纳税人一切所涉实体性与程序性权利;在税收司法中,应充分赋予纳税人自由选择解决争议的模式或是救济途径的权利,以此促进合理征税和有效“用税”。

二、纳税人权利保护立法实践的深入

(一)我国纳税人权利保护的立法现状

其一,我国宪法在规定公民有依法纳税义务的同时,也早有对纳税人可通过全国人大及其常委会行使制定税收法律的民主立法权的规定,如我国《宪法》第 62 条中规定,全国人大具有“制定和修改刑事、民事、国家机构的和其他的基本法律”的职权,在第 67 条中规定,全国人大常委会有“制定和修改除应当由全国人民代表大会制定的法律以外的其他法律”的职权等;以及间接行使税收收入与支出的民主监督权的规定,如《宪法》关于全国人大有权“审查和批准国家的预算和预算执行情况的报告”,全国人大常委会有权“在全国人民代表大会闭会期间,审查和批准国民经济和社会发展计划、国家预算在执行过程中所必须作的部分调整方案”的规定。

其二,我国的《税收征收管理法》(2015 年修订)规定了纳税人的知情权、申请退税权、陈述申辩权、救济权等 16 项权利。国家税务总局颁布的《关于纳税人权利与义务的公告》(公告 2009 年第 1 号),明确规定了纳税人所享有的 14 项权利,具体而言包括以下内容。

一是《税收征收管理法》(2015 年修订)是在我国还未制定税收基本法和纳税人权利保护法的情况下,集中规定纳税人权利保护的一部法律。该法规定,纳税人的权利主要包括:知情权,保密权,税收减免申请权,申诉权,检举权,检举、控告征税人的违法行为的权利,选择纳税申报方式,延期办理纳税申报的权利,核定农业税必须按照税法进行,非税务人员无权征收或者参与征收税款,缓税的权利,大幅降低滞纳金的滞纳比例,扣缴义务人可以根据纳税人要求开具代扣、代收税款凭证,纳税人个人生活必需的住房和用品不在查封、扣押之列,扩大了税务行政赔偿的范围,抵押权人、质权人有权知道相对人欠税情况,纳税人享有补偿多缴税款利息的权利,特殊情况失误税款追期从 10 年缩短到 5 年,纳税人有权拒绝无税务检查通知书的检查,提供纳税担保也可以申请行政复议等权利。二是国家税务总局 2009 年颁布的《关于纳税人权利与义务的公告》,也明确地规定了纳税人的 14 项权利,如知情权、保密权、税收监督权、纳税申报方式选择权、申请延期申报权、申请延期缴纳税款权、申请退还多缴税款权、依法享受税收优惠权、委托税务代理权、陈述与申辩权、对未出示税务检查证和税务检查通知书的拒绝检查权、税收法律救济权、依法要求听证的权利、索取有关税收凭证的权利等。

其三,我国的各项征税、纳税的税收实体法也对保护纳税人实体权利有直接的规定,如《企业所得税法》(2018 年修正)中规定的税额减免与抵免权、税收优惠权。此外,在我国现行的《行政处罚法》《行政复议法》《行政诉讼法》《国家赔偿法》等法律中也有一些关于保护纳税人权利的规定。

(二)完善纳税人权利保护立法的基本路径

我国对纳税人权利保护的立法虽然已有很大发展,但我国作为发展中的社会主义国家,无疑需要从全心全意为人民服务的意义上加强纳税人权利保护立法,以更好地体现税收公平,更好地提升国家治理体系与治理能力的现代化水平和提升国际竞争力。

1. 制定一部全面保护纳税人权利的法律

从对我国纳税人权利保护立法的现状来看,对保护纳税人权利的规定,现还存在一些不足。其一,《税收征收管理法》中有关纳税人权利保护的规定侧重在征税、纳税过程中,对纳税人微观层面上的程序性权利进行保护。因此,笔者认为,需要制定一部单独的、专门保护纳税人权利的纳税人权利保护法,以使保护纳税人权利的宪法性权利更详细,并用来完善税收实体法与程序法在纳税人权利保护方面的不足。同时,还存在对涉及纳税人财产权保护及规范税款用途的实体性权利保护缺乏规定的问题。此外,还对纳税人在税收案件中的程序性权利,尤其对纳税人(公益)诉讼权利保护缺乏规定等。其二,通过“一税一法”的税收实体法律对纳税人实体权利保护作出规定,还存在比较分散和不甚全面的问题。其三,国家税务总局颁布的《关于纳税人权利与义务的公告》效力过低。其四,从纳税人权利可分为宪法性权利与普通性权利的层面来看,宪法性的纳税人权利保护条款不够明确,还需进一步细化。因此,笔者认为,需要制定一部单独的、专门保护纳税人权利的纳税人权利保护法,以使保护纳税人权利的宪法性权利更详细,并用来完善税收实体法与程序法在纳税人权利保护方面的不足。

2. 纳税人权利保护法的定位

纳税人权利保护法在整个税收法体系中应如何定位？显然，它不同于征税、纳税与“用税”的任何一部实体方面或者程序方面的税收法律，它是要统领税收的实体法与程序法中对纳税人权利所作的规定，并加以系统化规定的一部法律；同时，它又要承担将纳税人的宪法性权利加以细化的重任。因此，纳税人权利保护法，乃是一部既包括纳税人宪法性权利，又囊括税收实体法与程序法中纳税人权利的规定，并将两者有机结合起来的税收基本法，它与税收基本法一起，同为平行的两部重要税法。

两者的分工是：税收基本法，主要是对税收实体法与税收程序法作出一般规定，以及对与税收法定相关事项的衔接作出一般规定。它侧重对征税人的征税权、“用税”权以及对纳税人义务的规定。由于征税人、“用税”人与纳税人这两者的主体地位不可互换，纳税人只有对征税人、“用税”人承担了纳税义务后，才能享有相应权利，征税人、“用税”人才可能承担相应义务。所以，纳税人权利保护法，适合与税收基本法平行存在，侧重对纳税人权利，以及对征税人、“用税”人的义务的规定。

之所以进行这样的分工，是因为征税人、“用税”人与纳税人的权利义务，需要通过征税人、“用税”人与社会整体的税收权利义务，以及通过纳税人与社会整体的税收权利义务这两种形式来体现，这也是税收单项实体法律不能全面规定纳税人权利的原因。当然，税务机关在执行征税职能时与纳税人之间直接发生税收权利义务关系，故纳税人的相关权利可以集中在《税收征收管理法》中予以体现，但这些权利仅限于征税、纳税行政执行程序中的纳税人权利，只是纳税人权利中的一小部分，其无法替代纳税人权利保护法。

（三）纳税人权利保护法的基本内容

纳税人权利保护法的基本内容究竟有哪些，这是一个晚近才提出而世界各国又较少有经验的课题。上文将纳税人权利保护法定位为侧重对纳税人权利，以及对征税人、“用税”人的义务作出规定的法律（前文已经提到，有的国家将纳税人权利保护法定位为宪法性基本法），与侧重对征税人的征税权、“用税”权以及对纳税人义务作出规定的税法通则或税法总则，同为平行的两部税收基本法。由此，我们可以确定纳税人权利保护法的基本内容，它主要包括4个方面的内容：

其一，要在纳税人权利保护法中明确地界定纳税人权利的含义。一是从宏观层面考察，纳税人权利，是指纳税人履行纳税义务前以及履行纳税义务时依法所享有的正当要求及合法权益得到满足与保障的权利，履行纳税义务后享有要求政府提供公共产品和服务的权利，以及对其使用税款的监督权；①从微观层面考察，纳税人权利，是指纳税人根据税法的确认和规范，在履行纳税义务时，法律对其依法可以作出或不作出一定行为，以及要求他人作出或不作出一定行为的许可和保障，其中还包括纳税人合法权益受到侵犯时应获得的救助和补偿，从而实现自身合法利益的可能性。二是完整的纳税人权利应包括纳税实体性权利和程序性权利这两个部分。② 从状态与过程的角度进行分析，实体性权利是静态权利，是权利主体对某种实体利益享有的受法律保护的资格；而程序性权利是动态权利，是权利主体为了行使、主张或保障其实体权利而享有的作为或不作为的资格。③ 三是在纳税人权利保护法中，应以专章的形式规定纳税人的基本权利，并分别详细地阐述纳税人实体性与程序性权利的内容。此外，对于纳税人的实体性权利，应区分纳税前、纳税中、纳税后的实体性权利，以及纳税中纳税人的程序性权利等。在救济途径上，尽可能地为纳税人设置多种类别的渠道，以供其选择并采用差别对待的方式予以规定。这主要是按照何种分类来界定纳税人权利的问题，分类方法包括：分为微观、宏观，分为实体、程序，分为纳税前、纳税中、纳税后，分为宪法性、普通性，把纳税人分为税收公共财产的投入者、对公共财产运用的监督者、对公共物品的享用者，以及是否要考虑区分本国人、外国人等。按照不同的分类方法来界定纳税人权利，各有利弊。

其二，确定纳税人的各项基本权利。在界定纳税人权利的同时，对纳税人的各项基本权利予以明确规定。日本学者北野弘久认为，纳税人权利与宪法规定的公民基本权利几乎等同。④ 这一观点是值得商榷的，宪法所规定的公民的基本权利与公民应履行的义务相对应，公民还有依法服兵役等多项义务。笔者认为，税法是领域法，它牵涉多种关系的调整，纳税人在不同税收法律关系中的主体地位各不相同，其权利也就各不相同。所以，本书主张将纳税人分为税收公共财产的投入者，征税、"用税"的监督者，以及国家运用税收所制造

---

① 武丽、肖钢：《论纳税人权利及其实现》，载《财政研究》2008 年第 3 期。

② 张富强：《纳税权入宪入法的逻辑进路》，载《政法论坛》2017 年第 4 期。

③ 施正文：《略论税收程序性权利》，载《税务与经济（长春税务学院学报）》2003 年第 1 期。

④ ［日］北野弘久：《税法学原论》（第 4 版），陈刚、杨建广等译，中国检察出版社 2001 年版，第 20 页。

与提供的公共物品的享用者,并分别列出其基本权利。

一是纳税人首先是税收公共财产的投入者,因此纳税人就享有“征税同意权”,“税收负担公平”的权利,以及与上述对税收同意缴纳与公平缴纳权利相关的权利,包括知情权,保密权,获得优质服务的权利,仅缴纳应纳税额的权利,税收减免申请权,选择纳税申报方式、延期办理纳税申报的权利,缓税的权利,扣缴义务人可以根据纳税人要求开具代扣、代收税款凭证的权利,最低生活费不受课税权利,纳税人个人生活必需的住房和用品不受查封、扣押的权利,税务行政赔偿权,抵押权人、质权人有权知道相对人欠税知情权,纳税人享有补偿多缴税款利息的权利,提供纳税担保也可以申请行政复议的权利等各项实体性与程序性的权利。二是纳税人又是征税、“用税”的监督者,从而享有税收监督权,包括对征税(税收筹集)的监督权,对税收管理、分配的监督权,以及对税收使用的监督权。具体是指申诉权,检举权,检举、控告征税人的违法行为的权利,纳税人有权拒绝无税务检查通知书的检查的权利,税收法律救济权,提起纳税人(公益)诉讼的权利等。三是纳税人作为国家运用税收制造并提供的公共物品的享用者,可享有免费使用权、先占使用权、平等使用权与重大利益优先权等。

此外,应当对纳税人个体与纳税人整体可享有的权利作出有区别的规定,如纳税人通过立法机构行使的民主立法权利,以及纳税人通过全国人大及其常委会间接行使税收收入与支出的民主监督权利,都是纳税人整体可享有的宪法性权利。这与纳税人个体所享有的权利有所不同。

另外需要说明的是,在我国《企业所得税法》中规定的“非居民企业”纳税人对应纳税额依法享有减免与抵免的权利;我国《个人所得税法》中规定的非居民纳税义务人依法可享有免税和依照中国政府参加的国际公约、签订的协定的规定享有免税的权利;以及我国《海关法》(2017 年修正)中规定,关税的纳税义务人中所包含的外国个人、外国企业等,依法也可享有减免关税的权利等,这些都应当作出专门规定。

其三,设立纳税人权利保护机构。一是构建全国性的纳税人维权组织,健全税务部门税务服务机构和税务代理机构。① 二是建立纳税人权利保护官

① 张富强、卢沛华:《纳税人权利的概念及现状》,载《学术研究》2009 年第 3 期。

制度。[1] 纳税人保护官制度在美国、英国、加拿大等国家被独立设置在税务机关之外;而韩国、日本、丹麦等国家则是在税务机关内部设置纳税人权利保护官。[2] 三是完善纳税人诉讼制度与设立专门的税务法院。目前,我国的税务诉讼属于行政诉讼并不经过专门的税务法院,[3]还前置行政复议程序,对纳税人在税务纠纷解决时自主选择权的尊重不够。税务行政复议机关不独立于税务征收机关,其复议结果的公正性不足。因此,从长远来看,为满足税法的技术性、专业性,以及税务案件对专业能力的高要求,我国应在纳税人权利保护法中规定,设立由专业税务、税法人员组成的具有专业性的税务法院,以保护纳税人的权利,并且赋予纳税人自由选择救济途径的权利。

此外,对于诉讼种类,应给予纳税人可以进行纳税人公益诉讼的权利,纳入税务法院的受案范围。从微观层面看,此举也可保障个体纳税人的合法权益;从宏观层面看,此举则能够促进税法成为良法,税务机关逐步从行权机关向服务机关演变,在税收的立法、执法、司法中切实保护好纳税人的权利。

其四,构建纳税人权利保护评估制度。这主要是对纳税人应享有的民主立法权利与民主监督权利等宪法性权利的行使进行评估。一是对税收立法质量与税法实施情况进行有计划的评估;二是对税收的收入与支出以及对整个财政收支(预算和预算执行)状况进行评估。评估内容应包括税法能否成为纳税人权利保护之法,纳税人获得感和纳税人纳税遵从度状况的评估等。评估的结果,可用作国家立法、审查与批准预算和预算执行的参考。

小　结

本章从以立法为中心的角度对税收法定主义的实现拟定了总体框架,并进行了相应分析。税收法定主义的实现须先"有法可依",即以"税收立法"为基础。为了实现税收法定主义,应当以立法为中心,坚持立法先行,发挥立法的引领和推动作用。

---

① 纳税人权利保护官制度,是指国税部门在执行预定的税务调查、税源管理及滞纳处分等公务时,在国税人员滥用职权等不当地侵害纳税人权利或可明显预见侵害纳税人权利的情况下,纳税人权利保护官基于纳税人(税务代理人)要求或其认为必要时,暂时要求中止税务调查执行、更正或惩戒的制度。

② 车文勤:《韩国纳税人权利保护官制度及启示》,载《税收经济研究》2016 年第 6 期。

③ 朱大旗、张牧君:《美国纳税人权利保护制度及启示》,载《税务研究》2016 年第 3 期。

那么,以立法为中心实行税收法定,是否限于征税法定或者税收收入的法定?显然,这容易把税收法定看作国家通过立法来剥夺纳税人的财产。但从本质上说,这也许不属于税收法定主义,充其量也只是早期资产阶级反对封建君王过度侵犯私人财产权时的税收法定主义。在现代社会,税收从征收筹集取得后,税收的管理、分配和使用如何纳入法治,如何使纳税人从中获益,这些问题已经被提上议事日程。把税收法定拓展到"用税"法定,规范征税人的"用税"行为,就不仅仅是让征税人通过征税获得财产收益,而是能把它有效地用于维护社会稳定与促进经济发展,以回报社会和保障纳税人能有所获益,包括获得有形无形、直接间接的各种利益。实际上,这才是税收法定主义的真正的本质要求。因此,税收法定以立法为中心,应当以促进经济社会发展为立法理念,全面构建包括征税、纳税、"用税"的税法体系,使实现税收法定主义"有完备的税法体系"可依。

"有完备的税法体系"可依,是有一定层次结构的税法体系。其中,宪法是整个法律体系的纲,当然也是税法体系的纲。同时,依据宪法制定的税收基本法和纳税人权利保护法,与税法体系中的其他法律相比,它们是宪法性法律,也可以成为税法体系中的纲领性组成部分。宪法作为税法体系的纲,当前主要是应当研究税收法定入宪是否需要完善、是否需要修宪的问题,它牵涉对《宪法》第56条的研究、对域外税收法定入宪的研究、如何修宪的研究等。笔者认为,从税收法定需要直接的明确的宪法依据的意义上,可以考虑在宪法序言中,将"逐步实现工业、农业、国防和科学技术的现代化"修改为"逐步实现工业、农业、国防、科学技术和国家治理体系与治理能力的现代化";在第一章"总纲"的最后,增加一条即第33条,把国家实行税收法定原则,国家依照法律征税,依法使用税收与非税收入,纳税人依法享有权利、承担义务,国家保护纳税人的合法权益,加强纳税人监督等一并加以规定。这是因为,税收法定必将影响我国治理体系与治理能力的现代化,影响我国经济与政治的全局。如果税收法定入宪的纲举起来了,那么,对"有完备的税法体系"可依将能起到纲举目张的作用。

在税法体系总体框架中,除税收法定入宪,宪法对税收法定的原则规定外,还应当包括以税法总则等为形式的税收基本法和纳税人权利保护法。以税法总则等为形式的税收基本法,现在已不存在是否应制定的问题,因为全国人大常委会已经连续三届(第八届、第九届、第十届)将制定税收基本法列入立法规划,并开展了起草等工作,但迄今近20年来,税收基本法立法尚未出台。

所以,现在主要是税收基本法为什么制定不出来、怎样才能尽快制定出来的问题。在研究了其中的原因后我们认为,从纵向看,向上有税收基本法与税收法定入宪的关系,向下有与所统领的税收实体法与税收程序法等的关系;从横向看,有税收基本法与纳税人权益保护法的关系等,这些关系都尚未被理顺;同时,本书在大体分析了域外国家制定税收基本法的思路,以及我们自己应有的总体思路后,建议创制税收基本法应当采纳税法之公共财产法理论与"财税法律一体化"理论,并对拟创制的税收基本法的基本结构作了说明,认为即使不修宪,税法总则也可依据宪法的有关规定加以创制,并且可在将来税收法定入宪完善时,对税法总则再作修正。

至于纳税人权利保护法,主要是我国现有的纳税人权利保护还限于征税、纳税程序上的权利保护,对这种征税、纳税中纳税人权利进行统一规定的文件(国家税务总局的公告)的效力又较低。因此,应当根据我国实际情况,并参考域外经验,制定一部不局限于征税、纳税而是全面保护纳税人权利的法律。全面保护纳税人权利,它是对包括在征税、纳税、"用税"中,对纳税人作为税收公共财产投入者、使用税收公共财产的监督者、公共物品享用者的实体性权利与程序性权利的总括。其中,尤其要强调纳税人的民主立法权和民主监督权等宪法性权利(宏观),以及纳税人(公益)诉讼权(微观)。那么,纳税人权利保护法是否也属于税法体系总纲的一部分,其看起来并不能与属于税法总则的税收基本法相提并论,但笔者认为,以税法总则为形式的税收基本法,是侧重对征税人的征税权、"用税"权以及对纳税人义务进行规定的法律;而纳税人权利保护法则侧重对纳税人权利以及对征税人、"用税"人义务的规定,两者可平行地共同构成税收的基本法律。其原因在于:征税人、"用税"人与纳税人双方的权利义务,是需要通过征税人、"用税"人与社会整体的税收权利义务以及纳税人与社会整体的税收权利义务这样两种形式来体现的,这也是税收单项实体法律不能全面规定纳税人权利的原因(当然,税务机关执行税职能,与纳税人可发生直接的征税权利义务关系,故它可集中在税收征收管理法中予以规定)。在税收法定主义的总纲之中,如果说税法总则是税收基本法的"躯壳",那么纳税人权利保护法则是税收基本法的"灵魂",而宪法对税收法定的原则规定则相当于"大脑"。此外,本章最后对纳税人权利保护法的基本内容也作出了说明。

第三章　税收法定主义的实体法实现

以立法为中心，实现税收法定主义的路径，要求我们建立以促进发展为理念的税法体系，而这首先需要确定整个税法体系的总体框架，即需要完善“税收法定”入宪，制定税收基本法与纳税人权利保护法；在这一总体框架下，完善税收实体法体系与税收程序法体系。这一总体框架好比是躯壳，而税收的实体法体系与程序法体系好比是躯壳两翼。本章着重研究税法体系总体框架下的税收实体法体系，既需要揭示其内在逻辑联系，又应当说明税收实体法体系各组成部分的特征及其相互关联性，同时应关注与税收实体法相关的非税收入等实体法与税收法定的衔接。

税收实体法体系是保障税收法定主义实现的重要一翼，构建完善的税收实体法体系，对完善整个税法体系、实现税收法定主义具有基础性作用。

第一节　以税收实体法保障税收法定主义的实现

在具备了构建税收法律体系整体框架的基础上，我们应当重视税收实体法体系的构建。税收实体法体系需要与税制改革相适应，在新一轮税制改革中，我们应当完善“一税一法”的征税、纳税的法律体系，根据需要制定“用税”方面的法律，实现税收法定与非税收入法定，为实现税收法定主义提供全面的税收实体法保障和与之相关的法制保障。

一、应当从税制改革切入研究税收实体法

为了更好地实现税收法定主义，“立法先行”应作为基础或是起点，充分发挥立法的引领和推动作用。对于税收来说，“立法先行”中十分重要的一个问题是税收实体法及其体系的构建。各项税收实体法律在实践中使用率颇高，因而税收实体法体系应当予以完备。税收实体法体系的不完备会使税收法定主义难以真正实现；若不抓紧制定税收实体法律，依法治税就会被贻误。抓紧制定常用的税收实体法律，构建完备的税收实体法体系，是保障税收法定主义实现的必要条件。我们需要制定哪些税收实体法律，怎样构建一个完整的税收实体法体系，是我们落实税收法定首先需要面对的问题。

一是就需要制定的税收实体法律而言，不是指以前开征过的税种现在都必须立法；也不是指域外制定了何种税收法律，我国也需要制定相同的税收法律。比如，我国过去开征营业税，制定了《营业税暂行条例》(1993 年发布，2008 年修订)。当前，我国“营改增”[①]已经深入开展，上述条例也于 2017 年被废止，随着营业税的废止，国家决定制定增值税法，而不再需要营业税法。

二是我国需要制定哪些税收实体法律，怎样构建完整的税收实体法体系，这与我国的经济状况和税制改革有关，是一个经济与法律关系的问题。对于经济与法律的关系，正如恩格斯所言：“在社会发展某个很早的阶段，产生了这样的一种需要：把每天重复着生产、分配和交换产品的行为用一个共同规则概括起来，设法使个人服从生产和交换的一般条件。这个规则首先表现为习惯，后来便成了法律。”[②]法律在某种意义上是经济的产物，伴随经济发展而变化，税制改革在一个国家中总是不断进行的，而税制改革的成功经验，又要求我们制定(包括立、改、废、释，下同)相应的税收法律。税制改革须于法有据，税制改革的成果也须以法律形式固定下来。所以，税收实体法的各单行法及其体

---

① “营改增”即营业税改增值税，是指以前缴纳营业税的应税项目改成缴纳增值税，增值税只对产品或者服务的增值部分征税，减少了重复征税的环节，这是党中央、国务院，根据经济社会发展新形势，从深化改革的总体部署出发作出的重要决策。目的是加快财税体制改革、进一步减轻企业的税赋，调动各方积极性，促进服务业尤其是科技等高端服务业的发展，促进产业和消费升级、培育新动能、深化供给侧结构性改革。

② 中共中央马克思恩格斯列宁斯大林著作编译局编：《马克思恩格斯选集》(第 2 卷)，人民出版社 1972 年版，第 538～539 页。

系并非一成不变的。我们须构建什么样的税收实体法体系应当结合经济状况并放到税制改革中去研究。

自从我国实行社会主义市场经济体制改革以来,已经历经了两次,并正在开展第三次税制改革。我国税制改革的大体情况如下。

第一次税制改革:1978～1993年实行有计划商品经济的税制改革,主要内容是建立涉外税制、国营企业"利改税"①和工商税制改革。

第二次税制改革:1994～2013年建立市场在国家宏观调控下对资源配置起基础性作用的社会主义市场经济的税制改革,主要内容是1994年的"分税制"改革;2006年我国废除《农业税条例》,取消农业税;2008年,外资企业和内资企业所得税"两税合一",我国内资、外资企业站在同一起跑线上公平竞争;2012年起开始"营改增",实行结构性减税等较全面的税制改革。

第三次税制改革:自2013年以来,我国开始了新一轮的税制改革。此次税制改革要求全面"落实税收法定原则",是全面深化经济体制改革的重要组成部分,事关国家治理体系和治理能力的现代化。②

这3次税制改革都是我国进行市场取向的改革,发生在实行社会主义市场经济的过程中,对我国税收实体法体系的形成与发展产生了决定性影响。

二、在新一轮税制改革中构建税收实体法

当前,我国新一轮税收制度改革已然开始,这既是我们前两轮税制改革的继续,也是我们完善税收实体法的一次重要机遇。

新一轮税收体制改革是在全面深化改革和全面推进依法治国背景下开展的,中共中央已明确了这次税制改革的任务,③即优化税制结构、完善税收功能、稳定宏观税负、推进依法治税,建立有利于科学发展、社会公平、市场统一的税收制度体系,充分发挥税收筹集财政收入、调节分配、促进结构优化的作

---

① "利改税"是我国改革国家与国营企业利润分配关系的一项重大措施。核心内容是将所得税引入国营企业利润分配领域,将国营企业向国家上缴利润改为缴纳税金,国家依据资产权力,参与企业所得税后的利润分配。

② 《中共中央政治局召开会议审议〈深化财税体制改革总体方案〉》指出:"新一轮财税体制改革是一场关系国家治理体系和治理能力现代化的深刻变革,是立足全局、着眼长远的制度创新。"载《中国政府采购》2014年第7期。

③ 《中共中央政治局召开会议审议〈深化财税体制改革总体方案〉》,载《中国政府采购》2014年第7期。

用。我国《国民经济和社会发展第十三个五年规划纲要》(2016～2020 年)也将税制改革纳入其中。①

《十二届全国人大常委会立法规划》已将"预算法(修改)(2014 年修正,现又列入规划)、环保税法(2016 年已制定)、增值税法、资源税法、房地产税法、关税法、船舶吨税法(2017 年已制定)、耕地占用税法、税收征收管理法(修改)"②列入"调整项目"内。在新一轮税收体制改革中,我国税收实体法将有长足发展,我们完善税收实体法体系尤显重要但也非易事。在完善征税、纳税实体法的同时,是否还要考虑征税、纳税实体法的拓展问题,即是否要涉及"用税"法定;是否应考虑非税收入如何与税收法定衔接,以防范税收法定因非税收入不受法定的限制而发生纰漏;以及是否应考虑在税收法定中须有防范税收风险的法律措施,以排除实现税收法定主义可能发生的因税收收入缺位而导致障碍的问题。对此,我们可以在税制改革的背景下进行分析。

三、税收实体法体系的拓展

在新一轮财税体制改革中,如何按照中共中央的要求,以及《国民经济和社会发展第十三个五年规划纲要》的规定,努力落实《十二届全国人大常委会立法规划》,构建好税收实体法体系,这是我们以立法为中心,实现税收法定主义的重要课题。

那么,如何构建比较完整的税收实体法体系?笔者认为,税收实体法体系的内容应当有所拓展,即不一定限于征税、纳税的税收实体的法定。从改革开放以来的几次税制改革看,其中也提出了"用税"法定等方面的问题,构建比较完整的税收实体法体系至少牵涉 4 个方面的内容。

一是征税、纳税应该制定哪些单行税收法律,才能构建税种结构相对优化、法律规范比较公平的征税、纳税的实体法体系?这当然关系实现税收法定

---

① 《国民经济和社会发展第十三个五年规划纲要》(2016 年)第 15 章第 3 节,提出要"按照优化税制结构、稳定宏观税负、推进依法治税的要求全面落实税收法定原则,建立税种科学、结构优化、法律健全、规范公平、征管高效的现代税收制度,逐步提高直接税比重。全面完成营业税改增值税改革,建立规范的消费型增值税制度。完善消费税制度。实施资源税从价计征改革,逐步扩大征税范围。清理规范相关行政事业性收费和政府性基金。开征环境保护税。完善地方税体系,推进房地产税立法。完善关税制度。加快推进非税收入管理改革,建立科学规范、依法有据、公开透明的非税收入管理制度。深化国税、地税征管体制改革,完善税收征管方式,提高税收征管效能。推行电子发票"。

② 《十二届全国人大常委会立法规划》(2015 年)(共 102 件,调整项目以黑体字标注)。

主义的基本保障,但是税制改革又总是要涉及征税、纳税实体税法体系的变动。

1978～1993 年的第一次税制改革,为了适应实行有计划商品经济的需要,税制改革主要涉及建立涉外税制、国营企业“利改税”等,我国制定了《中外合资经营企业所得税法》(1980 年实施,1983 年修订)、《国营企业所得税条例(草案)》和《国营企业调节税征收办法》(1984 年)、《集体企业所得税暂行条例》(1985 年)、《私营企业所得税暂行条例》(1988 年)等税收实体方面的法律法规。

1994～2013 年的第二次税制改革,当时我国已开始实行在宏观调控下,通过市场对资源配置起基础性作用的市场经济体制,随之相应地开始实行“分税制”,内资企业与外资企业的所得税实行合一,取消了农业税,并开始试行“营改增”。于是,在征税、纳税实体法中产生了内外资合一的《企业所得税法》(2007 年),《农业税条例》于 2006 年被废止。

2013 年开始的第三次税制改革,是为了适应市场对资源配置的决定性作用,并要更好发挥政府作用之所需,我国全面推开了“营改增”,并实行结构性减税等。随着税制改革进程的推进,必定会影响我国税收实体法体系的变革。

二是“用税”立法能否与征税、纳税立法共同构成税收实体法体系。应当认为,税收法定是以征税、纳税法定为基础的,但税收法定显然不应局限于征税、纳税法定。虽然征税、纳税已经法定,但是“用税”未法定,这等同于“有头无尾”,税收实体法体系就谈不上完善,也不能全面保障税收法定主义的实现。实际上,我国的“分税制”改革已涉及了这一点。“分税制”改革把税收分为中央税、地方税和中央与地方分享税。① 虽然“分税制”被纳入财政管理体制,但其毕竟是对税收收入在中央与地方之间的一种划分,即某些税种收入归中央

---

① 中央税包括消费税、车辆购置税、关税、进口增值税,铁道部门、各银行总行、各保险总公司集中缴纳的营业税、所得税、城市建设维护税,中央企业缴纳的所得税,中央与地方所属企业、事业单位组成的联营企业、股份制企业缴纳的所得税,地方银行、非银行金融企业缴纳的所得税,海洋石油企业缴纳的所得税、资源税,外商投资企业和外国企业所得税,个人所得税中对储蓄存款利息所得征收的部分,中央税的滞纳金、补税、罚款,证券交易印花税。地方税包括营业税、城市维护建设税(不包括上述由国家税务局系统负责征收管理的部分),地方国有企业、集体企业、私营企业缴纳的所得税、个人所得税(不包括对银行储蓄存款利息所得征收的部分)、资源税、城镇土地使用税、耕地占用税、土地增值税、房产税、城市房地产税、车船使用税、车船使用牌照税、契税、屠宰税、筵席税(2008 年停征)、农业税(已停征)、牧业税及其地方附加,地方税的滞纳金、补税、罚款。中央地方共享税:增值税 2016 年 5 月之前中央占 75%,地方占 25%,2016 年 5 月 1 日全面“营改增”之后中央占 50%,地方占 50%;企业所得税与个人所得税,中央占 60%,地方占 40%。

政府，某些税种收入归地方政府，还有部分税种收入则归中央与地方共同分配，这是一种事权与支出责任相适应的“用税”的制度设计，是一种“权力和责任、办事和花钱相统一”的制度设计，具有“用税”法定的含义，它通过制定政府间财政关系法①等来实现“用税”法定。当然“用税”法定不限于政府间“用税”的配置，还牵涉“用税”绩效评估、审计的法制等。可以认为，“用税”法定既被包含于财政法定之中，又因与征税、纳税的税收法定有紧密联系而成为税收法定的重要内容，所以，财政法定所包含的“用税”法定应当与税收法定互相贯通。

三是有关行政事业性收费和政府性基金等非税收入，是否需要且如何与征税、纳税的税收法定相衔接。此处，笔者以“分税制”改革中出现的地方政府非税收入膨胀问题为例进行说明：20 世纪 80 年代末至 90 年代初，我国中央财政一度陷入危机，财政收入占 GDP 的比重，以及中央财政收入占整个财政收入的比重迅速下降。中央政府实行了“分税制”改革，增强中央财政活力。但这次改革在发挥了一系列正面效应的同时，也逐渐显露和积累了一些问题，主要体现在地方政府依靠土地出让金等政府预算基金弥补财政缺口，致使地方政府产生土地财政依赖等。事实上，如果依法征税的收入不能满足财政需要，就可能导致以征收非税收入来弥补财政资金不足的问题的出现。倘若非税收入不实行法定，仅依靠税收法定，就如同没有实行税收法定一般，因为非税收入就会像“管涌”未被堵上那样，必会冲垮税收法定的“大堤”。于是，此次税制改革提出了行政事业性收费和政府性基金等整个非税收入制度改革的问题。②因此，有关行政事业性收费和政府性基金等非税收入应与征税、纳税的税收法定相衔接，税收法定在一定意义上须涵盖部分的“非税收入法定”。

四是在税收法定，以及在非税收入与税收法定相衔接的情况下，税收风险的法律治理是否需要且如何与税收法定相衔接。笔者认为，税收法定既不是为了阻碍国家税收收入的实现，也不能完全保障税收收入一定能够实现，其主要目的是实现征税人（以及“用税”人）与纳税人的利益平衡。在“税收法定”，以及在非税收入与税收法定相衔接的情况下，税收风险仍然存在，除经济上的根本原因外，在税收管理的整个过程和各个环节中也存在其他风险，从而可能导致税收收入不能满足政府实现职能的需要。对此，需要采取一定对策来处

① 国务院《关于推进中央与地方财政事权和支出责任划分改革指导意见》（2016 年）。

② 《国民经济和社会发展第十三个五年规划纲要》第 15 章第 3 节。

理这些风险,这与税收法定保障征税人(以及"用税"人)与纳税人的利益平衡的要求是一致的。

以上问题都各有其特殊内容,相互又有内在联系。怎样以立法为中心,解决实现税收法定主义所面临的问题,是本章关注的重点,下文分别阐述。

第二节　征税、纳税的实体法保障

实现税收法定主义的税收实体法保障,最基本的是征税、纳税的税收实体法保障,即通常所说的"一税一法"的税收实体法保障。

一、征税、纳税实体法的基本内容

(一)征税、纳税实体法在税收法定中的地位

税收法定主义的一个基本含义是税收问题由立法者决定,法律是国家征税与公民纳税的依据,征税主体必须依据法律的规定征税,纳税主体必须依据法律的规定纳税。因此,在 2015 年《立法法》已规定"税种的设立、税率的确定""只能制定法律"的条件下,我们需要制定征税、纳税的实体法律,即构建"一税一法"实体法体系,需要解决的是如何构建的问题。不言而喻,构建好"一税一法"的实体法体系对实现税收法定主义发挥基础性作用,每部单行税收实体法律将成为实现税收法定主义路径的"铺路石"。

(二)单行的征税、纳税实体法律的制定

单行征税、纳税实体法律的制定,属于"税种的设立、税率的确定""只能制定法律"的范围,但问题在于,怎样确定需要制定的单行税收法律,其究竟有哪几种?事实上,前者是在已经确定税种的情况下,如何制定各项税收法律的问题;而后者是说明为什么是这些税种需要立法而不是其他税种。

为此,一方面,对于我国已经制定了属于税收法律的《企业所得税法》《个人所得税法》《车船税法》《环保税法》《烟叶税法》《船舶吨税法》,需要进行立法评估,以弄清它们与实现税收法定主义的关系;另一方面,对于全国人大已列入立法规划的增值税法、资源税法、房地产税法、关税法、船舶吨税法、耕地占用税法,要根据税制改革的进展状况,按照 2015 年《立法法》规定的程序进行立法。此外,对于原来已有的不涉及税制改革的税种,但仍有实际立法需要的,可通过法定程序将相关税收条例上升为税收法律,并废止有关税收条例。由此,我们就能在稳定宏观税负的基础上,构建起"一税一法"的实体法体系。

总而言之,已经确定属于"一税一法"实体法体系的各税种立法,我们即可依据2015年《立法法》第二章(法律)的各项有关规定,制定各项单行税收法律,包括拟新开征的税种,不出台新的税收条例;将现行税收条例经修改上升为法律,并相应地废止一些条例;适时废除1985年的授权立法,但不禁止税收授权立法。以上情形是符合税收法定主义的,具体可分别按照3类情况进行处理。

一是对于已制定单行税收法律,需要评估与修改的,可依据《立法法》第63条关于立法后评估的规定进行评估,并进行修改(这涉及怎样促进"税之良法"的问题,本书将在第五章阐述)。

二是对于需要新制定单行税收法律的,我国《立法法》第52条第1款已有规定:"全国人民代表大会常务委员会通过立法规划、年度立法计划等形式,加强对立法工作的统筹安排。编制立法规划和年度立法计划,应当认真研究代表议案和建议,广泛征集意见,科学论证评估,根据经济社会发展和民主法治建设的需要,确定立法项目,提高立法的及时性、针对性和系统性。立法规划和年度立法计划由委员长会议通过并向社会公布。"所以,依据2015年《立法法》的规定,提出税收法律案与制定新的税收法律是于法有据的。

三是对于原来已有的税收行政法规,因未涉及税制改革与未列入立法规划,要根据经济社会发展和民主法治建设的需要,如烟叶税(2017年已制定)等,可通过"平行上移"等方式,将有关税收条例平移上升为法律。

除上述情况外,对于2015年《立法法》第8条规定的事项尚未制定法律的,全国人大及其常委会有权作出决定,授权国务院可以根据实际需要,对其中的部分事项先制定行政法规;授权立法事项,经过实践检验,制定法律的条件成熟时,由全国人大及其常委会及时制定法律。这也适用于税收立法。同时,在税收法律化的基础上,使税收行政法规、规章和其他规范性文件在各自效力范围内发挥作用,构成征税、纳税的税收实体法律体系。

二、征税、纳税的实体法体系

(一)征税、纳税的实体法体系的演进

在新一轮税制改革中,征税、纳税的税收实体法体系,会随着单行税收法律的制定而形成一个相对稳定的征税、纳税的税收实体法体系。这是因为此次税制改革,是在全面深化改革、全面推进依法治国以及全面落实税收法定原则的背景下展开的。我国将要构建的征税、纳税的税收实体法体系,将是我国

税制史上最完整的和为实现税收法定主义的税收实体法保障。

当前,我们除已经制定的12部单行税收实体法律,还将制定增值税法、房地产税法、关税法等单行税收法律,以及制定由税收暂行条例"平移上升"的税收法律。按照征税客体来划分,我国将形成一个由流转税法、财产税法、资源税法、所得税法和行为税法等构成的征税、纳税的税收实体法体系(有的则表述为由货物和劳务税法、所得税法、财产税法),这一实体法体系,与过去相比至少在两个方面有其特点:

一是在形式上,这一实体法体系将由单行的税收法律构成,这将使征税人征税与纳税人纳税有税收实体法律可依。这与过去大部分税种是经授权国务院制定的行政法规,已经大不一样。

二是在内容上,因为所制定的单行税收法律依照的是《立法法》,经过征税人与纳税人的博弈,经"人民同意",税收法定主义精神得到了体现,也保障了税收达到需求与可能的统一,实现了征税人与纳税人利益的一致。

随着我国征税、纳税实体法律的全面制定,之前授权立法的规定也将依法废止。对于授权立法,与税收立法有关的,我国全国人大及其常委会直接向国务院作过两次重要的授权。第一次是1984年第六届全国人大常委会第七次会议授权国务院"拟定有关税收条例,以草案形式发布试行,再根据试行的经验加以修订,提请全国人大常委会审议。国务院发布试行的以上税收条例草案,不适用于中外合资经营企业和外资企业"。① 第二次是1993年第八届全国人大常委会第五次会议决定,外商投资企业和外国企业适用增值税、消费税、营业税,而"其他税种对外商投资企业和外国企业的适用,法律有规定的,依照法律的规定执行;法律未做规定的,依照国务院的规定执行"。② 全国人大及其常委会在税收立法方面向国务院所作的第二次授权扩大了第一次授权的范围。第一次授权范围仅限于内资企业,第二次扩大到了外商投资企业和外国企业。通过授权立法制定税收行政法规,在当时,对在改革中税收"有法可依"发挥了重要作用。但表达纳税人意愿的机构应是立法机关而非行政机关,税收授权立法的主体与税收执法的主体不作区分,立法权与行政权集于一身,这对保护

---

① 全国人大常委会《关于授权国务院改革工商税制发布有关税收条例草案试行的决定》(1984年)。

② 全国人大常委会《关于外商投资企业和外国企业适用增值税、消费税、营业税等税收暂行条例的决定》(1993年)。

纳税人权利是不足的。

此外，1985年4月10日全国人民代表大会《关于授权国务院在经济体制改革和对外开放方面可以制定暂行的规定或者条例的决定》，[①]这是包括税收立法授权在内的概括性授权立法的决定，授权比较笼统，没有事项、期限等要求。

但是，上述授权立法的决定将被依法废止，并不意味着禁止税收授权立法。为此，我国2015年《立法法》第9条至第13条，对于今后如何授权立法，专门作出了一些规定。授权立法因为有了明确的《立法法》规定，税收立法经过"人民同意"的程序就更加严密，纳税人的权益将可得到进一步的保障。

（二）征税、纳税之税收实体法体系相对稳定的框架

按照中共审议通过的《深化财税体制改革总体方案》（2014年），新一轮税制改革的任务是要"深化税收制度改革，优化税制结构、完善税收功能、稳定宏观税负、推进依法治税，建立有利于科学发展、社会公平、市场统一的税收制度体系，充分发挥税收筹集财政收入、调节分配、促进结构优化的职能作用"。[②]因此，我们构建起征税、纳税实体法体系相对稳定的框架，将是我们完成这一轮税制改革任务的标志性成果之一。

构建税收法律制度体系，首先须构建征税、纳税的实体法体系。笔者认为，本轮财税体制改革所要构建的征税、纳税的税收实体法体系，应当符合优化税制结构、完善税收功能及稳定宏观税负等要求。

其一，征税、纳税的税收实体法体系应当实现"优化税制结构"。税制结构关系各税种相互之间如何共同适应经济社会发展的问题。在实行复合税制而非单一税制的情况下，一般都会涉及税制结构问题，即税制体系内部税种之间的协调与配合问题，特别是税收体系中主体税种选择及与其他税种的相互关系的问题。

关于税种选择。在现实社会中，多数国家的税制结构并非经过事前的完整设计或周密计划，它的形成与发展往往受到某个发展阶段社会经济体制、生产力发展状况、政府宏观管理水平等因素的影响与制约，同时也受政治上各派

① 全国人大常委会《关于授权国务院在经济体制改革和对外开放方面可以制定暂行的规定或者条例的决定》（1985年）。

② 《中共中央政治局召开会议审议〈深化财税体制改革总体方案〉》，载《中国政府采购》2014年第7期。

势力集团力量对比的左右,并在各种重大历史事件积累的基础上形成。当前,我国《立法法》规定,税种的设立只能制定法律。故在新一轮税制改革中,征税、纳税的税收实体法体系,既要保持现行税种立法的大体稳定,又要与时俱进。一方面,对未涉及税制改革的税收行政法规,税种需要保留的可平移上升为法律,并相应废止有关条例;对性质相近、征收有交叉的税种进行合并、调整后制定法律;对已经不适用的税收条例及时废止。另一方面,对拟新设的税种(包括"费改税"的税种)不再出台新的税收条例而须制定法律;对已经出台的税收法律也要及时评估与修订。至于税收实体法,从内容上划分,可分别归为财产税法、流转税法、所得税法等,各国都大同小异,这不过是将各项单行的税收实体法作了归类,实际上,各国究竟有哪些单行税收实体法,情况多样。

关于各税种税收收入的比重。在税种设立实行法定,以保障征税、纳税的税收实体法体系,能体现"优化税制结构"之税种结构的情况下,各税种税收收入比重的合理化,也是"优化税制结构"的重要方面。目前,我国应当逐步提高直接税的比重。① 一是关于直接税与间接税的比重须合理化。直接税,是指纳税义务人同是税收的实际负担人的一种税,如所得税等税种;间接税,是指纳税义务人将税收负担转嫁给他人(税收的实际负担人)的一种税,如增值税等税种。在新一轮税制改革中,我国从税负公平和量能负担原则与实际需要出发,提出要"逐步提高直接税比重"。② 根据我国《立法法》关于"税率的确定"也只能制定法律的规定,那么,除调节税种(如开征社会保险税等)外,我们还

---

① 刘佐:《"十三五"优化税制结构哪三个问题待解?》,载新华网,http://news.xinhuanet.com/fortune/2015-10/09/c_128299941.htm。"以2013年为例,我国货物和劳务税(包括增值税、消费税、车辆购置税、营业税和关税5个税种)的收入为63,287.0亿元,占当年全国税收收入的56.4%;所得税(包括企业所得税、个人所得税和具有所得税性质的土地增值税3个税种)的收入为33,705.0亿元,占当年全国税收收入的30.0%;财产税(包括房产税、城镇土地使用税、耕地占用税、契税、资源税、车船税和船舶吨税7个税种)的收入为10,378.3亿元,占当年全国税收收入的9.3%。""从横向比较看,我国所得税收入占税收总额的比重也比较低。以2012年为例,美国、日本、法国、俄罗斯、泰国、埃及和智利7个国家的所得税收入占本国税收总额的比重分别为61.7%、46.9%、38.8%、32.5%、41.3%、44.0%和32.9%。同年,我国所得税收入占本国税收总额的比重只有29.6%,不仅低于发达国家,也低于许多发展中国家和经济转型国家,甚至不及本国20世纪80年代中期曾经达到过的水平(如1985年为34.3%)。再以个人所得税为例:2012年,美国、日本、法国、俄罗斯、泰国、埃及和巴西7个国家的个人所得税收入占本国税收总额的比重分别为48.5%、29.3%、30.6%、14.8%、9.0%、10.5%和9.7%,而同年我国个人所得税收入占本国税收总额的比重只有6.5%。"

② 《中共中央关于全面深化改革若干重大问题的决定》(2013年)。

能通过税率①法定,来达到逐步提高直接税比重,完善征税、纳税的实体法体系,体现"优化税制结构"的要求。二是关于中央税、地方税、中央与地方共享税的比重也须合理化。我国1994年实行"分税制"改革以来,把税种分为中央税、地方税,以及中央与地方共享税,改革虽然取得了巨大进展,但是也加大了地方财政收入的压力,一些地方以增加非税收入的方法来弥补税收收入不足,并出现一些不良现象。如何在实行分税制下完善地方税体系?可以通过法定税种在中央政府与地方政府之间的配置,以及为地方政府设置新税种,通过完善征税、纳税的实体法体系,来保障地方的财政增收;也可以调整中央与地方共享税的分配比例以使地方增收,如全面推开"营改增"后,原地方全额留成的营业税已经不复存在,国家相应将增值税中央与地方分享比例,由3∶1调整为1∶1。因此,中央与地方的"用税"配置,或者说,中央与地方的财政关系,将按照事权与支出责任相适应的原则,通过政府间关系法进行调整。这虽然涉及财政法定,但因为税收收入占据财政收入的大头,其也是通过调整中央税、地方税、中央与地方共享税的比重来操作的,因此,它也是"用税"法定,是征税、纳税法定的延伸,属于广义的税收法定,并对"优化税制结构"有利。

其二,征税、纳税的税收实体法体系应当体现"完善税收功能"的要求。一般认为,税收有筹集国家财政收入、调节资源配置和监督经济活动等功能。因此,征税、纳税的税收实体法体系,就要通过对征税主体、纳税主体权利义务的系统规定,实现税收公平,即国家征税应使各个纳税人的税负与其负担能力相适应(纵向公平),并使纳税人之间的负担水平保持平衡(横向公平),从而体现"完善税收功能"的要求,使税收筹集国家财政收入、调节资源配置和监督经济活动顺利进行。征税、纳税的税收实体法体系的构建,是实现税收法定主义的路径,也与实行税收公平原则、"完善税收功能"相衔接。能够使两者很好地衔接起来,也能起到对征税、纳税的税收实体法体系建设的促进作用。

其三,征税、纳税的税收实体法体系如何保障宏观税负的稳定。宏观税负,通常是指以税收总量对国民生产总值(GNP)②的占比,或者以税收总量对

---

① 税率,是对征税对象的征收比例或征收额度。税率是计算税额的尺度,也是衡量税负轻重与否的重要标志。中国现行的税率主要有比例税率、超额累进税率、定额税率、超率累进税率。

② 国民生产总值(GNP),是指一个国家(或地区)所有国民在一定时期内新生产的产品和服务价值的总和。

国内生产总值(GDP)[①]的占比,或者以税收总量对国民收入(NI)[②]的占比,来看待一个国家的税负总水平。这种水平受多种因素的影响,如经济发展水平、政府提供公共物品的数量与质量、税收法治状况、国际税收竞争等。例如,2014年中共中央政治局审议通过的《深化财税体制改革总体方案》提出,要"稳定宏观税负",2016年7月26日中共中央在召开的会议上提出,"要落实各项减税降费措施","要采取正确方略和有效办法推进五大重点任务,去产能和去杠杆的关键是深化国有企业和金融部门的基础性改革,去库存和补短板的指向要同有序引导城镇化进程和农民工市民化有机结合起来,降成本的重点是增加劳动力市场灵活性、抑制资产泡沫和降低宏观税负"。[③] 以适应经济新常态。

对于宏观税负,在一国范围内判断是轻些好还是重些好时,关键要看是否获得了公众认可,即征税与"用税"是否相称;只要是公众认可的,对经济社会持续健康发展比较有利,那么税负水平高些或低些就都不是问题。在进行国际比较时,也只有在政府公共服务水平相同的国家之间作比较才具有合理性。这就要求,征税、纳税的税收实体法体系应当向政府"用税"法定延伸,以提高"用税"的效率与效益,来对待"稳定宏观税负"问题。实际上,宏观税负高了点,公共物品与公共服务供给也随之好了点,社会是能承受的;而宏观税负即使不高,如公共物品与公共服务不好,社会也不能承受。至于宏观税负确实偏高或者偏低,需作调整时,就可能要进行税制改革并调整征税、纳税的实体法体系。当前,我国正处在新一轮财税体制改革中,其结局应当是形成一个能体现"稳定宏观税负"的征税、纳税的税收实体法体系。当然,这个税法体系也要考虑国际税收的竞争。

综上所述,经过新一轮的财税体制改革,我们将构建起征税、纳税的税收实体法体系相对稳定的框架,它将由已经出台的单行税收法律、新设税种的单行税收法律、税收条例平移上升的单行税收法律、某些税种合并调整后制定的单行税收法律等构成。它将体现"优化税制结构、完善税收功能、稳定宏观税负"税制改革的要求,是实现税收法定主义的重要保障。

---

① 国内生产总值(GDP),是指一个国家或者地区所有常驻单位在一定时期内生产的所有最终产品和劳务的市场价值。

② 国民收入(NI),是指一个国家一年内用于生产的各种生产要素所得到的全部收入,即工资、利润、利息和地租的总和。

③ 《中共中央政治局召开会议,决定召开十八届六中全会分析研究当前经济形势,部署下半年经济工作》,载《人民日报》2016年7月27日,第1版。

第三节 “用税”的实体法保障

实现税收法定主义需要以征税、纳税的实体法体系作为保障，但是否包括“用税”的实体法保障？税收收入是财政收入的重要组成部分，“用税”立法属于财政法定（预算支出法定）的范围。由于税收收入在财政收入中占比很大，财政预算支出法定实际上主要是“用税”法定，且税收“取之于民，用之于民”，征税与“用税”的内在联系不应被割裂，故应当允许在“用税”上立法。

一、实践税收法定主义中的“用税”法定问题

（一）税收法定不限于征税、纳税的法定

“用税”法定是实践税收法定必然遇到的问题。如果具备了征税、纳税的实体法体系，是否就能实现税收法定主义？实际上，具备了征税、纳税的实体法，其主要是从税收“取之于民”的意义上来保障税收法定主义的实现。而税收法定主义的实现，在历史上其重点也确实是征税、纳税的法定，即征税与纳税的主体都必须依据而且只是依据法律的规定进行征税与纳税。但是，国家对国民财产可进行直接剥夺，剥夺必须受到一定的限制。它意味着，一旦通过税收立法，国家作为征税人就可以只依据法律的规定剥夺国民的部分财产；而国民作为纳税人则只能依据法律的规定，把自己的一部分财产交给国家。虽然经过了“人民同意”的程序，但“人民同意”也存在为什么同意的问题，这并没有被很好地回答。其一，通过税收立法进行征税、纳税，但制定税收法律是以“多数决”通过的，无论是采取代议制还是全民公决制都一样，而这通常总有一部分人“不同意”，但是在“多数决”下被当作“同意”。此处“不同意”的人们的权益是否需要保护？其二，这里的“人民同意”，是同意什么？即同意国家从纳税人处强制、无偿、固定地取走一部分财产，这与民法保护财产权是否会有冲突。其三，国民依据法律一经纳税，税收财产是否从此与纳税人无关；而国家如果还有需要，是否又可通过制定一个税收法律，再度从国民手中取得更多的财产？

自税收法定主义实行以来，曾经有社会契约之权利让渡论、公共物品有偿交换论、公法上的债权债务论等对这些问题加以解释。当然，这些理论也有一定的解释力，但还是不如公共财产法论更具解释力。因为这实际上是一个如何回答税收法定主义的本质要求是什么的问题，即税收法定是否限于征税、纳

税法定，是否还有“用税”法定的问题；是税收“取之于民”须法定，而是否“用之于民”也须法定的问题。

其一，征税、纳税的法定，是给予纳税人一个博弈的机会，对什么征税、征多少税、如何征税等，征税人与纳税人共同对税种、税率等达成一个具有可操作性的法律方案，征税人与纳税人共同按照这个法律方案征税、纳税。但这不能解决税收财产的归属问题，只解决经费的筹集问题：一国中的任何人（他们都可能成为纳税人）为避免其物质上的孤独性而能成为这个国家的一分子，能够依赖这个群体而存在和发展，不至于因孤立无援而陷入生存与发展的困境，从而筹集所需花费的。其二，通过依法征税、纳税筹集的税收财产的所有权归属于全社会，纳税人纳税的财产并没有直接归属于任何国家机构及其公职人员，而是以社会公共财产的形式继续存在。其三，作为税收财产所有权人的全社会，是一种拟制主体，其不能行使税收财产的所有权，而一定的国家机关及其公职人员作为全社会的正式代表，代表全社会行使税收公共财产的所有权；国家机关及其公职人员可取得用益物权，但只能将税收公共财产用于公共物品的生产经营，然后把公共物品（包括公共服务）提供给全社会，供纳税人依法公平享用。同时，公职人员依法享有取得生产经营公共物品的工资、薪金、福利的回报并参与共享公共物品，以及共享发展成果的各项权利。

基于这种分析，我们可以确定，税收法定主义的本质要求并不限于征税、纳税的法定，即并不限于税收“取之于民”须法定。其他国家有学者论证认为，国家的政治权力必须基于对军事权力与征税权力的垄断才能运行，①这虽然是事实，但正因为这两种权力被垄断，才需要被限制、节制与规制，于是出现了征税、纳税的法定，而且更加值得被注意的是“用税”也须法定，即税收“用之于民”也须法定。

（二）“用税”法定的内涵

“用税”法定，即税收“用之于民”的法定。它包括税收公共财产行使所有权法定、取得用益物权法定、运用税收公共财产经营公共物品与取得按劳分配收益的权利法定、公共物品公平享用权利的法定等内容。

“用税”法定，实际上是税收法定主义的本质要求，虽然它以征税、纳税的法定为基础。如果税收最终不是为了“用之于民”，如果没有“用税”法定加以

---

① Nobert Elias, *The Civilizing Process*, in Nobert Elias ed., On Civilization, Power, and Knowledge, Stephen Mennell & John Goudsblom, the University of Chicago Press, 1998, p. 139.

保障，那么征税、纳税的法定，税收"取之于民"的法定也会最终失去意义。所以，实现税收法定主义的路径，不能不关注"用税"法定的问题。"用税"法定的内容丰富，它至少包括以下 4 个方面。

一是税收公共财产行使所有权的法定。对税收公共财产行使所有权（包括占有、使用、收益、处分的权利），无疑是"用税"的起点。应当认为，征税、纳税为什么必须法定？税种的设立、税率的确定和税收征收管理等税收基本制度，为什么只能制定法律？这是因为，对什么征税、征多少税、怎样征税等人民享有同意权。同理，通过依法征税、纳税筹集的税收财产，它归属于谁，由谁来行使所有权？这自然也必须经过"人民同意"，人民也享有同意权。当前，我国宪法和法律对全民所有制财产的所有权和行使所有权的规定也是明确的。例如，我国《宪法》第 6 条规定："中华人民共和国的社会主义经济制度的基础是生产资料的社会主义公有制，即全民所有制和劳动群众集体所有制……"①又如，我国《民法典》第 246 条规定："法律规定属于国家所有的财产，属于国家所有即全民所有。国有财产由国务院代表国家行使所有权；法律另有规定的，依照其规定。"如此，税收公共财产归属于谁，又由谁来行使所有权？这显然不是征税、纳税法定所要和所能解决的问题，但又是税收法定在实践中应当解决的问题。因此，应在《宪法》《民法典》和税收基本法中，设定税收公共财产所有权以及所有权权利的行使制度。

二是对税收公共财产取得用益物权法定。一切国家机关及其公职人员都要从事提供公共物品和公共服务的工作，都要耗费税收公共财产，因此，政府对税收公共财产必先取得用益物权。用益物权的配置必须法定，它主要是中央政府与地方政府之间（也包括地方与地方之间）的"用税"配置，我国有中央税、地方税、中央与地方共享税以及转移支付等进行税收收入的用益物权的配置。这需要按照事权与支出责任相适应的原则进行配置，并以政府间财政关系法予以规制。因此，这就应当在《民法典》和税收基本法中，设定税收公共财产用益物权制度，其中，尤其重要的是中央政府与地方政府的"分税制"。

三是运用税收公共财产经营公共物品并取得按劳分配收益的权利法定。中央与地方，以及各个国家机关及其公职人员取得税收公共财产的用益物权，一方面，就可将税收公共财产用于生产经营公共物品、提供公共服务的物力、财力耗费，以及用于公职人员等的工资、薪金、福利支出（按劳分配收益）；另一

① 《宪法》（2018 年）第 6 条。

方面,用益物权人就必须对行使所有权的主体负责,而代表全社会行使税收公共财产所有权的主体须向全社会负责(向税收公共财产的所有权人负责),即向全社会提供优质高效的公共物品与公共服务,并使全社会满意。运用税收公共财产经营公共物品的权利法定,是"用税"法定的重要内容,也是提高"用税"效率与效益、使"人民满意"的法律保障。因此,应当在税收基本法中,设定税收公共财产经营权(含经营绩效、奖惩等)制度。

四是公共物品公平享用权利的法定。对纳税人来说,他们是税收公共财产的投入者,因而也是国家机关及其公职人员"用税"的监督者,还是国家机关及其公职人员"用税"生产经营的公共物品与公共服务的享用者(消费者)。因此,"用税"法定的最终环节是公共物品享用者(纳税人)权益保护法。

总之,"用税"法定的内容充实而重要。纳税人履行纳税的义务使其暂时失去了一些利益;征税人通过征税,从纳税人手上筹集取得税收,使之成为社会公共财产,并通过"用税"生产经营公共物品以供给全社会,同时公职人员取得工资、薪金、福利作为回报;纳税人公平享用公共物品,最终纳税人也得到了相应的利益。因此,"税收法定"应当包括征税、纳税的法定,即税收"取之于民"经"人民同意";"用税"也须法定,即人民有权监督"用税",税收"用之于民"能得到"人民满意"。征税、"用税"所形成的公共物品的利益,最终由纳税人公平使用。

二、"用税"实体法的二重性

(一)"用税"实体法既属于财政法定又属于税收法定

"用税"的实体法与征税、纳税的实体法,这两者有内在的逻辑联系,这是税法属于"公共财产法"理论可加以论证的。但是,它们在现实生活中却存在形式上是归属于税法体系还是归属于财政法体系的问题。

一是征税、纳税的实体法体系是税法体系的组成部分,但也与财政法,尤其与财政法体系中的预算法有紧密联系,因为征税是国家预算收入执行的重要环节。①

应当认为,我们要以立法为中心,为实现税收法定主义找到一条可靠的路径,首先就必须构建一个征税、纳税的实体法体系,使税收有征税、纳税的实体法可依。这个征税、纳税的税收实体法体系,也就是我们通常所说的"一税一

---

① 预算执行是组织国家预算收入与支出实现的过程。

法”的实体法体系。因此，这一征税、纳税的税收实体法体系，是一个独立的体系，一个形式上独立的属于税法的体系。但是，如果我们从联系“财政法定”来看，这种征税、纳税的税收法定也与财政预算法定相衔接，并且直接构成财政预算收入执行法定的组成部分。

征税、纳税的税收法定作为与财政预算收入执行法定的组成部分，这在《预算法》中有所体现。在财政法体系中，财政预算法具有重要地位。按照我国现行《预算法》第2条“预算、决算的编制、审查、批准、监督，以及预算的执行和调整，依照本法规定执行”①的规定，预算法中应当规定税务部门、海关等征税机关应当依法履行执行预算收入的义务。此外，第55条规定：“预算收入征收部门和单位，必须依照法律、行政法规的规定，及时、足额征收应征的预算收入。不得违反法律、行政法规规定，多征、提前征收或者减征、免征、缓征应征的预算收入，不得截留、占用或者挪用预算收入。各级政府不得向预算收入征收部门和单位下达收入指标。”《预算法》第62条还规定：“各级政府应当加强对预算执行的领导，支持政府财政、税务、海关等预算收入的征收部门依法组织预算收入，支持政府财政部门严格管理预算支出。财政、税务、海关等部门在预算执行中，应当加强对预算执行的分析；发现问题时应当及时建议本级政府采取措施予以解决。”这里说明税务、海关的征税法定是被纳入预算收入执行法定的，当然可归入财政法定。但是，我们不能因此而否定税收法定的存在。

二是因为财政收入主要是由税收收入与非税收入构成，税收收入是财政收入的主要组成部分，财政法定中的财政收入使用法定（财政预算支出法定），实际上主要就是“用税”法定，有时就直接以“用税”法定来代表财政收入使用法定（财政预算支出法定）。如实行“分税制”规定上，《预算法》作出了“国家实行中央和地方分税制”的原则性规定，这里运用“分税制”的用语直接对中央政府与地方政府的“用税”范围作出了规定，属于税收法定范围的“用税”法定的规定，是点明“用税”法定的例证。此外，我国现行《预算法》第57条、第59条、第63条、第64条、第65条、第66条、第89条等，虽然在形式上是一些有关财政预算支出的规定，即未点明“用税”法定，但其中实际主要也是有关“用税”的规定［这不但因为税收收入占财政收入的主体，而且因为非税收入都须纳入预算进行管理，是各级政府、国家机关、事业单位、代行政府职能的社会团体及其他组织依法利用政府权力、政府信誉、国家资源、国有资产或提供特定公共

① 《预算法》（2018年修正）第2条。

服务、准公共服务取得的财政性资金，它也从属于税收，“用税”法定也可（广义地）原则上适用于非税收入使用的法定]，而“用税”的法律规定正是“税收法定”的重要内容。

不能因为法律有时未在条文的表述上明确使用“用税”法定，而否定税收法定实际上也通过财政预算支出法定的形式存在的事实。一般来说，“用税”法定在可直接代表财政预算支出法定时，“用税”法定就可能独立出现，如“分税制”就是一例。

对于“用税”法定，现行《立法法》还没有像征税法定那样有明确的规定，但不能认为在《立法法》第 8 条第 6 项中规定的只能制定法律的“等税收基本制度”中，就不包括“用税”法定的制度。必须强调，国家征税是为了“用税”，而国家“用税”是为了为社会提供公共物品与公共服务。征税与“用税”是互相影响的。征税在一定程度上实际是由“用税”决定的，需要用多少税，就有可能征多少税，直到社会无法供给时为止。而征税又决定“用税”，征了多少税，才能用多少，正所谓“巧妇难为无米之炊”。征税法定与“用税”法定应当并举。但目前，在我国“用税”立法的层面上存在缺陷，即“用税”实体法尚未形成体系，而从现实需要来说，它应当包括取得“用税”权的立法可见“用税”配置权的立法、“用税”经营权的立法以及“用税”监督权的立法等，可见它是可以构成其体系的。因此，从税收法定角度与从财政角度来研究“用税”法定是必然的。

（二）“财税法律一体化”视野下的“用税”法定

“财税法律一体化”，是对财政法与税法作整体主义的思考，是从两者的内在逻辑联系来揭示其共同本质的一种理论观点。这种理论认为，财政税收关系在本质上同为一种非平等主体的财产关系，区别于民法所调整的平等主体之间的财产关系。财税法是调整非平等主体之间财产关系的法律法规的总称。

财税法调整的非平等主体之间的财产关系比较复杂，包括财政收入（税收收入与非税收入的征收与缴纳形成的征纳主体之间）的关系、财政支出的关系、财政收支的平衡关系；内部财政关系、外部财政关系、财政实体关系、财政程序关系等。这里，主体存在不平等的情况，即要么一方是全社会整体的代表人（国家），另一方是被代表人的全社会整体（国民）；要么一方是行政主体，另一方是行政相对人等。在非平等主体之间（包括在征税人、纳税人、“用税”人之间，也包括在税收与非税收入的筹集、管理、分配、使用的主体之间）存在以税收、非税收入为形式的财产关系。无论是税法还是财政法，都是调整这种非平等主体之间财产关系的法律法规的总称。只是税法的范围要略小一些，其主要是调整征税人、纳税人、"用税"人之间的以税收为形式的财产关系；而财政法则调整税收与非税收入的筹集、管理、分配、使用的主体之间的，以税收、非税收入为形式的财产关系。财政法可以涵盖税法，但税法又能自成独立的体系并构成财政法的主要内容。总之，财政法与税法在调整对象上有本质联系。"财税法律一体化"显然是成立的。

在"财税法律一体化"视野下，提出"用税"法定是税收法定的组成部分，是征税、纳税法定的延伸有何意义？本书已经在前文中说明，征税、纳税法定是着重税收"取之于民"的法定，是税收法定的起点；"用税"法定则是着重税收"用之于民"的法定，是税收法定的终点，两者缺一不可。在"财税法律一体化"的视野下，打通纳税人、征税人、"用税"人的内部逻辑与关联性，①完善"用税"法定，这对实现税收法定主义、依法治税和理财治国具有重要意义。

三、"用税"实体法的发展取向

"用税"法定在税收法定中应是中心环节。将"用税"实体法与征税、纳税实体法衔接起来，可呈现税收一体化的法律体系。传统的税法体系，实际上只是征税、纳税实体法体系。正如学者彭礼堂所言："传统税法的税即税收，税法即税收义务法，是规范税收关系的法；在税收法律关系中，国家主要以权利（力）主体身份出现，纳税人则主要是税收义务人；税法体系亦主要是由各种税种法和税收征收管理法构成。一体化税法的税是集税收和税用一体的概念，它既包括收税法，更包括用税法。"②

一方面，我们把税法（实体法）体系发展为由征税、纳税的实体法与"用税"的实体法构成，是税法（实体法）体系的完善，对实现税收法定主义的意义重大。因为国家虽然享有征税的权力，但国家也须承担向纳税人提供公共物品的义务；纳税人负有纳税的义务，但也享有要求国家提供相应公共物品的权利。纳税人纳税是关心其能否得到回报的，学者霍勒（Holler）发现，当提供给纳税人的信息框架是在强调其潜在的收益时，如纳税人缴纳的税款会形成公

① 高培勇：《纳税人·征税人·用税人——关于"依法治税"问题的思考》，载《涉外税务》2000年第4期。

② 彭礼堂：《一体化税法新论》，载漆多俊主编：《经济法论丛》第27卷，法律出版社2014年版，第223页。

共产品和服务，为其所享有，那么纳税人的纳税遵从度就会提高。① 如果纳税对纳税人是一种纯粹的损失，其就宁冒不遵从纳税的风险。实际上，国家与纳税人，都不仅仅是享有权利的主体，也都是负有义务的主体。有学者早已提出："没有得到本人许可，即使是国家最高权力也不能对私人财产进行掠夺。因为，人们当初加入社会、组建国家的目的就是为了使自己财产得到保护，如果他们因为加入社会而使得其私有财产还要受到国家的非法掠夺，这完全有悖于他们的初衷……"②从税收法定主义的起源开始，"用税"实体法与征税、纳税实体法统一构成税收实体法体系，本来就有一个合乎理性的内在必然性。

另一方面，从"财税法律一体化"的角度看，税收法定与财政法定也是两相衔接的。我国2015年《立法法》第8条第6项规定，"税种的设立、税率的确定和税收征收管理等税收基本制度"，第9项也规定，"基本经济制度以及财政、海关、金融和外贸的基本制度"，都"只能制定法律"。以此为基础，征税、纳税的法定可被包含于财政收入法定之中；而"用税"法定则可被包含在财政支出法定中。因此，财政法定的实现，蕴涵了税收法定的实现。税收法定与财政法定具有内在的逻辑联系，这使"用税"法定不至于流于理论分析，能够在财政法定，如在财政预算立法、政府间财政关系立法等中得到实现；同时，"用税"的有些事项需要并有可能制定单行法律的，如"分税制"之中央与地方各用什么税和各用多少税等，则可制定单行法。由此，就可为税收法定主义的实现提供"用税"的实体法保障。这也是"用税"实体法实践中的一种务实的发展取向。

此处顺便提及，与"用税"的实体法相配套的有关程序法的使用实例是纳税人（公益）诉讼（纳税人对政府违法的财政开支行为有权提起诉讼），可见税收对财政收入具有典型的代表性，"用税"法定对财政预算支出法定也具有一定的代表性。

第四节　税收法定与非税收入法定的衔接

非税收入与税收收入不同，非税收入法定（包括实体与程序）不应被当作

---

① Marianne Holler et al., *Framing of Information on the Use of Public Finances, Regulatory Fit of Recipients and Tax Compliance*, Journal of Economic Psychology, Vol. 29(2008).

② Locke J., *Two Treatises of Government*, Cambridge University Press, 1991, p. 360.

实现税收法定主义的法律保障,但是如果非税收入不受法律规制,政府在税收法定中无法得到的收入,都可通过非税收入得到,那么,税收法定就会形同虚设。因此,为保障税收法定主义的实现,税收法定应与非税收入法定相衔接。

一、非税收入法定的理论基础

(一)我国的非税收入

非税收入,根据我国《政府非税收入管理办法》第3条的规定,"本办法所称非税收入,是指除税收以外,由各级国家机关、事业单位、代行政府职能的社会团体及其他组织依法利用国家权力、政府信誉、国有资源(资产)所有者权益等取得的各项收入……"。① "非税收入"一词最早见于财政部、中国人民银行《关于印发财政国库管理制度改革试点方案的通知》(财库〔2001〕24号)文件中,②这是第一次提出并使用这个概念。

非税收入与预算外资金有所区别。前者是按照收入形式对政府收入进行的分类,后者是对政府收入按照资金管理方式进行的分类。预算外资金是我国非税收入的主要组成部分,我国2001年已将预算外资金(不含教育收费)全部纳入了预算管理。这是对非税收入的治理,因为我国非税收入的主体是预算外资金。

我国现行《预算法》第5条规定:"预算包括一般公共预算、政府性基金预算、国有资本经营预算、社会保险基金预算。一般公共预算、政府性基金预算、国有资本经营预算、社会保险基金预算应当保持完整、独立。政府性基金预算、国有资本经营预算、社会保险基金预算应当与一般公共预算相衔接。"第6条规定:"一般公共预算是对以税收为主体的财政收入。"第27条规定:"一般公共预算收入包括各项税收收入、行政事业性收费收入、国有资源(资产)有偿使用收入、转移性收入和其他收入……"③据此,列入预算的非税收入包括:其一,一般公共预算中除税收外的行政事业性收费、国有资源(资产)有偿使用收

---

① 《关于印发〈政府非税收入管理办法〉的通知》(财税〔2016〕33号)、《政府非税收入管理办法》第3条。

② 财政部、中国人民银行《关于印发财政国库管理制度改革试点方案的通知》(财库〔2001〕24号)之三"财政国库管理制度改革的主要内容"之(二)"规范收入收缴程序"之3"收缴程序"之(2)"集中汇缴程序"。

③ 参见《预算法》(2018年修正)第5条、第6条、第27条。

入、转移性收入和其他收入等；其二，政府性基金、国有资本经营收入、社会保险基金收入等；其三，国家通过举债从国内外取得的收入。

（二）我国的非税收入也需要法定

非税收入也需要法定，是因其与税收法定的实现密切相关。

我国《立法法》已规定要实行税收法定，但并未将收费和基金明确规定要“法定”。有学者呼吁，对“税收法定”中的“税”应作扩大解释，也应包括一些虽然不叫“税”，但实质上也是强制性收取的费和基金。我们要建设法治国家，收费也应法定。凡是由政府、国家强制性向社会公众和企业收取的收入，无论称为税、费还是基金，都应当由法定。

非税收入目前存在的问题是，它的种类繁多，非税收入的范围比预算外收入广，使税收法定的实现出现了漏洞，以致税收法定难以发挥依法治税的作用；“税减下来了，费升上去了”，正税清费因非税收入法定的不足，使税收法定难以阻挡非税收入的膨胀，来自政府的行政事业收费、中介机构的服务费以及社会保险费等，使企业制度性交易成本①偏高。

因此，我国要实现税收法定主义，税收法定不但需要从税收内部，由征税、纳税法定向“用税”法定延伸，以提高“用税”的效率、效益；而且还要从税收外部，即从非税收入的法律治理入手，使之与税收法定相衔接，让税收法定能协同非税收入法定一起实现依法治税。当然，这不是要取消非税收入，政府征收的各类费用，在实际生活中将对经济增长、经济效率以及收入分配的公平产生影响，因此，有其存在的必要性。既然税收法定主义设定了依法治税的目标，而非税收入又有存在的必要，那么，税收法定就需要使非税收入法定与之相衔接，不能让非税收入因缺乏法定限制而使税收法定失去意义。

二、我国非税收入法定的现状及其发展取向

（一）我国非税收入法定的现状

我国对非税收入并非没有相应的法律治理的实践，只是对非税收入的规范未达到法定高度，与税收法定的衔接不足。

一是我国《立法法》已经规定，“基本经济制度以及财政、海关、金融和外贸

---

①　制度性交易成本，是指因政府的各种制度工具所带来的成本，可以简单地理解为是企业在遵循政府制定的一系列规章制度时所需付出的成本，如各种税费、融资成本、交易成本等都属于制度性成本。

的基本制度”,“只能制定法律”。而我国《预算法》作为财政的一项基本制度的立法,已经把“行政事业性收费收入、国有资源(资产)有偿使用收入、转移性收入和其他收入”的非税收入,与“税收收入”并列,共同纳入“一般公共预算收入”。[①] 同时,该法还规定,“预算包括一般公共预算、政府性基金预算、国有资本经营预算、社会保险基金预算”,并要求这4种预算“应当保持完整、独立”,而且“政府性基金预算、国有资本经营预算、社会保险基金预算应当与一般公共预算相衔接”。[②]

可见,政府性基金、国有资本收益、社会保险基金,以及一般公共预算中的行政事业性收费收入、国有资源(资产)有偿使用收入、转移性收入和其他收入等构成的非税收入,是要受《预算法》规制的,这是非税收入进入财政法定的一个依据。而且,由于非税收入实质上也是政府强制性收取的费和基金,因此它实际上也在税收法定精神所涵盖的范围内。当然,非税收入有其特征,政府非税收入因其具有有偿性、自主性、非普遍性、复杂性和资金专用性,从而非税收入法定也有其特殊问题需要深入研究。

另外,现行《立法法》已经明确,对“非国有财产的征收、征用”也“只能制定法律”,[③]表明政府要对非国有财产进行征收、征用,必须立法。而且《立法法》第82条中还规定,“没有法律、行政法规、地方性法规的依据,地方政府规章不得设定减损公民、法人和其他组织权利或者增加其义务的规范”,[④]这也是对非税收入的一种限制。

二是我国对非税收入的法律规制,在事实上还主要停留于规章层级。如财政部制定的《政府非税收入管理办法》(2016年)规定,“非税收入设立、征收、票据、资金和监督管理等活动”,适用该办法;而该办法所称非税收入,“是指除税收以外,由各级国家机关、事业单位、代行政府职能的社会团体及其他组织依法利用国家权力、政府信誉、国有资源(资产)所有者权益等取得的各项收入。具体包括:(一)行政事业性收费收入;(二)政府性基金收入;(三)罚没收入;(四)国有资源(资产)有偿使用收入;(五)国有资本收益;(六)彩票公益金收入;(七)特许经营收入;(八)中央银行收入;(九)以政府名义接受的捐赠

① 《预算法》(2018年修正)第27条。
② 《预算法》(2018年修正)第5条。
③ 《立法法》(2015年修正)第8条第7项。
④ 《立法法》(2015年修正)第82条。

收入；（十）主管部门集中收入；（十一）政府收入的利息收入；（十二）其他非税收入"。[①]

显然，饱受诟病的行政事业性收费等非税收入，《立法法》没有像对税收法定那样对财政法定的原则进行细化。有学者认为，目前我国政府收入形式不规范，非税收入比重较大，需进一步减少收费，并对一些非公共服务的项目收费通过制定行政收费法，对收费权限、原则、程序以及监督检查进行规范。

值得一提的是，自我国决定落实税收法定原则以来，已经制定了《环境保护税法》（2016年），完成了一项"费改税"的任务，即环境保护税取代了排污收费制度，这是非税收入走向法定的一种实践形式。

（二）与非税收入法定相衔接的取向及其方式

非税收入是附随税收收入的一种政府收入形式，或者说，是税收收入的一种补充形式，一般而言，非税收入所占财政收入的比重并不高。

如果对非税收入不以法定，那么税收法定之力图控制恣意征用国民财产的最初愿望就势必会落空，税收法定必将形同虚设。

2013年，我国决定落实税收法定原则，意味着已从总体上确定政府收入的法治化之路，在新一轮的财税体制改革中，中共中央把包括落实税收法定原则界定为"是一场关系国家治理体系和治理能力现代化的深刻变革，是立足全局、着眼长远的制度创新"。[②] 非税收入在很大程度上是一种隐性或变相的税收，最终大多由纳税人承担。在税收必须法定的背景下，非税收入也必须纳入法治轨道，我们也要以非税收入的法定，来为国家治理体系和治理能力现代化服务，消除"按需收费"等弊端，这无疑是必要的选择。

我国的非税收入种类繁多，非税收入法定应当分类处理。其一，对于需要和能够"费改税"的，实行"费改税"，即将政府收费平行制定相应的税收法律，融入税收法定之中。其二，可把非税收入进行分类，分别纳入法律治理体系。对于非税收入的法定如何与税收法定相衔接，为了阐述的方便，我们暂且把非税收入大致归为5类进行分析。

一是行政事业性收费，包括行政性收费与事业性收费。行政事业性收费既有（交易收费的）强制性，又有补偿性。尽管有强制性，但是"比起政府其他

① 《政府非税收入管理办法》（2016年）第2条、第3条。
② 《中共中央政治局召开会议审议〈深化财税体制改革总体方案〉》，第6页。

的收入形式,民众更喜欢各种收费”,①因为这可使他们自行决定要向政府缴纳多少费用,以获得特定的福利,并防范那些没有贡献的人“搭便车”。但这只是指那些收费人与缴费人进行直接交易的场合,而且也有学者认为,受益人须付费,有无支付能力对享用公共物品便会产生巨大关系,即“通过收费,老人和穷人的财富却被慢慢转移到青年人和富人那里,收费在这里表现为较为明显的累退性,在一定程度上造成新的不公”。② 由于收费存在强制性,从而存在对缴费人财产来说不平衡的交易,也可能存在2015年《立法法》第8条第7项所规定的对“非国有财产的征收、征用”问题,因此应通过制定法律,如由行政收费法统一加以规范,并在税收基本法中规定这一原则;同时,对于能够“费改税”的则应力争制定税法,以使行政事业性收费的法定与税收法定更好地衔接。

二是政府性基金。政府性基金一般不直接与被征收主体发生管理、服务关系,由政府以行政权力强制、无偿征收,有“准税收”属性。征收政府性基金现以“法律、行政法规和中共中央、国务院文件规定”③为依据(其中,社会保险基金不适用该办法)。在税收法定背景下,这项仅次于作为税收的第二大财政收入来源的政府性基金,必须尽快法定化。以2013年为例,列入2013年全国政府性基金收入决算表的多达45项,其中,预算数为36,756.15亿元,决算数为52,268.75亿元,决算数为预算数的142.2%,决算数为上年决算数的139.3%。④ 2013年全国政府性基金收入达52,268.75亿元,而全国财政收入为129,143亿元,⑤占比40.47%。政府性基金数额巨大,虽实行专款专用,但它的无偿性与强制性使政府性基金收入与税收收入一样,构成全社会的公共财产。

根据财政部的《政府性基金管理暂行办法》(财综〔2010〕80号),关于非税收入的法定如何与税收法定相衔接,第2条规定:“本办法所称政府性基金,是指各级人民政府及其所属部门根据法律、行政法规和中共中央、国务院文件规定,为支援特定公共基础设施建设和公共事业发展,向公民、法人和其他组织

---

① [美]B.盖伊·彼得斯:《税收政治学:一种比较的视角》,郭为桂、黄宁莺译,江苏人民出版社2008年版,第172页。

② Alan A. Altshuler & Jose A. Gomez Ibanez, *Regulation for Revenue*:*The Political Economy of Land Use Exactions*, Brookings Insititution Press, 1993, p. 107.

③ 《政府性基金管理暂行办法》(2010年)第2条。

④ 《2013年全国政府性基金收入决算表》(2013年)。

⑤ 《财政部发布2013年1~12月财政收支情况》(2014年)。

无偿征收的具有专项用途的财政资金。”由此可见，政府性基金无偿征收的是公民、法人和其他组织的财产，没有对缴纳主体“施加特别的范围限制”，①故其中必然存在对非国有财产的征收问题，那么按照2015年《立法法》第8条第7项的规定，对“非国有财产的征收、征用”，即使之成为全社会的公共财产，根据“只能制定法律”的立法精神，政府性基金也应当实行法定。

三是罚没收入，包括罚款与没收的收入。我国《行政处罚法》规定，“罚款、没收违法所得或者没收非法财物拍卖的款项，必须全部上缴国库”。② 执行处罚的执法部门不是罚没收入的所有权人，罚没收入已经纳入国家预算收入。同时，我国2015年《立法法》第8条第4项明确规定，对“犯罪和刑罚”，“只能制定法律”。这里的刑罚就包括罚金、没收，且规定了在刑事领域的罚没必须进行法定。

由此可见，我国《行政处罚法》已对罚没收入的归属作出了法律规定，《立法法》又有罚没必须法定的规定，这在罚没收入并非国家征收所得，而是对违法犯罪行为进行惩罚所得的情况下，罚没收入法定就表现为罚没与罚没所得归属都必须依据法律规定，这样罚没收入法定已大体形成；但如何完善行政罚款等的法定还需要进一步研究。

四是国有资产收益与国有资源收益。其一，国有资产收益，是指国家代表全社会行使国有资产所有权，可获得的各种不同形式的收益，如股息、红利收入，上缴利润等国有资本收益，租金收入等国有资产有偿使用收益，以及其他形式的收入。其二，国有资源收益，即国有资源有偿使用收益。应当认为，国有资产收益以及国有资源收益，实际上是指社会主义全民所有制财产的收益。但是，我国现行《宪法》并没有对国家预算收入与全民所有制财产分别规定，而是统一包括在“国有”“国家所有”“社会主义的公共财产”之中。

但实际上，国家预算收入与全民所有制财产有一定的区别，把国有资产与国有资源收益纳入国家财政收入，这关系全民所有制财产收益的分配问题，涉

---

① 熊伟：《专款专用的政府性基金及其预算特质》，载《交大法学》2012年第1期。

② 《行政处罚法》(2021年修订)第74条规定，除依法应当予以销毁的物品外，依法没收的非法财物必须按照国家规定公开拍卖或者按照国家有关规定处理。罚款、没收的违法所得或者没收非法财物拍卖的款项，必须全部上缴国库，任何行政机关或者个人不得以任何形式截留、私分或者变相私分。罚款、没收的违法所得或者没收非法财物拍卖的款项，不得同作出行政处罚决定的行政机关及其工作人员的考核、考评直接或者变相挂钩。除依法应当退还、退赔的外，财政部门不得以任何形式向作出行政处罚决定的行政机关返还罚款、没收的违法所得或者没收非法财物拍卖的款项。

及我国《立法法》第8条第9项“基本经济制度”的问题,即在国家参与(如出资入股),或者没有参与(出租全民所有制财产)全民所有制财产经营的情况下,国家是否有权代表全社会分享经营全民所有制财产(税后)的收益,并取得一定的财政收入?我国《宪法》第6条第2款规定:“国家在社会主义初级阶段,坚持公有制为主体、多种所有制经济共同发展的基本经济制度,坚持按劳分配为主体、多种分配方式并存的分配制度。”其中,全民所有制财产的经营所得(税后)收益,还要在所有权人(由国家代表全民,实行全民所有制财产的积累)、国家财政与经营权人之间进行分配,[①]这是基本经济制度的重要内容。既然如此,根据我国2015年《立法法》的规定,国有资产与国有资源收益也必须进行法定。

五是其他非税收入,是指彩票、特许经营、中央银行收入、接受捐赠、政府存款利息收入等各种收入。我国现行《立法法》第82条规定:“……没有法律、行政法规、地方性法规的依据,地方政府规章不得设定减损公民、法人和其他组织权利或者增加其义务的规范。”对于所有其他非税收入,其一,凡是没有法律、行政法规、地方性法规作为依据的,应当分别进行研究,作出符合《立法法》要求的处理,即应当由法律、行政法规、地方性法规作出规定的,就可通过修改法律、行政法规、地方性法规等进行处理;不合法又不利于理财治国的非税收入应当取消。其二,这些其他的非税收入,需要有总量控制的法律规定,不冲击整个非税收入的法定,以及最终不冲击税收法定。

三、与非税收入法定相衔接的制度完善

(一)税收法定与非税收入法定相衔接的含义

税收法定与非税收入法定相衔接,是指在税收法定主义的实现过程中,税收法定需要非税收入法定的配合,才能真正全面保护纳税缴费人的权益,理顺国家与国民的利益关系。

对此,税收法定当然是可以起到这种作用的,但是当同一当事人既是纳税人,也是缴费人时,同时要接受国家的强制行为,这使税收与非税收入有了本质的联系。这种联系并不是税收法定中征税、纳税与“用税”的联系,“用税”

① 全民所有制财产的经营所得之(税后)收益,经营权人可因其付出了劳动;国家财政可因国家向社会提供了公共物品,从而间接地参与收益的创造;全民则可因国家行使全民所有制财产的所有权并让渡使用权给经营者,从而应获得法定孳息用于积累,故三者可分享该收益。

法定应与征税、纳税法定相衔接，是税收法定内部结构的完善；而非税收入不属于税收收入，所以非税收入法定是与税收法定相对应的，但这两者在限制征税人、收费人的强制力，保护纳税人、缴费人的权益上是基本相同的。非税收入法定是基于税收法定外部联系考量的，基于上述的共同点与税收法定相衔接。

此外，我国与域外的其他国家、地区基本相同，非税收入在财政收入中的作用，大都是税收收入的补充。所以，非税收入法定就应与税收法定相衔接，税收法定的税收须经“人民同意”的精神也应适用于非税收入。

（二）我国非税收入法定的框架方案

实行税收法定，便会牵涉是否需要与非税收入法定相衔接的问题。税收法定在税收实体法方面的法定，主要是征税、纳税方面的“一税一法”实体法体系的构建，在我国，非税收入法定是否也可参照税收法定的方案来构建？

笔者认为，非税收入法定应当从与税收法定相衔接的意义上考虑非税收入法定的框架方案。对此，本书已在本章本节“二、我国非税收入法定的现状及其发展取向”之“（二）与非税收入法定相衔接的取向及其方式”中有所阐述。应当认为，从我国非税收入的现状与我国2015年《立法法》的规定来分析，非税收入法定是有法律依据的。

一是对于具有强制性，没有特定受益人的收费和基金，可以改为税收，制定相应的税法。

二是对于具有强制性，有特定受益人的收费和基金等，考虑到这类非税收入品种多、易变动等，可以考虑制定非税收入法或者政府收费法，对非税收入作出原则性规定，包括规定征收非税收入事项（收费项目）须依法设定；规定所管理事项的直接受益、成本弥补、评估审计等；从非税收入的征收缴纳到支用监督等均作出原则性规定。

第五节　税收法定与税收风险治理法定的实体法衔接

即使征税、纳税的立法比较完善，在征税过程中仍可能出现税款不能及时足额到位的风险，为防范税收风险，保障政府履行其职能，可以采取的措施包括增加新税、动用前年度财政结余、发行公债和增发货币等，但税收风险须依法治理，并与税收法定相衔接，才能配合税收法定主义的顺利实现。

一、税收风险治理法定问题的提出

税收风险,通常是指在征税过程中,由于多种原因出现风险,导致税收收入不能及时足额到位,以致不能满足政府实现其职能需要的一种可能性,也可称为税收收入的不可完全预知。由于税收在财政收入中的占比很大,税收风险会给政府履行职能带来不利影响。因此,为了实现税收法定主义,税收风险的法律治理也不可缺少。

一是税收法定下仍然可能发生税收风险。税收法定,尤其是征税、纳税实体法体系的完善,对征税人与纳税人来说,税收的征税预期与纳税预期得到了法律保障。但是,这不等于税收收入可以完全预知,在税收收入上仍有可能出现风险,甚至还会导致税收收入不能满足政府实现职能需要的情况。

发生税收风险,既与一国的经济、法律政策等相关,又与国际的经济、政治等相关,依法征税必然受到这些因素的影响,因而并非总能完全达到税收收入预期的目标。税收收入不可完全预知,这就必然会影响财政收入,进而影响政府实现职能,而这显然不是税收法定所希望发生的事情。因此,为了能使征税、纳税上使征税主体与纳税主体的预期都得到法律保障,税收法定须尽可能以"税之良法"来努力保障国家税收收入预期的实现。税收风险的法律治理,既是应对税收风险的重要对策,也是税收法定本身的自我完善。

二是税收法定需要与税收风险治理法定相衔接。税收风险的法律治理是实现税收法定目标的重要环节,税收法定需要与之相衔接。除需要以"税之良法"来治理税收风险外,其他的法律治理措施与税收法定是否也需要相互衔接?

笔者认为,一旦出现税收风险,通常可根据不同情况采取不同的措施,但应当与税收法定相衔接。例如,针对经济下行、经济结构亟待提质增效时,不应当收取过头税费,而应当适当减轻市场主体的负担;同时,需削减不必要的开支,提高财政资金的使用效率。又如,在国际税收竞争[①]激烈时,因为税收法定使征税、纳税的实体法处在相对稳定的状态,难以通过财政预算的调整处理时,为使税收收入满足政府实现职能的需要,应采取相对应的税制改革来处理等。这些治理措施,不一定是征税、纳税的各个实体法律本身的问题,而是税

① 国际税收竞争,是指为了把国际间的流动性资本或经营活动吸引到本国,各国对这种资本或经营活动实施减税措施而引发的减税竞争。这种竞争必然会对各国的税收发生影响。

收基本法可能要涉及的问题，即税收基本法应当对采取这些治理措施作出规定。因此，它与税收法定有一定的衔接性。

二、税收法定与税收风险治理法定的衔接方式

税收风险有多种治理方式，并可与税收法定相互衔接。

一是可采用增加新税种、扩大税基和提高税率的方式。这是一种可与税收法定相衔接的重要的法律治理方式。根据我国2015年《立法法》第8条的规定，税种的设立、税率的确定和税收征收管理等税收基本制度，只能制定法律，因此，这种治理方式是与税收法定紧密连接的。但是，这种方式因税种的设立、税率的确定须经一定的法律程序，增加税收的时间成本过大，难以解决税收收入不足的燃眉之急，而且还会加重纳税人的负担，影响经济的发展。

二是可采取动用以前年度财政结余的方式。这对弥补税收收入不可完全预知的方式给财政收入带来的不利影响，也是可行的。但这要以确实有财政结余为前提，并应当对财政与信贷资金进行综合考虑（因为财政结余作为在银行的财政性存款也是信贷资金的来源，动用以前年度财政结余，可能发生同一笔资金作了两种安排的问题）。动用以前年度财政结余在法律上受我国《预算法》有关预算调整的规定等的约束。[①] 由于这是为了弥补税收收入不可完全预知给财政收入带来的不利影响，而税收法定本身又有保障国家税收收入预期得到实现的内容，所以这种法律治理措施与税收法定是相衔接的。

三是发行公债。我国现行《预算法》第67条规定，需要增加举借债务数额的，应当进行预算调整。增发公债是税收收入不可完全预知的一种法律治理措施。公债的还本付息，主要是由国家的经常收入——税收来承担，它是一种"延期的税收"，所以，税收基本法应当有发行公债的原则性规定，使发行公债的这项法律治理措施与税收法定相衔接。

四是增发货币。增发货币可以成为税收收入不可完全预知的一种治理措施，但过量发行货币会造成通货膨胀、物价上涨与社会经济紊乱。这种为了弥

---

① 《预算法》（2018年修正）第66条第1款和第2款规定："各级一般公共预算年度执行中有超收收入的，只能用于冲减赤字或者补充预算稳定调节基金。各级一般公共预算的结余资金，应当补充预算稳定调节基金。"第67条规定："经全国人民代表大会批准的中央预算和经地方各级人民代表大会批准的地方各级预算，在执行中出现下列情况之一的，应当进行预算调整：（一）需要增加或者减少预算总支出的；（二）需要调入预算稳定调节基金的；（三）需要调减预算安排的重点支出数额的；（四）需要增加举借债务数额的。"

补税收收入不可完全预知给财政收入带来缺口的货币发行行为，是通过中央银行透支进行的。我国《中国人民银行法》规定："货币政策目标是保持货币币值的稳定，并以此促进经济增长。"①"中国人民银行不得对政府财政透支，不得直接认购、包销国债和其他政府债券"等。② 这说明，增发货币是要受《中国人民银行法》规制的，因为该做法事实上是税上加税，是"发行税"或"隐蔽的税收"，因而是对税收法定的干扰。《中国人民银行法》的这些规定，与税收法定具有可衔接性。

关于税收风险的法律治理，与税收法定相衔接，是在对实现税收法定的目标，力求纳税缴费人的负担公平，促进经济社会可持续健康发展的基础上相衔接的。这种衔接在一国国内有实现的可能，也有利于达到税收法定的目标。

但是，现在出现的国际税收竞争，则不一定是税收风险的正当的法律治理措施。国际税收竞争具有两面性：以降低税率，实施税收优惠等，来吸引投资等，在有利于促进本国经济发展的同时，也拉动了世界经济的增长，是正当的国际税收竞争。以损害他国与国际社会的利益，以减税的"税务战"，进行恶意的国际税收竞争，引起了全球经济低迷，这是一种不正当的国际税收竞争，不能作为税收风险的正当的法律治理措施来运用。为遏制国际税收竞争的消极功能，应当通过国际的合作、协调进行处理。③

小　　结

本章主要阐述税收法定主义之税收实体法实现。笔者认为，构建完整的税收实体法体系，是实现税收法定主义路径的重要内容。构建完整的税收实体法体系，需要以税制改革为切入点。本轮税制改革是在全面深化改革、使市场对资源配置起决定性作用和更好发挥政府作用、全面推进依法治国以及决定落实税收法定原则的背景下展开的，我们将在这一轮税制改革中，建立起有利于科学发展、社会公平、市场统一的税收法律制度体系。

构建这样一种税收法律制度体系，首先是构建税收实体法体系，在税收实

① 参见《中国人民银行法》(2003 年修正)第 3 条。

② 参见《中国人民银行法》(2003 年修正)第 29 条。

③ 魏亮：《美国税改，谁是赢家(经济透视)》，载《人民日报》2017 年 4 月 28 日，第 21 版。该文认为，"从他国视角看，美国减税实际上就是在挑起税务战"。

体法体系中，征税、纳税的实体法或者“一税一法”的税收实体法体系是其基础，其重心在于税收“取之于民”的法定。这一征税、纳税的税收实体法体系，应是由当前已经出台的单行税收法律、即将制定的新设税种单行税收法律、税收条例平移上升的单行税收法律、某些税种合并调整后制定的单行税收法律等构成。它体现了“优化税制结构、完善税收功能、稳定宏观税负”税制改革的要求，是实现税收法定主义的重要保障。

税收法定以征税、纳税的实体法为基础，但税收法定不限于税收收入的法定，需要延伸到“用税”法定，即税收“取之于民”的法定，应当与税收的“用之于民”的法定相配套。它们之间存在本质联系。两者配合在一起才能真正实现税收法定主义。但是，因为税收收入是并入财政收入后加以使用的，税收法定除征税、纳税的法定已从财政法定中独立出来而存在外，“用税”法定则大都包含在财政法定中，并没有独立出来。这样，“用税”法定在形式上常与财政预算法定（预算支出法定）联系在一起。“用税”法定虽然没有独立出来，但不能因此视而不见，而且“用税”法定也不是没有例证，如《预算法》对“分税制”的原则性规定，即对于中央政府与地方政府各用哪些税以及哪些是共享税，这就是直接点明“用税”法定的例证，将来或可通过制定政府间财政关系法作出规定；而且由于税收收入是最主要的财政收入，财政收入如何支出、使用，如何提高效率和效益，即如何少花钱，更加优质高效地向全社会提供公共物品和公共服务，这种法定实质上主要就是“用税”法定。

构建税收实体法体系的基础是构建征税、纳税的税收实体法体系，同时要关注以多种形式出现的“用税”法定，完善“用税”的立法。但这不足以保障税收法定主义的实现，其中非税收入与税收风险治理也须法定，并应当与税收法定相衔接。

其一，非税收入法定本身已有一定的法律依据，部分非税收入可直接转为税收收入而纳入税收法定，其他非税收入则可通过制定非税收入法等予以完善，与税收法定相衔接，共同实现落实税收法定原则的目标，税收法定不会因非税收入没有法定限制而出现漏洞，以致造成税收法定的落空等。

其二，税收法定与税收风险治理法定相衔接。如果税收法定不能使国家得到预期的税收收入，出现税收收入的不可完全预知而发生税收风险，不能满足政府履行其职能的需要。那么，这种税收法定也需要在税制改革中进一步加以完善。因此，税收风险的法律治理与税收法定相互衔接就是必需的，以便实行税收法定主义能更好实现国家税收收入的预期，而税收风险的法律治理，能对税收法定主义实现起到重要的调节作用。

构建税收实体法体系，以构建完整的征税、纳税的实体法体系为基础，使征税、纳税法定与“用税”法定保持内在的一致性，同时与非税收入法定和税收风险法律治理衔接起来，那么，实现税收法定主义，就有了完整的税收实体法体系及其相关的实体法律措施作为保障。

第四章　税收法定主义的程序法实现

以立法为中心,实现税收法定主义,不但需要有完备的税收实体法体系及其相关的实体法律措施作为保障,还必须有税收程序法的保障。在税收实体法中设定的纳税人实体权利,应当有法律救济以及相应的税收程序法。纳税人权利的法律救济包括行政、仲裁与司法救济等。由于税收实体法的内容可包括征税、纳税与"用税"的实体法,以及因税收法定须与非税收入法定、税收风险治理法定相衔接的实体法内容;相应地,税收程序法的内容也可包括征税、纳税与"用税"的程序法,以及因税收法定须与非税收入法定、税收风险治理法定相衔接的程序法内容。

税收程序法是税收实体法的生命形式,两者具有相同的精神意旨。税收程序法是保障税收法定主义实现的另一翼。完善税收程序法体系,是税收法定主义实现路径的重要部分。

第一节　构建税收程序法实现税收法定主义

实践税收法定主义,因其涵盖了落实税收法定原则的内容,它不但要求有完备的税收实体法以及相关的实体法律措施来保障税收法定主义的实现,而且还需要税收程序法的保障。

一、实践税收法定主义中的税收程序法问题

税收程序法，是与税收实体法相对应的一个概念，调整税收活动中所发生的程序关系，主要是由国家征税权行使与“用税”权行使程序，以及纳税人纳税义务履行与“用税”监督权行使程序的法律规范的总称。其内容主要包括税收的征税、纳税、“用税”（行政执行）程序法，以及税收争讼程序与非诉讼程序法。

税收程序法定，是税收法定的重要组成部分。我国2015年《立法法》第8条第6项规定，作为税收基本制度的“税收征收管理”“只能制定法律”；第10项规定，“诉讼和仲裁制度”“只能制定法律”。这说明，税收程序法定是有法律依据的。

税收法定，包括税收实体法定与税收程序法定。由于税收法定以征税、纳税的法定为基础，所以，税收法定也以征税、纳税实体的法定与征税、纳税程序的法定为基本内容。正因如此，征税、纳税程序法通常被直接当作税收程序法，并且认为税收法定就只包括征税、纳税的实体法与征税、纳税的程序法。实际上，税收法定所包括的税收实体法定与税收程序法定，并不限于征税、纳税实体的法定与征税、纳税程序的法定。

我国2015年《立法法》第8条第6项规定，“税种的设立、税率的确定和税收征收管理等税收基本制度”“只能制定法律”，实际上既有征税、纳税实体的法定与征税、纳税程序的法定的含义，也有税收法定不限于征税、纳税实体的法定与征税、纳税程序的法定的含义，因为该条款的最后用语是“等税收基本制度”，这就包含了不一定限于该条款所列举的“税种的设立、税率的确定和税收征收管理”的税收基本制度的含义，属于“列举之外的概括”。① 对2015年《立法法》第8条11项进行分析，除第11项是针对前面10项的概括性规定外，其他10项只有第6项用了“等税收基本制度”的概括性用语。② 此外，按照税

---

① 熊伟：《税收法定原则与地方财政自主——关于地方税纵向授权立法的断想》，载《中国法律评论》2016年第1期。

② 《立法法》（2015年修正）第8条规定：“下列事项只能制定法律：（一）国家主权的事项；（二）各级人民代表大会、人民政府、人民法院和人民检察院的产生、组织和职权；（三）民族区域自治制度、特别行政区制度、基层群众自治制度；（四）犯罪和刑罚；（五）对公民政治权利的剥夺、限制人身自由的强制措施和处罚；（六）税种的设立、税率的确定和税收征收管理等税收基本制度；（七）对非国有财产的征收、征用；（八）民事基本制度；（九）基本经济制度以及财政、海关、金融和外贸的基本制度；（十）诉讼和仲裁制度；（十一）必须由全国人民代表大会及其常务委员会制定法律的其他事项。”

收法定的本意，即使是限于征税、纳税的法定，税收的基本制度也不限于税种、税率、税收征收管理等，作为税法要素，包含征税主体，纳税主体，征税客体，税率，纳税环节、期限和地点，减免税，税务争议和税收法律责任，这些税收要素须由法律明确规定。因为税收要素确定原则是税收法定主义的核心内容。现在，对税收基本制度并没有直接的法律规定加以界定，但如纳税主体等除税种、税率、税收征收管理外的重要的税收制度，也是不能不法定的。所以，对于"等税收基本制度"不宜作修饰词理解，宜作概括性的理解。

根据以上分析，2015 年《立法法》规定的"税收征收管理""只能制定法律"，也就可包括除"税收征收管理"外的税收程序方面的其他基本制度。如此，税收法定中的税收程序法定，包括但不限于征税、纳税的程序法定，即税收程序法定除包括征税、纳税程序法定（税收征收管理法定等）外，还包括税收争讼程序法定[在税收争讼程序法定中，又包括征税、纳税的诉讼与非诉讼程序（仲裁）的法定，以及有关"用税"的纳税人（公益）诉讼程序的法定]。有学者特别强调程序法，把程序法当作法律的"心脏"。① 本书按照对称原理，对税收程序法定也作出了与税收实体法定相对应的拓展分析。

需要指出的是，税收争讼程序法定，因属于诉讼与非诉讼程序法定，2015 年《立法法》第 8 条第 10 项已规定"诉讼和仲裁制度"，"只能制定法律"，故在 2015 年《立法法》第 8 条第 6 项中，不必重复对税收争讼程序作出只能制定法律的规定，而且目前税收并无专门的诉讼法。税收争讼程序法定，是涉税的诉讼（民事、行政与刑事的诉讼）和仲裁的法定，这虽然是税收程序法定的重要内容，但对它的研究只是对诉讼法（民事诉讼法、行政诉讼法与刑事诉讼法）和仲裁法中涉税问题的研究，这正如财税法属于领域法学，可能涉及多个实体法部门，税收程序法也可能涉及多种诉讼以及仲裁程序，我们不妨将它们都放到税收程序法中进行研究。

二、税法体系中税收程序法体系的构建

（一）税收程序法体系与税收实体法体系的对应性

程序法与实体法是具有对应性的。税收程序法体系与税收实体法体系也不例外。与税收实体法体系相对应，税收程序法也有其相对应的体系。

---

① Robert S. Summers, *Evaluating and Improving Legal Process A Plea for Process Value*, 60 Cornell Law Review, p. 4(1974).

一是由于税收实体法体系首先是征税、纳税的实体法,与之相对应,税收程序法体系首先应是征税、纳税(行政执行)的程序法。我国行使征税权力的国家机关分别有税务机关、财政机关、海关;纳税人纳税的程序,适用我国《税收征收管理法》(2015年修订)的规定。

至于财政机关与海关的征税程序,以及相应的纳税人纳税(行政执行)的程序,则须按照《税收征收管理法》(2015年修订)第90条的规定办理,该条规定:“耕地占用税、契税、农业税、牧业税征收管理的具体办法,由国务院另行制定。关税及海关代征税收的征收管理,依照法律、行政法规的有关规定执行。”

2001年,国家税务总局曾发文,规定农业税、牧业税、耕地占用税、契税征收管理,暂参照《税收征收管理法》执行。[①] 当前,由财政机关征收的农业税、牧业税已经停征。[②] 耕地占用税与契税的征收由财政机关移交到当时的地方税务局,财政机关不再征税。财政机关只负责征收非税收入。[③] 可见,税收征收管理与非税收入征收管理的程序是不相同的。

海关负责征收关税和其他税费,并适用《海关法》。[④]

二是与税收实体法相对应的税收程序法,除征税、纳税(行政执行)的程序法外,还应有征税、纳税的争讼程序法,包括税收的诉讼与非诉讼程序法。

一般认为,诉讼法是调整因诉讼活动所发生的社会关系、规范解决社会纠纷的诉讼活动的法律规范的总称。目前,我国已经颁布了《民事诉讼法》《行政诉讼法》《刑事诉讼法》。在某些国家,除以上三大诉讼外,一般还包括宪法诉讼。

非诉讼程序法是规范解决社会纠纷非诉讼活动的法律规范的总称。我国

---

① 国家税务总局《关于农业税、牧业税、耕地占用税、契税征收管理暂参照〈税收征收管理法〉执行的通知》。

② 农业税已经停征。2005年12月29日,第十届全国人大常委会第十九次会议决定,自2006年1月1日起废止《农业税条例》。由此,国家不再针对农业单独征税,一个在我国存在2000多年的古老税种宣告终结。农业税实际上包括农业税、农业特产税和牧业税。

③ 《政府非税收入管理办法》(2016年)第7条规定:“各级财政部门是非税收入的主管部门。财政部负责制定全国非税收入管理制度和政策,按管理权限审批设立非税收入,征缴、管理和监督中央非税收入,指导地方非税收入管理工作。县级以上地方财政部门负责制定本行政区域非税收入管理制度和政策,按管理权限审批设立非税收入,征缴、管理和监督本行政区域非税收入。”

④ 《海关法》(2017年修订)第2条规定:“中华人民共和国海关是国家的进出关境(以下简称进出境)监督管理机关。海关依照本法和其他有关法律、行政法规,监管进出境的运输工具、货物、行李物品、邮递物品和其他物品(以下简称进出境运输工具、货物、物品),征收关税和其他税、费,查缉走私,并编制海关统计和办理其他海关业务。”

现已颁布了《仲裁法》等，并在《宪法》《民事诉讼法》中有对人民调解的原则性规定，国务院还颁布了《人民调解委员会组织条例》。

目前，我国尚未有与税收实体法相应的税收的诉讼与非诉讼程序法。税法作为财税法的重要组成部分，属于领域法，财税法不同于民商法、行政法与刑法等部门法，不同于它们各有其相对应的诉讼程序法，但在这些程序法中，都可能涉及有关税收的民事诉讼、行政诉讼和刑事诉讼的规定。即使将来我们设立了税务法院，也不一定需要制定专门的税收诉讼法。

此外，有关税收的非诉讼程序法，如在《仲裁法》中是否需要规定有关税收的仲裁（非诉讼）程序？或者是否制定专门的《税收争议仲裁法》与之相对应？

三是与税收实体法相对应的税收程序法，除征税、纳税（行政执行）的程序法与征税、纳税的争讼程序法（包括诉讼与非诉讼程序法）外，由于税收实体法不限于征税、纳税的实体法，还应包括“用税”实体法，那么，是否具有与之相对应的“用税”程序法，包括“用税”的（行政执行）程序法与“用税”的争讼程序法（包括诉讼与非诉讼程序法）？目前，域外有些国家具备专门的纳税人（公益）诉讼制度，如美国。

（二）构建税收程序法体系的设想

在构建税收程序法体系时应从“领域法学”的视角切入，构建税收程序法体系。

有学者提出：“领域法学，是以问题为导向，以特定经济社会领域全部与法律有关的现象为研究对象，融合经济学、政治学和社会学等多种研究范式于一体的整合性、交叉性、开放性、应用性和协同性的新型法学理论体系、学科体系和话语体系；它是新兴、交叉领域‘诸法合一’研究的有机结合，与传统部门法学同构而又互补。”①该学者同时认为，“税法在现行法律体系中是一个特殊的领域，它不是按传统的调整对象的标准而划分出的单独部门法，而是一个综合领域”。② 财税法“是一个涉及众多法律部门的综合法律领域”，“是一个相对独立的法律领域，不属于现有的部门法，而是一个采用另外一种划分方法，在某种意义上与现有部门法相并列的相对独立的法律领域”。③

---

① 刘剑文：《论领域法学——一种立足新兴交叉领域的法学研究范式》，载刘剑文主编：《财税法学前沿问题研究7：全面“营改增”背景下的财税法治建设》，法律出版社2017年版，第11～12页。

② 刘剑文、熊伟：《二十年来中国税法学研究的回顾与展望》，载刘剑文主编：《财税法论丛》第1卷，法律出版社2002年版，第2页。

③ 刘剑文：《中国大陆财税法学研究视野》，载《月旦财经法杂志》2005年第1期。

“领域法学”理论为我们以立法为中心，研究税收法定主义的实现路径，提供了超出“部门法学”①限制的路径，即实现税收法定主义的路径问题。即使在税收实体法中，如企业所得税法，它实际上既调整征税职能机关（税务机关）与纳税人的关系，又调整征税职能机关（税务机关）与国家（征税人）的关系以及纳税人（企业）与国家（征税人）的关系等，税收实体法本不是单纯调整某种社会关系而属于某个法律部门。况且，税收法定主义的实现本来就不限于税收实体法体系的保障，需要有税收程序法体系的保障等。没有税收程序法体系的保障，只有税收实体法体系的保障，税法体系是不完整的，显然难以保障税收法定主义之实现。

就税收程序法及其体系而言，其包括国家征税权行使程序和纳税人纳税义务履行程序，如税收确定程序、税收征收程序、税收检查程序和税务争议的解决程序等。如果税收实体法从征税、纳税的实体法延伸到“用税”的实体法，则相对应的有“用税”的（执行）程序和“用税”的监督程序（如纳税人公益诉讼）等法律问题。所以，税收法定主义的税法保障问题，不单纯是哪一个法律部门的问题，而应当是各个法律部门有关税收的各种规定的一个集合体。

由此可知，应构建的税收程序法体系包括以下内容。

一是与征税、纳税实体法相应的征税、纳税程序法，包括征税、纳税的（行政执行）程序法与征税、纳税的争讼程序法（包括诉讼与非诉讼程序法）。其一，就征税、纳税的（行政执行）程序法而言，应当完善以税务机关征税与纳税人纳税的（行政执行）程序法，主要是完善税收征收管理法的有关规定；同时，应当完善在海关法中有关海关征收关税与纳税人缴纳关税等程序的规定。其二，就征税、纳税的争讼程序法而言，既要完善涉税的民事诉讼、行政诉讼与刑事诉讼的有关程序的法律规定，也要探讨税务争议仲裁立法的问题。②

二是与“用税”实体法相应的“用税”程序法，包括“用税”的（行政执行）程

① 以各个法律部门为研究的法学即部门法学。法律部门，又称为部门法，是根据一定的标准和原则，按照法律规范自身的不同性质，调整社会关系的不同领域和不同方法等所划分的同类法律规范的总和。在现行法律规范中，由于调整的社会关系及其调整方法不同，可分为不同的法律部门，凡调整同一类社会关系的法律规范的总和，就构成一个独立的法律部门。中国特色社会主义法律体系，它是以宪法为根本法的，由宪法相关法、民商法、行政法、经济法、社会法、刑法、诉讼与非诉讼程序法7个主要的法律部门所构成的。

② 虽然《仲裁法》（2017年修正）第3条有规定：“下列纠纷不能仲裁：（一）婚姻、收养、监护、扶养、继承纠纷；（二）依法应当由行政机关处理的行政争议。”但税务纠纷仲裁立法问题仍有探讨余地。

序和"用税"的监督程序(如纳税人公益诉讼)等法律。税收收入是并入财政收入的,然后通过预算分配交付给各种国家机关及其公职人员使用以从事公共物品经营。财政收入与财政支出都属于再分配,再分配是社会转移分配。① 在此过程中,不但征税等筹集财政收入需要法定(包括实体与程序的法定),而且财政支出(财税收入的运用)也需要法定(包括实体与程序的法定),这对提高财政收入的利用效益、促进共同富裕与可持续发展意义重大。②

但是,税收收入是先并入财政收入再进行使用的,"用税"的实体法大都融入有关财政支出(也有"分税制"等直接以税收命名的"用税")的法律之中。同时,不能否认的是,税收收入是财政收入的主要部分,因而财政支出的法律就含有"用税"实体法的内容;同理,财政支出程序的立法中就含有"用税"程序法的内容。目前,有的国家在法律上直接规定了纳税人针对政府"用税"享有提起诉讼的权利,③如美国。我国《预算法》也规定,"各级政府、各部门、各单位应当对预算支出情况开展绩效评价","县级以上政府审计部门依法对预算执行、决算实行审计监督"④等。其中,自然包含"用税"程序法的内容。我们理应从这个意义上完善"用税"的程序法。

三是由于非税收入法定、税收风险治理法定等需要与税收法定相互衔接,因而存在相应的税收程序法与非税收入、税收风险治理程序法相衔接的问题。因此,我们应当在现行《政府非税收入管理办法》(2016 年)等的基础上,完善非税收入程序法律制度、税收风险治理程序(如地方政府破产程序)法律制度等。

总之,为了实现税收法定主义,我们应当构建与税收实体法体系相对应的税收程序法体系,并且要兼顾与非税收入、税收风险治理的实体法相应的,非

---

① 初次分配,是指国民总收入直接与生产要素相联系的分配。任何生产活动都离不开劳动力、资本、土地和技术等生产要素,在市场经济条件下,取得这些要素必须支付一定的货币,这种货币报酬就形成各要素提供者的初次分配收入。初次分配主要由市场机制形成,政府通过税收杠杆和法律法规进行调节和规范,一般不直接干预初次分配。再分配(也称社会转移分配),是指在初次分配结果的基础上,政府通过税收、政策、法律等措施,使各收入主体之间实现现金或实物转移的一种收入再次分配过程,也是对要素收入进行再次调节的过程。

② 财政收入和财政支出与国民利益密切相关,财政收入主要源于税收,传统观点认为,税收是国家公权力对私权利的侵占,具有"侵益性",而财政支出主要是为人民谋福祉,具有"授益性"的品格,所谓"取之于民,用之于民"。

③ 田刚:《纳税人公益诉讼制度研究》,河北经贸大学 2012 年硕士学位论文,第 18 页。

④ 《预算法》(2018 年修正)第 57 条、第 89 条。

税收入、税收风险治理等的程序法的制定。

第二节 税收征收管理法的完善

2015 年《立法法》明确规定了税收征收管理制度只能制定法律，因此，这项单行的征税、纳税程序法，构成了征税纳税程序法的基本内容，这里我们首先须对税收征收管理法的完善作出探讨。

一、完善《税收征收管理法》的取向

（一）我国《税收征收管理法》的定位

我国《税收征收管理法》是税收程序法中有关征税、纳税具有通则性的程序法，①于 1992 年 9 月 4 日经第九届全国人大常委会第二十一次会议审议通过，自 1993 年 1 月 1 日起开始施行；现行《税收征收管理法》经 2015 年 4 月 24 日第十二届全国人大常委会第十四次会议修正，符合我国《立法法》第 8 条第 6 项关于"税收征收管理""只能制定法律"的规定。

现行《税收征收管理法》共分为六章。第一章为总则；第二章为税务管理，第一节是税务登记，第二节是账簿、凭证管理，第三节是纳税申报；第三章为税款征收；第四章为税务检查；第五章为法律责任；第六章为附则。其主要内容是有关征税、纳税程序的规定。其中，有关涉税的信息共享制度的原则规定，与网络和信息安全的法律相衔接；涉税诉讼的原则规定，与税收争讼程序法相衔接；关于我国同外国缔结的有关税收的条约、协议，同《税收征收管理法》有不同规定的，依照条约、协议的规定办理，与国际税法相衔接。可见，《税收征收管理法》具有税收程序法中有关征税、纳税通则性的程序法价值。

但是，《税收征收管理法》的适用范围，仅限于"依法由税务机关征收的各种税收的征收管理"；②而"耕地占用税、契税、农业税、牧业税征收管理的具体办法，由国务院另行制定。关税及海关代征税收的征收管理，依照法律、行政法规的有关规定执行"。③ 关税征管程序的完善，可另行通过完善《海关法》

---

① 朱大旗、胡明：《正当程序理念下我国〈税收征收管理法〉的修改》，载《中国人民大学学报》2014 年第 5 期。

② 《税收征收管理法》(2015 年修正) 第 2 条。

③ 《税收征收管理法》(2015 年修正) 第 90 条。

等进行处理(此处不再赘述)。值得指出的是,由于《税收征收管理法》实际上主要是税务机关征税与纳税人缴纳相应税收的(执行)程序法,故在税收程序法中,其具有一定的局限性(主要是缺乏与“用税”相应的税收程序法的规定)。

(二)完善我国《税收征收管理法》的理论依据

2015 年修正的《税收征收管理法》,仍然不够完善。因此,国家在立法上又作出了要完善《税收征收管理法》的计划。

其一,全国人大常委会在对外公布的 2017 年立法工作计划中,将《税收征收管理法》列入预备项目,要求由有关方面抓紧调研和起草工作,视情况在 2017 年或者以后的年度安排审议。① 其二,在国务院 2017 年立法工作计划中也提出要修订《税收征收管理法》。② 这也说明,《税收征收管理法》还有继续修正完善的必要与空间。

继续修订《税收征收管理法》得到了学界的普遍认同。有学者就 2013 年 6 月 7 日由国务院法制办公室公布,向各界征求意见的《税收征收管理法修正案(征求意见稿)》进行了分析并认为,此前,回应立法机关的动议,学界和实务界曾讨论过“大修”“中修”“小修”的各种方案,大部分人希望对《税收征收管理法》进行全面修改,以适应新时期征管国际化趋势和征管理念更新。这次的征求意见稿看来不能不令大家失望了——充其量它只能算作“小修”。③

完善《税收征收管理法》,应当从本轮税制改革的要求出发,并从理论高度把握,不能在传统的框架内修修补补。

笔者认为,要从《税收征收管理法》的定位入手,为《税收征收管理法》定性,着重厘清《税收征收管理法》与国家税务机关及其公职人员的关系,既包括

---

① 《全国人大常委会 2017 年立法工作计划》。预备及研究论证项目:修改法官法、检察官法、农村土地承包法、专利法、著作权法、现役军官法、人民防空法、海上交通安全法、职业教育法、土地管理法、个人所得税法、税收征收管理法、森林法、计量法、矿山安全法等,制定陆地国界法、海洋基本法、期货法、房地产税法、关税法、耕地占用税法、原子能法、刑事被害人救助法等。这些立法项目由有关方面抓紧调研和起草工作,视情在 2017 年或者以后年度安排审议。

② 《国务院 2017 年立法工作计划》(2017 年)规定,“一、全面深化改革急需的项目:为贯彻落实“十三五”规划、推进供给侧结构性改革等方面的重大决策部署,对党中央、国务院确定的立法项目,要根据改革进程和改革方案,抓紧办理,尽快完成起草和审查任务。这类项目主要有:税收征收管理法(修订)(税务总局、财政部起草)……”。

③ 熊伟:《税收征收管理法修订的希望与失望》,载财新网,http://opinion.caixin.com/2013-06-14/100540985.html。

与作为征税人的国家之间的关系需要由法律调整，又涉及与各个纳税人的税收征纳关系需要由法律调整。前者着重解决税收征纳中征税人国家与征税执行机关及其公职人员的公权力内部运行问题；后者着重解决税收征收中，公权力保护纳税人权利的问题。《税收征收管理法》的完善，就在于要把这两点结合起来，而不是把后者，即把纳税人的税收征纳关系的法律调整变为前者的附属物。

二、对《税收征收管理法》的完善

（一）"放管服"改革对完善《税收征收管理法》的促进

我国新一轮税制改革是在全面深化改革和全面推进依法治国的背景下展开的，根据《"十三五"规划》，以及推进供给侧结构性改革等需要，我国已经将2015年修订的《税收征收管理法》又列入了立法工作计划。《税收征收管理法》的完善，与推进简政放权、放管结合、优化服务的改革，即"放管服"改革的关系密切，"放管服"改革则是供给侧结构性改革的重要内容，因此，此次修正《税收征收管理法》，实际上是要求征税机关按照"放管服"改革的要求，实行自我改革，[①]把保障税收征纳公平和保护纳税人权利的问题解决好。

《税收征收管理法》的完善，与"放管服"改革的促进密切相关。学者对此的研究尚未深入展开。但在上一轮税制改革和2015年出台的《税收征收管理法》（修正）前，相关研究较多，而这次则尚少有人著述，也许正是因为学者认为，在上一轮税制改革中的论证已足够充分了，因而不再赘述。例如，有学者认为，希望能对《税收征收管理法》进行"大修"而不是"中修""小修"，"建议将这部法律的名字改为《税收征收服务法》，体现征收与服务并重，适应现代税收征管理念……"。[②]"《税收征收管理法》的名称源于1986年国务院颁布的《税收征收管理暂行条例》，该条例体现了浓厚的部门立法和管理法之色彩，是计划经济时代的产物。党的十八届三中全会《决定》提出'国家治理现代化'，以

---

① 李克强：《深化简政放权放管结合优化服务　推进行政体制改革转职能提效能——在全国推进简政放权放管结合优化服务改革电视电话会议上的讲话》，载新华网，http://news.xinhuanet.com/politics/2016-05/23/c_1118910840_5.htm。"'放管服'改革实质是政府的自我革命，要削手中的权、去部门的利，放权于市场和社会，让利于群众和企业。现在改革已进入攻坚期，将更多涉及长期形成的利益格局的调整、权责关系的重塑、管理模式的再造、工作方式的转型。"

② 熊伟：《税收征收管理法修订的希望与失望》，载财新网，http://opinion.caixin.com/2013-06-14/100540985.html。

'治理'取代'管理',对'治理能力'的强调是对传统'管理能力观'的反思与超越。……过去,税务机关对于工作开展更多强调'管理',现在则转为强调'服务'。因此,为兼顾国家利益与纳税人利益的平衡,体现税务机关与纳税人之间平等合作之理念,建议删除该法名称中的'管理'2字,改为《税收征收法》。"①由于《税收征收管理法》的完善,对税收法定主义的实现具有非常重大的意义,在全面深化改革与全面推进依法治国的背景下,其确实还有深入研究的必要。

与完善《税收征收管理法》直接关联,"放管服"改革对《税收征收管理法》的修订有很大的促进作用。2015年5月12日,国务院总理李克强在全国推进简政放权放管结合职能转变工作电视电话会议上首次提出,"当前和今后一个时期,深化行政体制改革、转变政府职能总的要求是:简政放权、放管结合、优化服务协同推进,即'放、管、服'三管齐下"。② 2016年政府工作报告进一步提出,"推动简政放权、放管结合、优化服务改革向纵深发展"。2016年5月23日,国务院又发布《2016年推进简政放权放管结合优化服务改革工作要点》,其总体要求是:"全面贯彻党的十八大和十八届二中、三中、四中、五中全会精神,认真落实中央经济工作会议和《政府工作报告》部署,按照创新、协调、绿色、开放、共享的发展理念,紧紧扭住转变政府职能这个'牛鼻子',在更大范围、更深层次,以更有力举措推进简政放权、放管结合、优化服务改革,使市场在资源配置中起决定性作用和更好发挥政府作用,破除制约企业和群众办事创业的体制机制障碍,着力降低制度性交易成本,优化营商环境,激发市场活力和社会创造力,与大众创业、万众创新和发展壮大新经济紧密结合起来,进一步形成经济增长内生动力,促进经济社会持续健康发展。"③"放管服"改革已成为政府的一场自我改革,必将影响税收机关的征税行为。

对于税收来说,"放管服"改革的核心内容,是要将现行《税收征收管理法》从单纯地对上级负责的"管理法",改变为对纳税人负责的"服务法",这对税务机关及其公职人员来说不啻是一场自我改革。中国的政府是人民的政府,公

---

① 刘剑文:《〈税收征收管理法〉修改的几个基本问题——以纳税人权利保护为中心》,载《法学》2015年第6期。

② 《简政放权、放管结合、优化服务、深化行政体制改革、切实转变政府职能》,载《人民日报》2015年5月13日,第1版。

③ 国务院《关于印发2016年推进简政放权放管结合优化服务改革工作要点的通知》(2016年)。

务员是人民的公仆,因此《税收征收管理法》也应当符合市场在资源配置中起决定性作用的要求,促使政府更好地发挥其职能,由此作出"去管理化"的修订。

本书现从法学角度分析如下:

一方面,税务机关征税与征税人(国家)的关系需要由法律调整。这时,税务机关及其公职人员是法律授权执行征税职能的主体,税务机关及其公职人员必须对征税人(国家)负责,履行聚集税收为公共财产的义务。现行《税收征收管理法》主要是这方面的法律规范。对上级(最终对国家即征税人)负责,依法履行自己的职责是必要的;税务机关征税,若单纯考虑国家税款利益,"想方设法"更多地征税,而忽视税收收入源于纳税人财产,税收财产属于社会公共财产,那么,这就是一种有失偏颇的做法,是把纳税人当作国家税收收入的单纯的供给者,而非国家真正的服务对象的做法,这与"放管服"改革不相适应。

另一方面,税务机关征税,它与纳税人的税收程序关系需要由法律调整。这种关系是税务机关及其公职人员依法履行从各个纳税人(当然,税收公职人员在日常经济生活的场合也是纳税人)手中将其部分财产,通过征税方式聚集为税收公共财产的义务;同时,还有惩罚税收违法行为,维持税收秩序的义务。另外,税务机关及其公职人员与纳税人之间,是征税、纳税的程序关系,就是通常所谓的"公事公办"关系。这种关系本质上是税务机关及其公职人员与纳税人之间,通过税收形成社会公共财产,合作共赢、共享发展的关系。税务机关及其公职人员应把与纳税人的合作与共享确定为其工作基调,并置于征税的基础性地位。

因此,现行《税收征收管理法》还存在重管理、重强制,轻服务、轻合作的倾向,若作为征税、纳税(执行)程序法的通则,缺乏保护纳税人权利的基础,同时,也存在与税法其他部分衔接不足的问题。

因此,应当将完善《税收征收管理法》的重点,放在税务机关对国家(征税人)负责与对纳税人负责的一致性上,其意义将是十分重大而又深远的。这将给税收机关带来重大变化,也将提高数百万名税收公职人员的素质,从而对供给侧结构性改革,起到重要的促进作用,对实现税收法定主义起到重要的保障作用。

(二)完善我国《税收征收管理法》的框架设计

完善我国《税收征收管理法》,应当从更新税收征收理念入手,将《税收征收管理法》更名为税收征收法,确定税收征收原则,并以纳税服务规则、征税责任制度、征税与税收其他事项相衔接规则为框架进行构建。

一是更新税收征收理念。几千年来,国民缴纳“皇粮国税”都采取强制纳税人的方式,税收应否及能否采取非强制方式征收,就涉及税收征收理念的更新问题。税收收入是国家机关及其公职人员的财产,还是全社会公众的财产?税收是用来执行维持两极分化秩序的职能,还是具有促进经济发展、实现共同富裕、共享发展公平的职能?对这些问题的回答决定了征税需要采取强制还是非强制的方式。在我国决定落实税收法定原则的背景下,2015 年《立法法》不但规定了“税种的设立、税率的确定”等关涉税收实体利益的事项,只能制定法律、须得到人民的同意;而且规定了“税收征收管理”等关涉税收程序的事项,也只能制定法律,也须得到人民同意。这就从根本上确立了征税、纳税的非强制性准则。但这并不等于对违反税法的行为,不追究法律责任、不加惩罚,而是将所有纳税人都假设为纳税遵从人、善意纳税人。税收行政执法原则上应限于税款及其滞纳金的收缴,对罚款则须作为例外并通过法律、法规规定的数额、限度、权限、程序及形式进行,而后再实行评估的制度。总之,在征税机关管控的范围内,相应的制度设计应当从过去的所有程序都向税务机关倾斜、将“便利稽征”奉为目标,改变为向纳税人倾斜、将“便利纳税”奉为目标。

二是将《税收征收管理法》更名为税收征收法。《税收征收管理法》的修订宜“去管理化”,即不要将税收征收的程序法,单纯用于管控纳税人,将纳税人只当作执法客体,而是应当依靠纳税人,把纳税人视为服务对象。因为无论是认为纳税人的财产中本来就有公有因素,而将其属于公共财产的部分集中起来充作公用;还是认为纳税人应将归属其所有的财产拿出一部分集中起来,以供给其所在群体之公用(这通过国家征税与“用税”制造公共物品来实现)。这原本就是纳税人自己的事,现在由国家机关代表全体纳税人,纳税人不应沦为被管控的对象。作为全体纳税人代表人的国家(征税人)不能把纳税人当成单纯的债务人。所以,要使纳税人从被管控的对象,真正变为被服务的对象,《税收征收管理法》应当更名为税收征收法,以达到去“管理化”和名正言顺的定位与效果。

三是理应重新确定税收征收原则。税收征收原则宜少、精、准。笔者认为可设:其一,征税、纳税程序法定原则。征税机关及其公职人员、纳税人都须依据税收实体法的要求,按照税收征收法规定的程序进行征税与纳税,保证税收法定的实现。其二,税收行政执法现代化与限缩主观强制原则。《税收征收管理法》的修订绝不是逐步全面增加税收行政的主观强制，而是应限缩这种主观强制，但这并非疏于执法，而要从行政执法现代化中，对执法必严实行客观强化。如美国，以社会安全号作为纳税代码，与其他部门通过自动的资料处理系统交换信息，来确认所有纳税人报税单的准确性。税务部门与银行合作，可通过大型计算机集中处理系统，准确获取纳税人的各项应税收入情况，从而对纳税人进行有效监督等。当前，我国也已决定实行统一社会信用代码制度，①实行信息共享与科学征税。其三，强化纳税人权益司法保护原则。在税收征收中矫正过于强化的税收行政征收并"去管理化"。此外，还应对税收行政执法进行评估，同时对税收行政执法进行司法监督，强化对纳税人权利的保护。

四是应当完善税收行政处罚制度与税收行政复议制度，加强对纳税人权利的行政救济。在我国《税收征收管理法》第五章"法律责任"的规定中，有较多的对纳税人、扣缴义务人以及其他有关主体（如纳税人、扣缴义务人的开户银行或者其他金融机构等）实行行政处罚（尤其是罚款）的条款。的确，税务机关有权对税收违法行为（构成犯罪的还应移送司法机关处理）进行行政处罚；我国《税收征收管理法》规定，纳税人、扣缴义务人、纳税担保人同税务机关在纳税上发生争议时，必须先依照税务机关的纳税决定缴纳或者解缴税款及滞纳金或者提供相应的担保，然后可以依法申请行政复议（"纳税前置"）；对行政复议决定不服的，可以依法向人民法院起诉（"复议前置"）。当事人对税务机关的处罚决定、强制执行措施或者税收保全措施不服的，可以依法申请行政复议，也可以依法向人民法院起诉等。当事人对税务机关的处罚决定逾期不申请行政复议也不向人民法院起诉、又不履行的，作出处罚决定的税务机关可以采取本法第40条规定的强制执行措施，或者申请人民法院强制执行。②

以上这些规定，尤其是"纳税前置"与"复议前置"的规定，对于税务机关来说，确实不失为保障税收收入的一种有效方法，但这很有可能剥夺经济条件较差的纳税人寻求救济的机会，并且是用可能造成损失来强制、威慑纳税人等遵从税法。此类条款的设置显然是以"人性本恶"为基本假设，在税收征收管理

① 统一社会信用代码制度，是以居民身份证号码和组织机构代码为基础的主体标识代码制度，包括公民统一社会信用代码、法人和其他组织统一社会信用代码。实施统一社会信用代码制度，是为每个公民、法人和其他组织发放一个唯一的、终身不变的主体标识代码，并以其为载体采集、查询、共享、比对各类主体信用信息，有利于促进信用信息资源分享，降低社会管理成本，提高公共服务水平，完善社会治理体系。

② 《税收征收管理法》（2015年修正）第88条。

法中实行以罚惩恶,"以恶制恶"。应当说,在税务机关的管控能力所及的条件下,这并不是唯一有效的方法。事实上,"人性本善"也是存在的,纳税人等也可能从征税机关及其公职人员不断改善的税收服务[①]中提高税收遵从度。如果将《税收征收管理法》更名为税收征收法,增加并改进纳税服务,[②]完善征税责任制度(包括奖惩并用)等,就能够在不断减弱税收执法冲突中更好地实现依法征税、纳税的目标。

对于纳税人应先缴税款等规定,是否可以修改为:只要当事人书面承认存在该项税款及滞纳金,即可申请行政复议;而对税务机关则作出例外的规定,如纳税人正在逃税、税款及滞纳金不可能追回等情形,那就可以执行"依照税务机关的纳税决定缴纳或者解缴税款及滞纳金或者提供相应的担保"。[③] 凡是纳税人在主观与客观层面不可能逃避纳税的,就应采取双方都认可并可以接受的方式处理。

上述需要完善的税收行政执法程序,涉及行政复议、行政处罚等内容,建议在修订行政复议法等时予以关注和吸收。

五是税收征收法的纳税服务规则、征税责任制度、征税与税收其他事项相衔接规则的框架。将《税收征收管理法》更名为税收征收法,具有税收程序法重构的性质,将征税向征税人(国家)负责与向纳税人负责的一致性作为基点,强调保护纳税人权益,这是全心全意为人民服务在税收征收中的表现,也是税收法定主义的本质要求。因此,税收征收法的框架应该包括:其一,纳税服务规则。这是因为各种税收实体法律已对纳税人纳税作出了规定,征税机关及其公职人员的职责是为纳税人纳税提供各种便利的服务,税收征收法应列出纳税服务清单与纳税服务的方式、方法等,形成完整的纳税服务规则体系,并免收服务费。其二,征税责任制度。税收征收法应对授权征税的机关及其公职人员的税收征收执法工作责任制度、行政执法公示制度、执法全过程记录制

---

① 税收服务,是由税务机关向税务行为相对人提供的一种法定服务,其行为的性质是税务机关对于相对人所实施的一种具体的行政行为。纳税人享有税收服务的权利有实体性权利和程序性权利。税收服务行为作为税务机关的一项法定职责,在税务机关不能履行或者不能恰当地履行服务义务时,纳税人有权寻求法律救济。优化税收服务,提高办税效率和质量,促进税收管理,才能推动税收工作的全面进步,使税收事业得以稳步发展,进而促进经济繁荣、国家富强。

② 纳税服务是政府和社会组织根据税收法律、行政法规的规定,在纳税人依法履行纳税义务和行使权利的过程中,为纳税人提供的规范、全面、便捷、经济的各项服务措施的总称。

③ 《税收征收管理法》(2015年修正)第88条。

度、重大执法决定法制审核制度作出原则规定，包括采用现代化征税手段科学征税、提高征税效率，明确工作标准以及进行评估考评奖惩等。其三，征税与税收其他事项衔接规则，主要包括与信息共享法律制度的衔接，保护纳税人信息权；与税收争讼程序法律制度（包括纳税人公益诉讼制度）相衔接的规定，加强对纳税人权利的司法保护；与国际税法相衔接的原则规定，以履行国际税收义务和维护我国的国际税收权益。征税与税收其他事项的衔接，应采取密切联系原则，把应当衔接的税收其他事项，尽可能在税收征收法中分别作出原则性规定，以利于税收的各个相关法律能和谐一致地满足依法治税的需要。

三、信息共享中的征税、纳税双方的权利义务配置

此处将信息共享中的征税、纳税双方的权利义务配置，单列一点阐述，是因为信息共享作为信息化中信息资源开发利用的重要内容有其特殊性。信息化①主要强调从技术手段上提高税收征收的效率与更好地保障纳税公平，为税收征收的方式与程序②提供便利。

在大数据时代，现代社会的信息化已深刻影响税收领域，并促使税收领域出现了税收信息化趋势。③ 税收信息化也会对《税收征收管理法》的完善产生影响。税收信息是税款确定、征收、处罚等决定的事实和证据来源，会影响税收征收流程的变化，以及有利于税源监控等。由于税收信息化是通过信息交换与共用实现的，这就关系信息权等问题。《税收征收管理法》中就应当有与民法中保护信息权规定相衔接的规定。

我国《税收征收管理法》第 6 条规定："国家有计划地用现代信息技术装备各级税务机关，加强税收征收管理信息系统的现代化建设，建立、健全税务机

---

① 信息化是一种趋势，它是指培养、发展以计算机为主的智慧化工具为代表的新生产力，并使之造福于社会的历史过程。这将改变人们的生产方式、工作方式、学习方式、交往方式、生活方式、思维方式等，将使人类社会发生极其深刻的变化。

② 税款征收程序，是指税务机关依照税收法律、法规的规定，根据纳税申报所确认的应税客体行使税法规定的征收职权，将纳税人应当缴纳的税款组织征收入库的程序。它包括查验征税对象程序、税款计算程序、税收减免程序、税款征收方式、税款入库程序。其中，税款征收方式，是指税务机关依照税法规定和纳税人生产经营、财务管理情况以及便于征收和保证国家税款及时足额入库的原则而采取的具体组织税款入库的方法；它包括查账征收、核定征收、代扣代缴、代收代缴征收、自核自缴、委托代征。

③ 税收信息化是将信息技术广泛应用于税务管理，深度开发利用信息资源，提高管理、监控、服务水平，并由此推动税务部门业务重组等，进而推进税务管理现代化建设的综合过程。

关与政府其他管理机关的信息共享制度。纳税人、扣缴义务人和其他有关单位应当按照国家有关规定如实向税务机关提供与纳税和代扣代缴、代收代缴税款有关的信息。”但这一规定，其一，它实际上主要是关于税务机关权力的规定，即税务机关有权与政府其他机关实行信息共享；有权要求纳税人、扣缴义务人和其他有关单位依法如实向税务机关提供与纳税和代扣代缴、代收代缴税款有关的信息，但缺乏相应义务的规定。同理，在规定纳税人、扣缴义务人和其他有关单位义务的同时，应规定其权利。其二，税务机关如何从税收征收的需要出发，参与政务信息系统整合共享平台建设，以及参与政府和社会信息资源开放共享平台建设。对此，目前《税收征收管理法》中缺乏原则性规定。《税收征收管理法》更名为税收征收法的改革，是要把有利于加强对纳税人服务、便于税收机关与纳税人相互监督、推进税收机关职能转变、提高税收机关税收治理能力的重大措施与网络安全和信息化法治建设①衔接起来，作出更加明确的原则性规定。

同时，对信息化中开发及利用信息资源，用以改进税收征收方式与程序，也须作出相应规定，即包括可依法进行授权立法、对税收征收方式与程序可根据信息化发展进行改进等规定。

第三节　征税、纳税争议之仲裁与诉讼程序的完善

在税收程序法中，纳税人权利的仲裁与司法救济，是通过适用仲裁法、民事诉讼法、行政诉讼法与刑事诉讼法等来处理的。所以，征税、纳税争议之仲裁与诉讼程序，对税收程序法来说，其一，它显然不存在制定单行的税收诉讼法问题，而在于如何完善民事诉讼法、行政诉讼法与刑事诉讼法中涉税的一些规定；其二，须厘清税务争议是否具有可仲裁性，是否要完善仲裁法中涉税的有关规定，或者是否要制定专门的“征税、纳税民事争议仲裁法”的做法。

一、税务仲裁的制度空间

在我国因征税、纳税引发的争议是否可以进行仲裁，是税收程序法会涉及的一个问题。

目前，我国有关仲裁的法律，包括《仲裁法》（1994 年颁布，2009 年修正、

① 推进网络安全和信息化法治建设，需要加强信息资源共建共享立法。

2017年修正)、《农村土地承包经营纠纷调解仲裁法》(2009年颁布)、《劳动争议调解仲裁法》(2007年颁布)。

其中,《劳动争议调解仲裁法》第2条规定,用人单位与劳动者发生的劳动争议适用本法,包括"(一)因确认劳动关系发生的争议;(二)因订立、履行、变更、解除和终止劳动合同发生的争议;(三)因除名、辞退和辞职、离职发生的争议;(四)因工作时间、休息休假、社会保险、福利、培训以及劳动保护发生的争议;(五)因劳动报酬、工伤医疗费、经济补偿或者赔偿金等发生的争议;(六)法律、法规规定的其他劳动争议"。①

《农村土地承包经营纠纷调解仲裁法》的适用范围,包括"(一)因订立、履行、变更、解除和终止农村土地承包合同发生的纠纷;(二)因农村土地承包经营权转包、出租、互换、转让、入股等流转发生的纠纷;(三)因收回、调整承包地发生的纠纷;(四)因确认农村土地承包经营权发生的纠纷;(五)因侵害农村土地承包经营权发生的纠纷;(六)法律、法规规定的其他农村土地承包经营纠纷。因征收集体所有的土地及其补偿发生的纠纷,不属于农村土地承包仲裁委员会的受理范围,可以通过行政复议或者诉讼等方式解决"。②

《仲裁法》的适用范围,包括"平等主体的公民、法人和其他组织之间发生的合同纠纷和其他财产权益纠纷"。该法还规定"(一)婚姻、收养、监护、扶养、继承纠纷;(二)依法应当由行政机关处理的行政争议","不能仲裁"。

以上有关仲裁的法律中,因征税、纳税争议与劳动争议、农村土地承包经营纠纷的性质不同,故不适用《劳动争议调解仲裁法》《农村土地承包经营纠纷调解仲裁法》。但征税、纳税争议是否适用《仲裁法》,就需要确定征税、纳税争议是否属于《仲裁法》第2条的规定,此处需要回答两个问题:其一,征税、纳税争议是否都是依法应当由行政机关处理的行政争议;其二,征税、纳税争议是否有可仲裁性。显然,如果都是依法应当由行政机关处理的行政争议,《仲裁法》已经规定不能仲裁;如果不一定是行政争议,那么还有某些非行政争议是否具有可仲裁性,是否需要像《仲裁法》所规定的劳动争议和农业集体经济组织内部的农业承包合同纠纷的仲裁那样,③征税、纳税可仲裁的争议须制定一个专门的仲裁法以适应其需要。

---

① 《劳动争议调解仲裁法》(2007年)第2条。

② 《农村土地承包经营纠纷调解仲裁法》(2009年)第2条。

③ 《仲裁法》(2017年修正)第2条、第3条、第77条。

应当认为,税务争议采取税务仲裁方式处理,在我国是有制度空间的。一方面,我国现行的有关法律已对征税、纳税某些具有民事性质的争议,作出了可以适用非诉讼程序或民事诉讼的规定;另一方面,征税、纳税之税收为公共财产的理论,也可以用来进一步解释征税、纳税争议的可仲裁性。此外,今后在我国的税收实体法中,随着直接税[①]立法的发展,为治理自然人税收流失、有效调节社会收入分配之间的差距等,以及对自然人征收税收[②]的展开,税收争议可能会增加。因此,税收(或税务)仲裁具有一定的研究价值。

一是我国法律对征税、纳税某些具有民事性质的争议,已有适用非诉讼程序或民事诉讼的规定。《税收征收管理法》第 50 条第 1 款规定:"欠缴税款的纳税人因怠于行使到期债权,或者放弃到期债权,或者无偿转让财产,或者以明显不合理的低价转让财产而受让人知道该情形,对国家税收造成损害的,税务机关可以依照合同法第七十三条、第七十四条的规定行使代位权、撤销权。"这表明,税务机关在一定情形下也可作为民事权利主体,参与民事合同法律关系,并可享有民事诉讼地位和民事诉讼权利。由此提起的税收代位权、税收撤销权的诉讼即为民事诉讼,适用《民事诉讼法》的规定。因此,这种税收代位权、税收撤销权纠纷,因其具有民事性质,也可以付诸仲裁。

我国《行政诉讼法》第 60 条第 1 款规定:"人民法院审理行政案件,不适用调解。但是,行政赔偿、补偿以及行政机关行使法律、法规规定的自由裁量权的案件可以调解。"该条款适用于处理税务争议,其中,行政赔偿等因其具有民事性质,故可付诸仲裁。

上述两类争议属于民事争议,它们成为我国《仲裁法》中规定的,适用于《仲裁法》的"平等主体的公民、法人和其他组织之间发生的合同纠纷和其他财产权益纠纷",[③]因而就具有了可仲裁性。[④] 但是,直接适用《仲裁法》还会遇到税收机关被确认为民事主体等问题,而这类民事争议也有税收机关代表税收

---

① 所谓直接税,是指纳税义务人同时是税收的实际负担人,纳税义务人不能或不便于把税收负担转嫁给别人的税种。属于直接税的这类税收的纳税人,不仅在表面上有纳税义务,而且也是实际上的税收承担者,即纳税人与负税人相同。在世界各国税法理论中,多以各种所得税、房产税、遗产税、社会保险税等税种为直接税。

② 自然人税收是复合的税收体系,除企业所得税外,对于其他税种的征缴都包括自然人。

③ 《仲裁法》(2017 年修正)第 2 条。

④ 所谓争议事项的可仲裁性,是指依据仲裁所适用的法律,可以通过仲裁解决的争议事项范围。

公共财产权人的特殊性，故可像《劳动争议调解仲裁法》等，制定专门的征税、纳税民事争议仲裁法。

二是征税、纳税之税收为公共财产的理论，可以用来进一步解释征税、纳税争议的可仲裁性。以税法属于公共财产法的理论为基础，征税、纳税之税收为公共财产，税务机关是法律授权的行使征税职权的主体，这种征税职权本质上是将纳税人的一部分财产聚集起来形成社会公共财产的工作权。

这既包括税收机关内部的、税收机关之间的税收权限争议，税收机关与公职人员税收处分之程序上的争议；也包括税收机关与纳税人等可能发生的征税、纳税程序上的争议，如税务机关与纳税人、扣缴义务人、纳税担保人，以及其他有关单位就税务登记、征收方式、税收管辖、定税信息和其他涉及税收程序产生的争议；又如税务机关对纳税人、扣缴义务人、纳税担保人，以及其他有关单位的违法行为进行检查、处理、处罚涉及税收程序等产生的争议。

这些争议具有行政争议的性质，《仲裁法》规定，“依法应当由行政机关处理的行政争议”不能仲裁。

税务机关工作权的内容，具有财产内容的法定性。这主要是指税务机关与纳税人、扣缴义务人、纳税担保人，以及其他有关单位之间可能发生所谓的涉及债权债务关系的税收争议。由于纳税人对其缴纳税收所形成的税收社会公共财产享有监督使用者使用的权利，以及享用税收使用者使用税收公共财产所提供的公共物品、服务的权利。但是，在征税、纳税的财产权益纠纷中，与纳税人相对的另一方，作为税收公共财产权人的全社会公众，是以征税人——国家为代表人的，代表人在法律上与被代表人（全社会公众）具有同一人格，代表人具体是由征税机关依法执行其职责的。因此，税收公共财产权人与私人财产权人（纳税人）的财产权益纠纷①在本质上具有可仲裁性，符合《仲裁法》第2条适用范围的规定。

---

① 虽然私人财产权本身即表明不受限制地对物进行占有、享用和处分，但自然状态下的私人财产权实际上缺乏对抗他人的强制力。私人财产权作为对世性的权利，不仅意味着所有权人对物的占有、使用、收益和处分，更意味着有权排除任何其他人的不法侵害。但在欠缺必要的强制力的情况下，私人财产权的排他性与支配性显然只是一句空话。因此，以捍卫私人财产权为目的的共同体的存在便尤为必要。这种为维持共同体而“取之于民用之于民”的税收财产，就属于社会公共财产。

二、民事诉讼法、行政诉讼法与刑事诉讼法中涉税规定的完善

关于征税、纳税争议的诉讼,我国目前分别适用的是《民事诉讼法》《行政诉讼法》《刑事诉讼法》。

一是税收民事案件适用《民事诉讼法》。已如前述,《税收征收管理法》第50条规定的税收机关行使代位权、撤销权的诉讼,属于民事诉讼,适用《民事诉讼法》。

二是税收行政案件适用《行政诉讼法》。税收行政案件有两类:其一,诉前由行政执法处理,不进入诉讼程序的税务行政案件。这主要是纳税人、税务公职人员等的税务违法案件以及税务行政复议案件,因为这些案件未进入诉讼程序,故而适用《税收征收管理法》等有关法律。其二,提起诉讼的税务行政案件。公民、法人和其他组织,对于税务机关及其公职人员违法或者不当而侵犯了其合法权益之具体税务行政行为(基本上没有区分实体性与程序性的争议,只要由税务机关及其公职人员作出的行为,都作为具体税务行政行为),依法向人民法院提起行政诉讼,①适用《行政诉讼法》。

三是税收刑事案件适用《刑事诉讼法》,它包括因纳税人涉税犯罪由公安机关部门侦查②的刑事案件,③以及税务人员渎职违法犯罪,由税务机关相关业务部门(如税务纪检监察机关、稽查部门、征收管理部门等)配合检察机关侦查

---

① 税务行政诉讼案件的受案范围除受《行政诉讼法》有关规定的限制外,还受《税收征收管理法》及其他相关法律、法规的调整和制约。具体来说,税务行政诉讼的受案范围与税务行政复议的受案范围基本一致,包括:(1)税务机关作出的征税行为:一是征收税款、加收滞纳金;二是扣缴义务人、受税务机关委托的单位作出代扣代缴、代收代缴行为及代征行为。(2)税务机关作出的责令纳税人提交纳税保证金或者纳税担保行为。(3)税务机关作出的行政处罚行为:一是罚款;二是没收违法所得;三是停止出口退税权;四是收缴发票和暂停供应发票。(4)税务机关作出的通知出境管理机关阻止出境的行为。(5)税务机关作出的税收保全措施:一是书面通知银行或者其他金融机构冻结存款;二是扣押、查封商品、货物或者其他财产。(6)税务机关作出的税收强制执行措施:一是书面通知银行或者其他金融机构扣缴税款;二是拍卖所扣押、查封的商品、货物或者其他财产抵缴税款。(7)认为符合法定条件申请税务机关颁发税务登记证和发售发票,税务机关拒绝颁发、发售或者不予答复的行为。(8)税务机关的复议行为:一是复议机关改变了原具体行政行为;二是期限届满,税务机关不予答复。

② 公安机关是政府的一个职能部门,依法管理社会治安,行使国家的行政权,同时公安机关又依法侦查刑事案件,行使国家的司法权。公安机关的性质具有双重性,既有行政性又有司法性。

③ 《刑法》(2017年修正)分则第三章"破坏社会主义经济秩序罪"第六节"危害税收征管罪"。

的刑事案件。[①] 人民法院审理税务刑事案件，适用《刑事诉讼法》。

随着我国税制改革的深入，以及税收征收法律制度的完善，第一，应当在完善征税、纳税争议诉讼程序的同时，关注“用税”案件纳税人公益诉讼的程序法的构建。第二，可通过推进税收信息化，强化征税过程的客观性。一方面，对税务机关可管控的纳税人的征税、纳税争议，尽可能通过仲裁处理；另一方面，对难以管控的跨境涉税犯罪等，则应对加强打击作出系统性规定（包括跨境协作的规定）。

以上问题都需要在完善《民事诉讼法》《行政诉讼法》《刑事诉讼法》时加以关注。

第四节 “用税”公益诉讼法律制度的构建

应当认为，我国过去的税收征收管理法，以及民事、行政与刑事诉讼法中的涉税规定，都属于征税、纳税的程序法，并没有涉及“用税”的程序法（包括“用税”管理法与“用税”争讼程序法）。我国近年来有涉及“用税”公益诉讼的案例等，由于构建“用税”公益诉讼制度，对实现税收法定主义关系重大，已经引起人们的高度重视。“用税”公益诉讼既属于诉讼法问题，同时也是公益诉讼法中应包含的涉税规定。税法作为领域法，实现税收法定主义，势必牵涉多个法律部门的法律需要完善的问题，其中，就包括在诉讼法（甚至须制定公益诉讼法）中完善“用税”公益诉讼法律制度问题。对“用税”的程序法，本书着重探讨完善“用税”公益诉讼法律制度，尤其是纳税人（公益）诉讼法律制度问题。

一、税收公益诉讼及其“用税”公益诉讼的提出

（一）私益诉讼与公益诉讼的比较

税收公益诉讼，是实现税收法定主义的重要诉讼程序。目前，我国的司法实践中已经出现了税收公益诉讼，如安徽省合肥市蜀山区人民检察院对合肥市国家税务局怠于履行职责、未对虚开增值税专用发票违法行为进行查处，向

① 《刑法》(2017 年修正)分则第九章“渎职犯罪”，包括第 397 条、第 402 条、第 404 条、第 405 条、第 417 条，共 5 个条款 6 个罪名。

蜀山区人民法院提起行政公益诉讼。① 为了厘清税收公益诉讼问题,我们既要厘清它与私益诉讼的关系,还要厘清它与民事诉讼、行政诉讼和刑事诉讼的关系。

公益诉讼是相对私益诉讼而言的。公益诉讼与私益诉讼的划分,其与民事诉讼、行政诉讼、刑事诉讼的划分,两者的划分标准不同。

公益诉讼与私益诉讼,是就其救济对象、诉讼目的来划分的两种相对应的诉讼。公益诉讼是针对行为直接损害社会公益(如国家的利益、不特定的他人利益等)提起的诉讼。私益诉讼则是针对行为直接损害私人利益由特定人(特定的自然人、法人等)提起的为维护其独立利益的诉讼。

民事诉讼、行政诉讼、刑事诉讼,是从它们与实体的法律部门相匹配的角度划分的。我国的法律体系有民商法、行政法与刑法等实体法部门,民事、行政与刑事的3种诉讼法与其实体法是相匹配的。

因此,私益、公益诉讼,与民事、行政、刑事诉讼,这两组诉讼有区别,但相互也存在交叉甚至重叠关系,如民事私益诉讼与私益民事诉讼,这两者在本质上相同。

在民事、行政、刑事的诉讼中,可能各有其私益、公益的诉讼。

其一,民事诉讼是与民法、商法相匹配的诉讼,是处理民事商事纠纷的诉讼程序法。民事诉讼中有民事私益诉讼,即在公民(自然人)之间、法人之间、其他组织之间以及他们相互之间因财产关系和人身关系提起的民事诉讼②中,针对行为直接损害私人利益并由特定人提起的诉讼。如民事侵权、违反合同、遗产继承等引起的民事私益诉讼。同时,也有民事公益诉讼,即在公民(自然人)之间、法人之间、其他组织之间以及他们相互之间因财产关系和人身关系提起的民事诉讼中,针对行为直接损害社会公益提起的诉讼,如消费民事公益诉讼、③环境民事公益诉讼④等。

---

① 案例1:我国人民检察院提起的税收行政公益诉讼:因合肥市国家税务局怠于履行职责,未对虚开增值税专用发票违法行为进行查处,安徽省合肥市蜀山区人民检察院对合肥市国家税务局提起行政公益诉讼,载中华人民共和国最高人民检察院网,http://www.spp.gov.cn/xwfbh/wsfbt/201701/t20170123_179471.shtml。

② 《民事诉讼法》(2021年修订)第3条。但是,《民法典》(2020年)第2条规定,"民法调整平等主体的自然人、法人和非法人组织之间的人身关系和财产关系"。

③ 最高人民法院《关于审理消费民事公益诉讼案件适用法律若干问题的解释》(2016年)。

④ 最高人民法院《关于审理环境民事公益诉讼案件适用法律若干问题的解释》(2015年)。

其二,行政诉讼是与行政法相匹配的诉讼,是处理行政争议的诉讼程序法。行政诉讼中有行政私益诉讼,行政诉讼首先是公民、法人或者其他组织等,对行政机关以及法律法规授权的主体作出的具体行政行为,侵犯了其合法权益而向法院提起的诉讼,其应当属于私益诉讼。同时,行政诉讼中也包含了行政公益诉讼,即如国家行政主体的不作为或者违法行为致使公共利益受损,法律允许无直接利害的关系人为维护公共利益而提起行政诉讼。2015 年,我国出台了《检察机关提起公益诉讼试点方案》。①

其三,刑事诉讼是与刑事法律相匹配的诉讼。在刑事诉讼中"对刑事案件的侦查、拘留、执行逮捕、预审,由公安机关负责。检察、批准逮捕、检察机关直接受理的案件的侦查、提起公诉,由人民检察院负责。审判由人民法院负责。除法律特别规定的以外,其他任何机关、团体和个人都无权行使这些权力"。②由人民检察院代表国家向人民法院提起的诉讼,都属于刑事公益诉讼。③ 但刑事诉讼中有被害人或其法定代理人、近亲属向人民法院直接提起刑事诉讼的自诉,"自诉案件包括下列案件:(一)告诉才处理的案件;(二)被害人有证据证明的轻微刑事案件;(三)被害人有证据证明对被告人侵犯自己人身、财产权利的行为应当依法追究刑事责任,而公安机关或者人民检察院不予追究被告人刑事责任的案件"。④ 自诉案件如果仅按照主体来划分,属于私益诉讼。但从诉讼目的来分析,它既具有直接的私益内容,即被害人因人身、财产权益受到侵害,有寻求救济的目的;同时,它又具有直接的公益内容,因为自诉作为刑事诉讼它是具有维护社会公益之目的的诉讼。实际上,公益诉讼与私益诉讼,从诉讼目的来看,两者的界限并非绝对。因为个人利益与公共利益往往相互交织,在一定条件下又相互转化,损害社会公共利益的行为最终是要损害个人利益的,而直接损害私益也会对社会公益发生影响。以我国《刑事诉讼法》的有关规定为例,一方面,该法规定,"人民法院对自诉案件,可以进行调解;自诉人

---

① 《检察机关提起公益诉讼试点方案》(2015 年)规定:"……二、主要内容……(二)提起行政公益诉讼 1. 试点案件范围。检察机关在履行职责中发现生态环境和资源保护、国有资产保护、国有土地使用权出让等领域负有监督管理职责的行政机关违法行使职权或者不作为,造成国家和社会公共利益受到侵害,公民、法人和其他社会组织由于没有直接利害关系,没有也无法提起诉讼的,可以向人民法院提起行政公益诉讼。"

② 《刑事诉讼法》(2018 年修正)第 3 条第 1 款。

③ 这是按照主体(由检察机关提起公诉)来划分的刑事公益诉讼。民事公益诉讼和行政公益诉讼,则是按照被诉客体的不同划分的公益诉讼。

④ 《刑事诉讼法》(2018 年修正)第 210 条。

在宣告判决前,可以同被告人自行和解或者撤回自诉",这就证明了自诉有私益诉讼性质;另一方面,该法又规定,"被害人有证据证明对被告人侵犯自己人身、财产权利的行为应当依法追究刑事责任,而公安机关或者人民检察院不予追究被告人刑事责任的案件","不适用调解"。① 这又证明了自诉具有公益诉讼的性质。自诉的这两种情形说明,私益诉讼与公益诉讼的区别并非绝对的。

(二)私益、公益诉讼的诉讼形式

其一,私益、公益诉讼适用民事诉讼的情形。首先,关于私益的民事诉讼,如公民(自然人)之间、法人之间、其他组织之间以及他们相互之间因财产关系和人身关系提起的民事诉讼,就是私益诉讼,可称为私益的民事诉讼。其次,关于公益的民事诉讼,例如,最高人民法院《关于审理消费民事公益诉讼案件适用法律若干问题的解释》规定:"中国消费者协会以及在省、自治区、直辖市设立的消费者协会,对经营者侵害众多不特定消费者合法权益或者具有危及消费者人身、财产安全危险等损害社会公共利益的行为提起消费民事公益诉讼的,适用本解释。法律规定或者全国人大及其常委会授权的机关和社会组织提起的消费民事公益诉讼,适用本解释。"②又如,最高人民法院《关于审理环境民事公益诉讼案件适用法律若干问题的解释》规定:"法律规定的机关和有关组织依据民事诉讼法第五十五条、环境保护法第五十八条等法律的规定,对已经损害社会公共利益或者具有损害社会公共利益重大风险的污染环境、破坏生态的行为提起诉讼,符合民事诉讼法第一百一十九条第二项、第三项、第四项规定的,人民法院应予受理。"③

其二,私益、公益诉讼适用行政诉讼形式的情形。首先,私益诉讼适用行政诉讼(私益行政诉讼)的情形,如我国《行政诉讼法》(2017 年修正)第 2 条规定:"公民、法人或者其他组织认为行政机关和行政机关工作人员的行政行为侵犯其合法权益,有权依照本法向人民法院提起诉讼。前款所称行政行为,包括法律、法规、规章授权的组织作出的行政行为。"其次,公益诉讼适用行政诉讼(公益行政诉讼)的情形,如《行政诉讼法》第 25 条中有人民检察院可提起公

---

① 《刑事诉讼法》(2018 年修正)第 210 条、第 212 条。

② 最高人民法院《关于审理消费民事公益诉讼案件适用法律若干问题的解释》(2016 年)第 1 条。

③ 最高人民法院《关于审理环境民事公益诉讼案件适用法律若干问题的解释》(法释〔2015〕1 号)第 1 条。

益行政诉讼的规定。①

其三,私益、公益诉讼适用刑事诉讼形式的情形。首先,公益诉讼适用刑事诉讼(公益刑事诉讼)的情形,如刑事案件由人民检察院向人民法院提起的公诉。其次,私益诉讼适用刑事诉讼(私益刑事诉讼)的情形,这里主要是指自诉。虽然公诉与自诉都是"为了保证刑法的正确实施,惩罚犯罪,保护人民,保障国家安全和社会公共安全,维护社会主义社会秩序",②但由于自诉是直接与损害刑事案件中被害人利益(私益)有关的主体而提起的诉讼,因此,自诉引起的刑事诉讼也可以被认为是私益刑事诉讼。

(三)公益诉讼中的税收公益诉讼

基于对私益诉讼与公益诉讼,民事、行政与刑事诉讼这两组诉讼的比较,我们再来给税收公益诉讼予以定位。税收公益诉讼属于公益诉讼这是毫无疑问的,但因税收属于经济(分配关系)范畴,③民事、行政与刑事诉讼则属于法(税收诉讼程序法)的范畴。应当说,税收领域发生的诉讼,一方面既可能是私益诉讼或公益诉讼;另一方面也可能是民事诉讼、行政诉讼或刑事诉讼。

在前文中,已经阐述过完善征税、纳税之民事、行政与刑事案件诉讼程序的问题。显然,在征税、纳税中的民事、行政与刑事诉讼,都可能包括公益诉讼。其一,税收公益诉讼中包括税收刑事公益诉讼。无论是纳税人涉税犯罪由公安机关部门侦查,还是税务人员渎职违法犯罪由税务机关相关业务部门(如税务纪检监察机关、稽查部门、征收管理部门等)配合检察机关侦查,从而由人民检察院提起公诉,都是税收刑事公益诉讼。其二,税收公益诉讼中还包括税收民事公益诉讼与税收行政公益诉讼。2015 年全国人大常委会《关于授权最高人民检察院在部分地区开展公益诉讼试点工作的决定》已"授权最高人民检察院在生态环境和资源保护、国有资产保护、国有土地使用权出让、食品药品安

---

① 《行政诉讼法》(2017 年修正)第 25 条第 4 款规定:"人民检察院在履行职责中发现生态环境和资源保护、食品药品安全、国有财产保护、国有土地使用权出让等领域负有监督管理职责的行政机关违法行使职权或者不作为,致使国家利益或者社会公共利益受到侵害的,应当向行政机关提出检察建议,督促其依法履行职责。行政机关不依法履行职责的,人民检察院依法向人民法院提起诉讼。"

② 《刑事诉讼法》(2018 年修正)第 1 条。

③ 税收是国家(政府)公共财政最主要的收入形式和来源。税收的本质是国家为满足社会公共需要,凭借公共权力,按照法律所规定的标准和程序,参与国民收入分配,强制取得财政收入所形成的一种特殊分配关系。它体现了一定社会制度下国家与纳税人在征收、纳税的利益分配上的一种特定的分配关系。

全等领域开展提起公益诉讼试点”①的工作，这里“等领域”应当包括税收这一社会公共财产领域。如因非法抵扣的税款未及时追缴，国家利益受到侵害，山东省聊城市检察机关对聊城经济开发区税务局提起的行政公益诉讼就是例子。② 该起税收行政公益诉讼案件，是把挽回流失的税款视为“国有资产保护”，是“对国家利益和社会公共利益的保护”，它属于人民检察院提起公益诉讼试点的范围。因此，税收民事公益诉讼与税收行政公益诉讼，尽管只是试点（期限2年），但它已是一种客观存在。

（四）税收公益诉讼中的“用税”公益诉讼

税收公益诉讼，并不限于上文所述的征税、纳税中的公益诉讼，还应当有“用税”的公益诉讼。

本书本章第二节中阐述过的，是关于完善征税、纳税之民事、行政与刑事案件的诉讼，其中即包括征税、纳税的公益诉讼。这对保障税收法定主义的实现是十分重要的。但是，完善税收的诉讼程序法，尤其是完善税收公益诉讼程序法，还应当从征税、纳税公益诉讼扩展到“用税”公益诉讼范围。

“用税”公益诉讼，不是对税款的征收、减免等征税、纳税提起的公益诉讼，而是对税款使用、公共财产的使用、公共产品与公共服务的提供以及其他涉及公共利益的违法行为向法院提起的公益诉讼。

征税、纳税的公益诉讼与“用税”的公益诉讼，两者是有区别的。对征税、纳税的公益诉讼，旨在保障国家税收收入（税款及时、足额解缴入库）的利益，主要是针对征税机关及其公职人员，以及纳税人（如刑事公益诉讼）等提起的公益诉讼。而对“用税”的公益诉讼，尤其是由纳税人对“用税”提起的公益诉讼，是纳税人以国家主人身份，为了保障国家已有税收收入不受侵犯与促进税收使用效率、效益，对使用税收的一切国家机关及其公职人员都能提起的诉讼。例如，湖南常甯农民蒋某林，对常宁市财政局违规使用国家资金采购小轿车，向人民法院起诉，虽然最终法院没有受理，但这却成了将

---

① 全国人大常委会《关于授权最高人民检察院在部分地区开展公益诉讼试点工作的决定》（2015年）。

② 案例2：我国人民检察院提起的税收行政公益诉讼：因聊城经济开发区国税局对非法抵扣的税款未及时追缴，国家利益受到侵害，山东省聊城市检察机关对聊城经济开发区国税局依法向东昌府区人民法院提起行政公益诉讼案件，载中华人民共和国最高人民检察院网，http://www.spp.gov.cn/xwfbh/wsfbt/201703/t20170323_186100.shtml。

纳税人公益诉讼引入公众视野之"我国纳税人诉讼第一案",引起了人们的关注。[①] 显然,这对推进我国的民主、法治建设有重大的理论意义和实践意义,对国家治理体系与治理能力的现代化建设有重要的促进作用。

二、域外纳税人(公益)诉讼制度

(一)纳税人(公益)诉讼抑或是属于"用税"公益诉讼

纳税人(公益)诉讼,或者纳税人诉讼,专指纳税义务人针对国家机关及其公职人员不合理"用税"行为,以自己的名义向法院提起的诉讼。它是从公益诉讼中派生出来的一种新型公益诉讼,抑或是属于"用税"公益诉讼。其不是针对征税机关及其公职人员征税而提起的公益诉讼,而是纳税人针对这些主体违法的"用税"行为提起的公益诉讼,故也可称为"用税"公益诉讼。因此,"用税"与征税、纳税一样,理论上也应当包括"用税"的民事公益诉讼、"用税"的行政公益诉讼与"用税"的刑事公益诉讼。

其一,关于"用税"的刑事公益诉讼。根据我国《刑法》第 397 条、第 402 条、第 404 条、第 405 条、第 417 条,共 5 个条款 6 个罪名,都是由人民检察院提起的关于征税的刑事公益诉讼,因此,目前我国没有涉及"用税"的刑事公益诉讼的法律规定,但这不等于"用税"刑事公益诉讼在我国没有设立的必要。

其二,关于"用税"的民事、行政公益诉讼。从全国人大常委会授权最高人民检察院在部分地区开展公益诉讼(民事公益诉讼与行政公益诉讼)试点的规定,[②]以及我国《行政诉讼法》中有关行政公益诉讼的原则规定[③]来分析,这些

---

① 案例 3:我国的"用税"公益诉讼(纳税人诉讼):湖南常宁市农民蒋某林,以一名普通纳税人的身份将市财政局告上法庭,要求法院认定该市财政局超出年度财政局购买两辆小车的行为违法,并将违法购置的轿车收归国库,以维护纳税人的合法权益,载中国青年报网,http://zqb.cyol.com/content/2006-04/06/content_1352337.htm。

② 全国人民代表大会常务委员会《关于授权最高人民检察院在部分地区开展公益诉讼试点工作的决定》(2015 年)指出:"为加强对国家利益和社会公共利益的保护,第十二届全国人民代表大会常务委员会第十五次会议决定:授权最高人民检察院在生态环境和资源保护、国有资产保护、国有土地使用权出让、食品药品安全等领域开展提起公益诉讼试点。"

③ 《行政诉讼法》(2017 年修正)第 25 条第 4 款。

规定是可以包括税收的民事公益诉讼与行政公益诉讼的。[①] 由于在《行政诉讼法》(2017年修正)第25条第4款的规定中,以及在全国人大常委会的授权决定中都把"国有财产保护"或"国有资产保护"等领域(致使国家利益或者社会公共利益受到侵害的)归入公益诉讼范围,税收作为公共财产应当是被纳入其中的。因此,如果税收被纳入其中,那么从广义来说,"用税"的(民事与行政)公益诉讼,也应当包括在(民事与行政)公益诉讼中。但是,由于"用税"的民事公益诉讼较少发生,除非作为"用税"人的国家机关以民事主体身份出现,又损害了不特定纳税人或社会公共利益,才会发生纳税人(公益)诉讼。在大多数情况下,所发生的"用税"公益诉讼都是"用税"的行政公益诉讼。

在我国,对于"用税"公益诉讼,总体来说,是缺乏明确的系统性法律规定的。

(二)域外纳税人(公益)诉讼制度的考察

纳税人(公益)诉讼,是纳税人行使民主监督权的宪法性权利的重要形式,对纳税人通过代议机关行使民主监督权来说(宏观层面),其只是在微观层面的表现(当然,纳税人与违规使用财政资金是存在利害关系的)。这也是税收法定拓展到"用税"法定的一个重要表征。

1. 域外纳税人(公益)诉讼制度的概况

美国等国家把纳税人(公益)诉讼视为监督诉讼,纳税人(公益)诉讼迄今已实行了100多年。其核心内容是国家对税收支出(使用)负有合宪义务,纳税义务人有权对与自己无直接利害关系的违法支出税款,即对国家与地方政府不合理的"用税"行为,以自己的名义向法院提起诉讼,要求停止违法支出行为和返还税款。纳税人(公益)诉讼实际上被定位于"用税"行政公益诉讼,国家机关及其

---

① 《检察机关提起公益诉讼试点方案》(2015年)规定,"……二、主要内容(一)提起民事公益诉讼 1. 试点案件范围。检察机关在履行职责中发现污染环境、食品药品安全领域侵害众多消费者合法权益等损害社会公共利益的行为,在没有适格主体或者适格主体不提起诉讼的情况下,可以向人民法院提起民事公益诉讼……(二)提起行政公益诉讼 1. 试点案件范围。检察机关在履行职责中发现生态环境和资源保护、国有资产保护、国有土地使用权出让等领域负有监督管理职责的行政机关违法行使职权或者不作为,造成国家和社会公共利益受到侵害,公民、法人和其他社会组织由于没有直接利害关系,没有也无法提起诉讼的,可以向人民法院提起行政公益诉讼。试点期间,重点是对生态环境和资源保护领域的案件提起行政公益诉讼"。

公职人员等都可能成为被告,如“新泽西州案”与“加利福尼亚州案”。[①] 在这两个案例中,法院都认定纳税人有“诉之利益”。美国在行政程序法制定以前,原告要提起诉讼,就必须证明行政行为侵犯或将要侵犯私人受法律保护的实质性利益,或者是普通法所承认的利益,或者是成文法创设的利益。[②] 这种“法律利益”论,后来被美国《行政程序法》第702条的规定所否定,即它授权任何“事实上”受到行政行为不利影响的个人可以起诉。美国纳税人公益诉讼,同样强调个人作为“私人总检察官”发挥作用,虽然美国1847年纽约市纳税人向法院提起的“当地城市管理机构滥用资金案”最终被联邦最高法院立案,但是纳税人诉讼案件却如雨后春笋般在其他州发展起来。[③]

英国早就于1826年以判例确认纳税人有权以维护社会公益的名义,起诉政府的不当开支行为。[④] 日本在《日本地方自治法》(1963年修正)中,把“公金支出”列为地方自治体内的住民有权对自治体首长或委员会或本自治体职员提起“住民诉讼”[⑤]范围之第一项。

2. 域外纳税人(公益)诉讼制度探讨

“用税”与征税、纳税的诉讼问题,都是实现税收法定主义需要研究的问题,征税、纳税的诉讼有利于推动征税依据法律进行,而“用税”的诉讼则有利于促进“用税”提高效益,这对于纳税人有利,也是征税人、“用税”人的“用税”之目的。为此,我们可就域外纳税人(公益)诉讼制度稍作探讨,主要包括两点。

其一,作为对“用税”的公益诉讼之纳税人(公益)诉讼,与征税、纳税中的

---

① 案例4:美国的纳税人公益诉讼:美国新泽西州的市民和纳税人,对公立学校强迫学生读圣经,涉及公共资金的违法支出,向法院提起公益诉讼,得到支持。转引自梁慧星:《开放纳税人诉讼以私权制衡公权》,载《人民政协报》2007年1月8日,B04版。案例5:美国的纳税人公益诉讼(二):美国加利福尼亚州居民塞拉诺(Serrno)以财产税为基础教育提供经费的做法导致低收入水平学区的学生受到歧视,涉及公共资金的违法支出,向法院提起公益诉讼,得到支持。转引自施正文:《我国建立纳税人诉讼的几个问题》,载《中国法学》2006年第5期。

② Associated Industries of New York State, Inc. v. Ickes, 134 F. 2d 694. 1943.

③ Louis L. Jaffe, *Standing to Secure Judicial Review: Public Actions*, 74 Harvard Law Review, p. 1265(1961).

④ 1826年,英国就有了纳税人诉讼案件“Bromley v. Smith 案”的文献记载,*Taxpayers' Suits: A Survey and Summary*, 69 The Yale Law Journal, p. 895(1960)。

⑤ 案例6:日本的纳税人(住民)公益诉讼:日本高知县某律师以纳税人身份,要求县政府公费请客须公布具体开支遭到了拒绝,就向法院提起诉讼,法院判决原告胜诉,追回了4亿~5亿日元的金额。转引自梁慧星:《开放纳税人诉讼以私权制衡公权》,载《人民政协报》2007年1月8日,B04版。

公益诉讼的关系如何。应当认为,这与征税、纳税的实体法与“用税”的实体法的关系相似,“用税”实体法应当并入财政支出法,①属于财政法的范围;作为“用税”的公益诉讼之纳税人(公益)诉讼,自然也属于对财政支出的诉讼。美国等国家的纳税人(公益)诉讼,实际上也是针对财政资金的支出,税款是并入财政资金用于支出的,但它仍被以“纳税人诉讼”命名。

我们不能否认税款是财政资金的主要组成部分,财政支出法实际上主要是税收使用法或“用税”法。所以,美国等国家都称为纳税人(公益)诉讼,即主要是针对“用税”提起的诉讼。至少,针对“用税”提起的诉讼与针对征税、纳税提起的诉讼都是有关税收的诉讼,两者有联系,应当相互衔接,这样有利于全面落实税收法定主义。

其二,纳税人究竟为什么有权对“用税”或者财政支出提出公益诉讼。以“蒋某林诉常宁市财政局违法购车案”为例,在这一案件中,由于预算执行制度、预算监督制度、行政答复制度、人大监督制度,使纳税人只有通过公益诉讼的途径,才能把监督权落实到位。学者姜明安认为,“在我国,保障行政法治的监督制约和追责机制,包括人大监督、行政层级监督、纪检监察、审计和舆论监督制度。但是,它们还各有一定缺陷,不足以制约行政主体(行政机关和法律、法规授权组织)的渎职等违法行为”。②

我国《行政诉讼法》(2017 年修正)第 25 条第 4 款规定:“人民检察院在履行职责中发现生态环境和资源保护、食品药品安全、国有财产保护、国有土地使用权出让等领域负有监督管理职责的行政机关违法行使职权或者不作为,致使国家利益或者社会公共利益受到侵害的,应当向行政机关提出检察建议,督促其依法履行职责。行政机关不依法履行职责的,人民检察院依法向人民法院提起诉讼。”税收行政公益诉讼包括征税、纳税与“用税”的公益诉讼,由于税收属于《行政诉讼法》第 25 条第 4 款所列举的“国有财产保护”等领域的“国家利益或者社会公共利益”,因此税收行政公益诉讼也可以认为包含在内。

那么,这是否需要纳税人通过(公益)诉讼监督?这需要从税收与税法的本质要求出发进行探讨。域外国家曾经采用的私有财产神圣不可侵犯、国家

---

① 徐阳光:《纳税人诉讼的另类视角——兼评蒋时林诉常宁市财政局违法购车案》,载《涉外税务》2006 年第 8 期。

② 姜明安:《提起行政公益诉讼是推进行政法治的重要举措》,载《检察日报》2015 年 10 月 21 日,第 3 版。

权力运行费用(包括“社会契约论”、权利让渡论、有偿交换论、公平分配论、税收债权债务关系论)等理论,大多数是对国家为什么能征税有一定的解释力。但从根本上说,只有用税收是社会公共财产的理论,来解释纳税人有权监督“用税”人,才更具有说服力。

税收是纳税人缴纳形成的社会公共财产,纳税人(全体)是税收财产的所有权人,纳税人(全体)通过国家(由各种国家机关及其公职人员构成)以征税的方式把存在于纳税人(个体)手中的一部分财产集中起来,形成财政收入并由国家(由各种国家机关及其公职人员构成)使用、用于经营(“用税”)公共物品等(同时用于他们的工资薪金福利支出),最后将公共物品公平均等地供给(全体)纳税人使用。可以说,“当我们讨论税收和财政问题时必然要考虑的是政府应该做什么和其行为的界限,因为政府之行为都必须由纳税人付钱,政府所做的事情越多,纳税人要付出的钱也就越多”。[①] 因此,由于“法律的生命不在于逻辑,而在于经验”[②],纳税人在承担对政府“用税”的亲历感受中,必然会要求法律兑现他们对政府“用税”享有的监督权、问责权。

作为监督“用税”人,一方面,纳税人(整体)只能通过人大监督、行政层级监督、纪检监察、审计和舆论监督,以及通过人民检察院向人民法院提起税收行政公益诉讼的司法监督来实现。这种公权力内部的监督是不全面的。另一方面,是否让纳税人(个体)在税收公益的意义上,向人民法院提起税收行政公益诉讼?学者姜明安曾提出,“我国《行政诉讼法》既没有明确规定行政公益诉讼,也没有明确排除行政公益诉讼。根据《行政诉讼法》第一条确立的行政诉讼的目的和宗旨,即‘保护公民、法人和其他组织的合法权益,维护和监督行政机关依法行使职权’,应该允许行政公益诉讼存在。行政公益诉讼的主体既可以是公民、法人和其他组织,也可以是人民检察院。前者起诉的条件是‘认为其合法权益受到侵犯’,这里的‘合法权益’应作广义理解,包括纳税人权、环境权、信息权、正当法律程序权等等;后者起诉的条件是在其他法律监督途径(如人大监督、监察监督、审计监督等)已经穷尽的前提下‘实行监察法律监督’”。[③] 应当说,“用税”人的违法、不当使用财政资金的行为,侵犯了纳税人的

---

① MeGee R. W., *The Philosophy of Taxation and Public Finance*, New York K. Academic Publishers, 2004, p. 3.

② Holmes O. W., *The Common Law*, 1963.

③ 曾献文:《公益诉权能成为纳税人监督政府的方式吗》,载《检察日报》2006 年 4 月 14 日,第 3 版。

财产权益,即纳税人(个体)并不只有维护其个体利益的权利,其也有维护纳税人整体利益的权利。纳税人(个体)与"用税"人存在税收利害关系,纳税人(个体)提起税收行政公益诉讼,就是对包含有自己利益的税收这种社会公共财产利益的维护,正如学者梁慧星所言,开放纳税人诉讼,以私权制衡公权,"将行政权的行使纳入司法审查","建议修改行政诉讼法,规定公民可以纳税人身份就政府机关的行政权行使行为及公务员与行政权行使有关的行为,向人民法院提起诉讼"。①

纳税人(公益)诉讼作为"用税"公益诉讼的重要组成部分,由于我国尚未制定公益诉讼法,因此,对纳税人(公益)诉讼还缺乏全面明确的法律规定。目前只在《行政诉讼法》(2017 年修正)第 25 条第 4 款中规定了检察机关出于公益目的可依法向人民法院提起行政诉讼。我国真正建立纳税人(公益)诉讼制度还有一段路要走。但是,我们也许可以在制定纳税人权利保护法时,对政府财政收支公开作出规定,从保障纳税人的知情权起步,通过制定公益诉讼法,以保障纳税人的监督权和参与权。

第五节　税收法定与税收风险治理法定的程序法衔接

遇到税收风险,政府常采取的应对措施之一是政府举债。政府举债要以税收来偿还,还容易发生清偿不能的问题。所以,在实践税收法定主义时,税收法定必然要求对税收风险的治理能在实体法与程序法上,与之相衔接,以使税收风险治理能配合税收法定主义得以实现。在实体法上的衔接,本书第三章第五节已有说明,本章本节对程序法上的衔接作些说明,这显然不是全面研究税收风险治理的实体法与程序法本身的问题,而是研究税收风险治理的实体法和程序法中与税收法定相互衔接的有关规定如何完善的问题。

一、税收法定下税收风险治理法定问题

遇到税收风险,政府常用的应对措施之一是政府举债。政府举债包括向国内外发行债券,以及向外国政府和银行借款,这种政府债本质上是一种延

① 梁慧星:《开放纳税人诉讼以私权制衡公权》,载《人民政协报》2007 年 1 月 8 日,B04 版。

期的税，①需要以税收收入偿还。所以，税收法定会涉及与税收风险治理法定（包括实体法与程序法）相衔接的问题。

如果政府可以无穷举债而不受法律规制，那么税收法定也就会随之崩溃。事实上，政府举债表面上看是非税收入，但因政府债务到期是需要用税收来清偿本息的，所以，它最终还是要受到税收的影响。

税收法定主义首先要求征税人依据和仅依据法律征税，纳税人仅依据法律纳税，这使征税人与纳税人都有了明确的预期。其中，国家税收收入也能在需要与可能相统一的意义上得到法律的保障。但是，这并不等于税收收入的预期能全部实现，可能因多种因素而使法定的税收不能及时足额到位，为了防范政府执行职能因此受到影响，就需要采取举债（还有增加新税、扩大税基和提高税率、动用以前年度财政结余、增发货币）等方式解决税收收入不可完全预知的问题。政府举债的规模，应当与弥补税收收入不可完全预知的实际发生状况相适应，政府举债等不能离开税收法定，并须与税收法定相衔接。这就是说，政府举债实际上也是税收法定所要涉及的问题，政府举债的法律治理对税收法定主义的实现关系甚大。

二、域外国家应对税收风险的政府破产程序探讨

治理税收风险是政府进行举债的一个因素，但是，允许政府举债又可能失控，就需要依法进行治理，②就可能需要设定政府破产程序。由于政府债实际

① 这可以从三个方面来分析：(1)债权人负担。国债作为认购者收入使用权的一种让渡，这种让渡虽然是暂时的，但对其经济行为会产生一定的影响，所以国债发行必须考虑认购人的实际负担能力。(2)债务人负担。政府借债是有偿的，到期要还本付息，尽管政府借债是获得了经济收益，但偿债却体现为一种支出，所以，借债的过程即是国债负担形成的过程，所以政府借债要考虑偿还能力，量力而行。(3)纳税人负担。无论国债资金的使用方向如何，效益高低，还债的收入来源最终还是税收，也就是当政府用新债换旧债难以继续时，最终是以税收来还本付息的。马克思所说的国债是一种延期税收，就是指国债与税收的这种关系。

② 《预算法》(2018 年修正)第 35 条规定："地方各级预算按照量入为出、收支平衡的原则编制，除本法另有规定外，不列赤字。经国务院批准的省、自治区、直辖市的预算中必需的建设投资的部分资金，可以在国务院确定的限额内，通过发行地方政府债券举借债务的方式筹措。举借债务的规模，由国务院报全国人民代表大会或者全国人民代表大会常务委员会批准。省、自治区、直辖市依照国务院下达的限额举借的债务，列入本级预算调整方案，报本级人民代表大会常务委员会批准。举借的债务应当有偿还计划和稳定的偿还资金来源，只能用于公益性资本支出，不得用于经常性支出。除前款规定外，地方政府及其所属部门不得以任何方式举借债务。除法律另有规定外，地方政府及其所属部门不得为任何单位和个人的债务以任何方式提供担保。国务院建立地方政府债务风险评估和预警机制、应急处置机制以及责任追究制度。国务院财政部门对地方政府债务实施监督。"

上是延期的税，所以，政府破产程序也是税收程序法体系中一个值得研究的问题。

域外国家的政府破产，是政府(地方政府)在财政丧失了清偿债务能力时，实行财政重组、平衡预算的一种方式。政府破产仅是财政的破产，而不是政府职能的破产，其与税收法定有密切联系。① 美国加利福尼亚州南部的橘子县，就因财政司库投资华尔街债券变悲剧而宣告破产。② 如果不实行税收法定，政府有无限的征税权，就没有政府破产，但可能导致纳税人负担过重，造成国家与国民的利益不平衡与冲突。

目前，我国的政府债务问题，还处在总体可控状态。③ 但对政府举债，尤其对地方政府举债，根据我国现行《预算法》的规定，它限于“经国务院批准的省、自治区、直辖市的预算中必需的建设投资的部分资金，可以在国务院确定的限额内，通过发行地方政府债券举借债务的方式筹措”。④ 同时，国务院还发布《关于加强地方政府性债务管理的意见》，要求必须“建立‘借、用、还’相统一的地方政府性债务管理机制，有效发挥地方政府规范举债的积极作用，切实防范化解财政金融风险，促进国民经济持续健康发展”，“地方政府对其举借的债务负有偿还责任，中央政府实行不救助原则”。⑤ 对地方政府举债不能清偿债务的问题，也有学者主张，“研究并制定‘地方政府破产’的相关法律法规”，且可“有别于美国的规定”，因为我国“在地方政府自治权上，与美国的联邦制不

---

① 一个政府，如果拥有无限征税权，能够自行决定征不征税、征什么税、征多少税，那么政府破产是不可能的；但是，如果一个政府是有限政府，即政府只有征税执行权，征不征税、征什么税、征多少税由议会、民众直接决定，那么在自由市场冲击下出现流动性的相对枯竭，从而出现政府破产是有可能的。从这个意义上说，政府破产是一道制度屏障，保护社会免受政府进一步侵害。

② 案例 7：美国加利福尼亚州橘子县主管财政税收和公共存款的司库罗伯特·西特龙(Robert Citron)把政府的资金投入债券市场，结果投资失利，造成橘子县财政损失而发生支付危机，橘县政府宣布破产。转引自李汉森：《让政府破产，美国真“窝囊”》，载《政府破产不是不可能的》，载央视网 2011 年 11 月 11 日，http://news.cntv.cn/special/uncommon/11/1111/。

③ 对于穆迪在报告中提到的“2018 年政府直接债务将达到 GDP 的 40%，2020 年将达到 45%”一事，财政部表示，截至 2016 年年末，我国政府债务 27.33 万亿元。按照国家统计局公布的 GDP 初步核算数 74.41 万亿元计算，2016 年我国政府债务的负债率为 36.7%，低于欧盟 60% 的警戒线，也低于主要市场经济国家和新兴市场国家水平，风险总体可控。《财政部：截至 2016 年我国政府债务为 27.33 万亿元》，载央视网，http://news.cctv.com/2017/05/24/ARTIbo7F8alL3EWmLxdXT6Ru170524.shtml。

④ 参见《预算法》(2018 年修正)第 35 条第 2 款。

⑤ 国务院《关于加强地方政府性债务管理的意见》(2014 年)。

同”。[①] 一项由财政部开展的地方债课题研究报告建议,研究制定地方政府破产法……说起地方政府破产,这在世界上绝非稀罕事。1994 年美国橘子县政府宣布破产;1998 年,美国杰弗逊县政府宣布破产;2014 年 11 月 7 日,美国联邦法官批准底特律破产计划……在过去的 30 多年,美国曾有 250 多个地方政府申请破产保护。须注意的是,美国地方政府破产,是指政府财政丧失了清偿债务的能力,但仅是财政的破产,而非政府职能的破产。[②]

因此,我国制定地方政府破产法,有利于明确地方政府应承担的债务风险责任,在地方政府资不抵债时,允许地方政府宣告破产,并实行债务重组及债务清偿等。[③] 允许地方政府宣告破产,不是破产还债终止政府职能,而是为了“建立健全地方政府性债务风险应急处置工作机制,坚持快速响应、分类施策、各司其职、协同联动、稳妥处置,牢牢守住不发生区域性系统性风险的底线,切实防范和化解财政金融风险,维护经济安全和社会稳定”。[④]

总之,政府举债作为应对税收风险等的重要手段,也需要法定化,税收法定应与之相衔接;其中,既需要实体法的衔接,也需要程序法的衔接,即政府举债发生清偿不能时,应当有地方政府破产程序制度的设置,以防范与化解其可能出现的消极效应。这显然是全面落实税收法定主义的需要。

小　　结

本章主要阐述税收法定主义的税收程序法的实现。笔者认为,税收程序法须与税收实体法相配套。根据 2015 年《立法法》的规定,“税种的设立、税率的确定和税收征收管理等税收基本制度”“只能制定法律”。

首先,完善与税收实体法相配套的税收程序法,应当首推《税收征收管理法》的完善。我国的《税收征收管理法》于 2015 年修订之后,又提出需要完善的要求,有其必然的原因,其中,尤其是与受到政府“放管服”改革的促进有关,且与修订《税收征收管理法》已列入国家立法计划有关。实际上,《税收征收管理法》似应更名为税收征收法,其应当突出对纳税人的纳税服务,提高纳税人

① 曾智华:《中国地方政府如何破产?》,载《凤凰周刊》2015 年第 16 期。

② 惠铭生:《地方政府破产不能殃及民众》,载《中国青年报》2014 年 11 月 14 日,第 2 版。

③ 周东飞:《允许地方政府破产不必闻之色变》,载《潇湘晨报》2014 年 11 月 14 日,第 2 版。

④ 国务院办公厅《关于印发地方政府性债务风险应急处置预案的通知》(2016 年),《地方政府性债务风险应急处置预案》之“1. 总则 1.1　目的”。

的遵从度，而不是单纯依赖公权力强制纳税人纳税；同时，应履行征税现代化的义务，如建立涉税信息制度，在保护纳税人信息权的同时，便利征税、纳税。同时，也需要完善《行政复议法》《行政处罚法》中涉税的一些规定，以加强对纳税人权利的行政救济。

其次，税收程序法显然不限于2015年《立法法》所列举的税收征收管理法，即不仅限于征税、纳税（执行）的程序法；与税收实体法相配套的程序法，还应有征税、纳税的争讼程序法，包括税收的诉讼与非诉讼程序法（仲裁法）。对于完善征税、纳税的争讼程序法，其一，在我国建立税收仲裁是有制度空间的。税收仲裁在美国被当作一种“替代性纠纷解决机制”，这对我国处理征税、纳税中的税收民事纠纷，具有参考价值。由于税收民事纠纷具有可仲裁性，我国应当加强税收仲裁立法。其二，完善征税、纳税的民事诉讼、行政诉讼与刑事诉讼的法律制度，也需要在这些诉讼法的修订中，完善对涉税诉讼事项的规定。由此加强对纳税人权利的仲裁与司法救济。

再次，由于税收实体法不限于征税、纳税的实体法，还有“用税”的实体法，那么，与之对应的就还有相应的“用税”的程序法，包括“用税”的（行政执行）程序法与“用税”的争讼程序法（包括诉讼与非诉讼程序法）。本部分重点探讨了“用税”争讼程序法中的纳税人（公益）诉讼程序，因为这也是税收法定拓展到“用税”法定的一个重要表征。因为税收是并入财政的，故“用税”的法律属于财政支出法中的财政支出程序法，而如果说“用税”属于财政支出的执行，那么征税就是财政收入的执行，征税、纳税的实体法与程序法也就属于财政收入法，财政法定就应当包括税收法定。但是，由于税收是财政的主要内容，所以，无论是财政收入法还是财政支出法，实际上也主要是征税、纳税法（包括实体法与程序法）与“用税”法（也包括实体法与程序法）。因此，从“财税法律一体化”来看，在研究税收法定主义实现的程序法保障时，不但要研究征税、纳税程序法的完善，还要研究“用税”程序法的完善。这并不妨碍我们对财政支出程序法的研究。对于“用税”程序法，美国的纳税人（公益）诉讼程序法有一定的参考价值，因其弥补了对税收的使用在公权力内部“用公权制衡公权”的缺陷，发挥了“以私权制衡公权，将行政权的行使纳入司法审查”的积极作用。我们可以依据宪法，在加强公益诉讼的立法中，将纳税人（公益）诉讼制度纳入其中，这对加强纳税人宪法性权利的救济甚为重要。

最后，由于治理税收风险，以及省级政府为了必需的建设投资，可能以举债的方式来弥补税金不足，而地方政府举债有可能发生清偿不能的问题，因此需要设定地方政府破产程序。我国不是联邦制国家,制定地方政府破产法以完善地方政府破产程序,是一种地方政府的保护程序,也是实现税收法定主义的需要。

在全面完善税收实体法的同时,全面完善税收程序法,是实现税收法定主义的两个重要保障。以立法为中心,实现税收法定主义的路径,其基础就在于此。

第五章　促成“税之良法”的进路

所谓“税之良法”，是指税收法律是良好的法律，包括税法体系的结构比较合理和每一项税收立法的质量较高。有“税之良法”可依，对实现税收法定主义的目标意义重大。

但问题的关键并不在于如何肯定“税之良法”对实现税收法定主义的意义，而在于我们如何促成“税之良法”。笔者认为，这就需要我们切实完善有关税收法定入宪的规定，进行《立法法》的再完善，以使税收立法能更好地依宪立法、依法立法。为此，本章围绕这一主题拟阐述五个方面的问题。

一是税收法定之实质法定理论，对促成“税之良法”的指导作用；二是以实质法定理论为指导，如何完善税法体系的结构；三是以实质法定理论为指导，如何完善税收的各项立法；四是以实质法定理论为指导，提高税法质量须采取的重点措施；五是税收法定主义衡量标准的立法问题。

第一节　税收法定从形式法定到实质法定

税收法定有形式法定与实质法定之分。形式法定可导引我们构建税收法律体系，而实质法定理论能够导引我们造就“税之良法”。

一、税收法定之实质法定的含义及其意义

（一）税收法定之实质法定的含义

学界研究税收法定主义，认为税收法定存在形式法定与实质法定的区别问题。[①] 而税收法定之实质法定则更为人们所关注。

所谓税收法定之实质法定，是指调整税收关系的税法，能体现量能课税、公平负担、生存权保障等宪法性原则，强调税收的征收和使用相统一，能成为使征税人、“用税”人与纳税人，征税人、“用税”人内部，纳税人内部等各种税收利益处于平衡状态，以及税收立法、执法和司法的全过程都实行法定的状态。税收法定之实质法定是相对形式法定而言的。税收法定之形式法定，主要是强调税收事项具有法定形式，要回答的是究竟哪些税收事项需要制定的一些问题；着重税收立法的量、范围。而税收法定之实质法定，主要是强调税法体系的结构是否合理，涉税的各项立法如何提高质量，要回答的是完善整个税收法律体系需要采取哪些法律措施的一些问题；着重于税收立法的质、结构（税法体系整体的质）。

（二）税收法定之实质法定的意义

税收法定之实质法定，对造就“税之良法”有理论导引作用，从而对税收法定主义的实现意义重大。

一是实质法定直接要求各税收事项的立法都必须体现宪法精神与要求，故它对实现税收法定主义可以起到重要的保障作用。实践证明，并不是任何法律都是良法，都能起到依法治国的效果。税收法定之形式法定，虽然对税收法定主义的实现发挥基础性作用，但是，如果不注重实质法定，税收事项的立法没有很好地体现宪法的精神与要求，就不能贯彻量能课税、公平负担、生存权保障等宪法性原则，就难以调整好国家财政权和纳税人财产权之间的关系，

---

① 刘剑文、侯卓：《税收法定原则，如何落实？》，载《光明日报》2015年3月30日，第11版。“从理论上讲，税收法定可以分为形式层面的法定和实质层面的法定。一般认为，税收法定区分为三个层次：第一层次，传统的税收法定不问税法的具体内容，仅要求以法定形式规定税收事项；第二层次，应当从禁止立法机关滥用权力、制约课税权的角度，构筑税收法律主义的法理，进而要求在税收立法中体现量能课税原则、公平负担原则、生存权保障原则等宪法性原则，同时在税收立法、执法和司法的全过程都要自觉贯彻法定主义；第三层次，立足于维护纳税人基本权益，强调税收的征收和使用相统一。学术界通常将第一层次称为税收的形式法定，而将后两个层次称为税收的实质法定。简言之，前者强调‘有法可依’，后者侧重‘良法善治’。”

也就不能称为良法。

二是实质法定要求全面完善税法体系，以便实现税收法定主义的目标。实现税收法定主义的目标，虽然以限制国家征税权为基础，但现代税法要求打通纳税人、征税人、“用税”人之间的关联性，既要求征税要经过“人民同意”，也要求“用税”要讲效率、效益，使“人民满意”。同时，把税收法定延伸到“用税”法定，是税收法定与财政法定相衔接的必然，这对实现税收法定主义，促进各级政府各部门“少花钱、多办事”，从而促进国家治理体系与治理能力的现代化，有重要的作用。

二、实质法定对造就“税之良法”的导引

税收法定的实质法定要以形式法定为基础，即实质法定需要通过形式法定表现出来；只有实质法定才蕴藏税收法定的崇高精神，故税收法定之实质法定，是造就“税之良法”的导引。

一般而言，税收事项的形式法定，即税收事项“有法可依”的范围，或者税收法定主义的适用范围，有狭义与广义之分。狭义的税收法定主义的适用范围，是指在我国现行宪法涉税条款不作修改的情况下，仅限于完善《立法法》列举的税种、税率（征税、纳税）的立法与税收征收管理的立法。① 广义的税收法定主义的适用范围，可完善 3 个方面的税收立法：一是宪法涉税条款、税收基本法与纳税人权利保护法；二是征税、纳税实体法与“用税”实体法，以及与税收法定衔接的非税收入的立法、治理税收风险的立法；三是税收征收管理法，征税、纳税的仲裁与民事、行政、刑事诉讼法，以及纳税人（公益）诉讼法（“用税”公益诉讼法）、地方政府破产程序法。

应当认为，从实现税收法定主义的短期目标来看，采用狭义的税收法定主义的适用范围比较合适；从实现税收法定主义的长远目标来看，以采用广义的税收法定主义的适用范围为宜。当然，无论是从短期出发采取狭义的税收法定主义的适用范围，还是从长远出发采取广义的税收法定主义的适用范围，我们对税收事项的每一项立法都要提高立法质量，税法体系的结构都需要优化。税收法定之实质法定的主要内容包括以下两点。

其一，税收法定重在实质法定，关键在于实质法定要求每一项税收立法都

---

① 事实上，《立法法》第 8 条第 6 项是对税收法定的一个原则性规定，究竟有哪些税收基本制度需要制定法律，实际可由税收基本法依据宪法与立法法去细化，加以具体规定。

是高质量的立法。学者刘剑文提出："落实税收法定原则，应注意提高立法质量，不仅要有法律，而且应当是'管用的良法'。"①我们以立法为中心，研究税收法定主义的实现路径，既要坚持立法先行，努力创制完整的税收法律体系，发挥立法的引领和推动作用；也要在比较完整的税法体系基础上，抓住各项税收立法提高质量的关键问题，使之成为"税之良法"，以实现依法治税，并为推动"国之善治"服务。

要提高税收立法质量，造就"税之良法"，首先要明确什么是"税之良法"。"税之良法"包括两点：一是税；二是良法。

一是税，又称为税收、赋税、租税等，是政府为了维持其运转以及为社会提供公共物品等，对国民强制地、无对价地征收实物或货币的总称，它属于社会公共财产。对于税，虽然有多种看法，而且从经济学、法学等不同学科也会有不同看法，对此本书已有前述，但其基本含义是可以确定的：税是国家"取之于民，用之于民"的社会公共财产。二是良法。良法是恶法的对称。良法，通常是指捍卫人们的权利和自由，防止暴政，制裁犯罪，维护正义的法律。但对同一部法律，是良法还是恶法，不同的人其观点未必相同。良法应遵循什么样的标准？有学者提出了5项标准，包括良法要体现人民意志、保护人民的利益、维护有利于人民的社会秩序；良法应符合世界潮流和时代要求；具有可操作性；联系实际；不仅可以"护航"，而且可以"导航"。学者李步云、赵迅则认为，广义的良法，是指对社会发展起积极或推动作用的法。②

因此，"税之良法"主要应当考察税法能否体现税收"取之于民"得到了"人民同意"；税收"用之于民"能否使"人民满意"，这就需要税法对3种利益关系进行调整，使征税人、"用税"人与纳税人之间，纳税人内部，征税人、"用税"人内部的利益都能得到平衡，形成共同发展的状态。"税之良法"，正如学者李步云等认为，是对社会发展起积极或推动作用的法，在本书中称为"促进发展型税法"（本书前面已有阐述）。

其二，税收法定重在实质法定，其要求税法体系结构较完善，即要在较完整的税法体系基础上，对结构进行合理优化，使整个税法体系成为"税之良法"的体系。

狭义的税收法定主义的适用范围，是指在我国现行宪法涉税条款不作修

① 刘剑文：《落实税收法定原则的现实路径》，载《政法论坛》2015年第3期。

② 李步云、赵迅：《什么是良法》，载《法学研究》2005年第6期。

改的情况下,仅限于完善《立法法》列举的税种税率(征税、纳税)的立法与税收征收管理的立法,以体现征税人(国家)通过立法授权征税机关依据法律进行征税,纳税人也依据这些法律纳税。我国《宪法》第56条已有公民负有依法纳税义务的规定;税种、税率的立法即“一税一法”的实体法形成体系,征税、纳税的实体法依据也就具备了;而税收征收管理的立法,又使税收征、纳的程序有了法律依据。税收法定如果只限于征税、纳税的法定,那么,有了宪法的这个规定,“一税一法”的税收实体法与税收征收管理的税收行政(执行)程序法一起就构成了比较完整的税法体系。换言之,如果税法仅限于为保障国家税收收入之法,那么,造就“税之良法”,我们只要针对以上税收法律加以完善就可以了。

但是,税收法定是否就限于税收收入法定,是否只有这些税收事项需要立法,纳税人是否除依法纳税外,就与其没有更多的相关性吗?实际上,税法体系的内容要比上述范围丰富一些。狭义的税法体系存在内在结构的某些缺陷,狭义的税法体系即使比较完善,但对于全面落实税收法定原则,保障税收法定主义的实现,仍有所不足。因此,我们应当在广义的税收法定主义的适用范围内,在结构比较合理的税法体系的基础上,完善各税种的立法。否则,由于税法体系本身存在结构性残缺,即使已有的各项税收法律质量比较高,整个税法体系也会因存在结构性问题,而难以实现整个税法体系的完善。

税收法定之实质法定,要求税法体系的结构从3个方面优化。

其一,税收法定进一步入宪,并创制税收基本法与纳税人权利保护法。目前,税收法定入宪直接的法律规定尚不完善,我们首先应当适时修宪,增加有关国家征税权以及“用税”的内容,使征税与“用税”,“取之于民”“用之于民”“造福于民”,在宪法中有原则性规定,使税收法定的合宪性更加明确。

此外,我们还应制定税收基本法与纳税人权利保护法。如果没有税收基本法与纳税人权利保护法,税法体系便不够完整。总之,在税法体系中,宪法涉税的原则规定是个纲;依据宪法制定的税收基本法是整个税法体系的总则(相当于税法体系的“躯壳”),依据宪法制定的纳税人权利保护法是整个税法体系实现其法益目的之法(相当于税法体系的“灵魂”)。

以宪法涉税的原则规定为纲,由税收基本法与纳税人权利保护法,共同构成税法体系的“导航”之法,整个税法体系的框架结构便趋于完整。

其二,关于税收实体法体系。税收实体法体系,包括征税、纳税(“一税一法”)的实体法,以及“用税”的实体法(如“分税制”改革的中央税、地方税、中央与地方共享税的立法)。此外,还应有与税收法定相衔接的非税收入立法,以及与税收法定相衔接的税收风险治理立法。其中,“用税”的实体法,如对“分税制”立法,我国现行《预算法》第15条已有规定,我国实行中央和地方“分税制”;拟起草的政府间财政关系法,也将进一步规定“分税制”。它虽然属于财政法定的范围,但也是财政法律中的税法规范(“用税”的法律规范)。有学者认为,“分税制”是一种含税收管理体制的财政体制。① 从税收法定角度看,“分税制”立法以及对“用税”进行监督的立法等,都是财政法定中重要的涉税法律制度。

至于与税收法定相衔接的非税收入立法,以及与税收法定相衔接的治理税收风险的立法。前者虽不直接属于税收法定,但非税收入如果不法定,税收法定也可能失效。所以,在税收基本法中,应有税收法定与非税收入法定相互衔接的法律规定,非税收入的立法也应与税收法定接轨。后者是指在实行税收法定时,依然可能发生税收风险的情况,从而税收法定应当涉及税收风险治理的立法,否则仅仅只有征税、纳税的法定,整体税收法定也难以维持。

税收事项的实体法应当完备,由此形成的税收实体法体系的结构应当严谨,如果残缺,就可能导致整个税法体系失效甚至崩溃。

其三,关于税收程序法体系。税收程序法体系不能限于税收征收管理的立法,还包括处理税收案件的立法,如税收仲裁法,以及处理涉税案件的民事诉讼法、行政诉讼法与刑事诉讼法中涉税诉讼的各种规定,尤其是可能需要制定单行的公益诉讼法。公益诉讼法应把纳税人(公益)诉讼作为保护纳税人权利的重要内容作出特殊规定,因为这实际上牵涉纳税人的宪法性权利保护。当前,我们缺乏的正是保护纳税人权利的纳税人(公益)诉讼等程序法。此外,税收法定因在税收实体法中要涉及治理税收风险的立法,如涉及对国债等政府举债的立法,而政府举债可能发生破产,就需要有地方政府破产程序的立法等。可以认为,由于政府的债,形式上是债,实质上是延期的税,所以,税收法定在税收程序法上就还须涉及地方政府破产程序的立法。

综上所述,税收法定之实质法定要求,一是税法体系的结构要合理化;二是各个税收事项的立法要保持高质量。以此为我们制定“税之良法”提供了指导思想,然促成“税之良法”仍需要采取多种措施,下面笔者主要从法律促成的角度试作分析。

---

① 刘剑文:《试论我国分税制立法》,载《武汉大学学报(哲学社会科学版)》1998年第4期。

三、实质法定下“税之良法”的促成

税收法定从形式法定向实质法定跃进，要求税法能成为“税之良法”，但要使税法成为“税之良法”，成为“管用的良法”，需要采取必要的措施加以促成。研究“税之良法”的促成措施，正是我们以立法为中心，研究税收法定主义的实现路径所应重视的问题，因为实现税收法定主义，不限于要求税收事项应形成一个法律体系，还进一步要求税收事项具备一个“税之良法”的体系。

一是税收法定之实质法定，实际上就是使已经实现形式法定的税法成为“管用的良法”，成为“税之良法”。因此，我们就需要完善各项税收法律与完善整个税法体系结构，在两者相结合的意义上，采取相应的法律措施以提高税法质量。目前，我国已有《立法法》等规范立法活动，促进立法质量的提高。我们以立法为中心，研究税收法定主义的实现路径，自然会涉及如何规范税收立法活动，并借此提高税法质量的问题。实际上，不但是立法活动的内容需要法律进行规范，而且对立法工作中重大问题决策的程序也要法制化。[①] 有学者认为，法治政府建设的一项重要内容是决策法治化，重大决策应当纳入法治轨道。笔者认为，如宪法涉税条款是否修改等重大决策，需要制定相关法律予以规范。

二是实质法定下的“税之良法”，我们也能够采取必要的法律措施予以促成。我国2013年决定“落实税收法定原则”，2015年《立法法》，将原来的第8条第8项中列举的“税收”的基本制度，只能制定法律，修改为单列一款即“（六）税种的设立、税率的确定和税收征收管理等税收基本制度”，[②]只能制定法律。第8条中也只有这第6项，用了“等税收基本制度”的概括性用语。2015年《立法法》的这一规定，大大促进了我国对税收法定原则的落实、税收法定主义的实践，否则我们尽管论证了税收法定主义，构思了如何实现税收法定主义，但没有在《立法法》中进行确认与推动，那么税收法定就只是“纸上谈兵”，停留在学术探讨中而难以付诸实践。

2015年《立法法》的这个原则规定，又进一步引发了我们对税收法定原则如何全面落实的思考。2015年《立法法》关于税收的“等税收基本制度”的用

---

① 中共中央《关于全面推进依法治国若干重大问题的决定》(2014年)之“二、完善以宪法为核心的中国特色社会主义法律体系，加强宪法实施”之“(二)完善立法体制”。

② 《立法法》(2015年修正)第8条。

语,如果是概括性用语,那么税收法定主义的适用范围,在税收实体法上,是否应当扩大到"用税"法定等;在税收程序法上,是否应当扩大到税收案件的仲裁与诉讼程序法定等。显然,这是必要的,因为权利是某种被保护的利益。① 只有全面的税收立法,才能全面保护纳税人的权利与利益。

由此可见,完善《立法法》对我们推进税收的形式法定发挥了重要的保障作用,不仅如此,由于税收基本制度只能制定法律,税收要经过"人民同意",这就为提高税法质量,为使税法成为"税之良法"奠定了基础。2015 年《立法法》关于立法权、立法程序等细化规定,更是直接促进了"税之良法"的形成,推进了实质法定,从而进一步推动税收法定主义的实现。可见,税收法定之实质法定以及"税之良法",是能够采取必要的法律措施予以促成的。因此,我们可以通过进一步完善税收法定入宪、完善《立法法》等,并且严格依宪立法、依法立法,促成"税之良法"的形成,从而真正实现税收法定主义。

第二节　促进税法体系结构的合理化

就税法整体而言,"税之良法"的一个要求是税法体系的结构应当合理化。对此,首先需要完善税收法定入宪的规定,其次完善现行《立法法》,以使实现税收法定主义所需要的税收法律体系能有所拓展,以便对拓展了的税收法律体系的结构进行优化,使税收法定主义的实现具有合理化的税法体系可依。

一、《立法法》对狭义税法体系结构的规制

2015 年,我国修订的《立法法》,把 2000 年《立法法》列举在第 8 条第 8 项中的"税收"的基本制度,只能制定法律,改为单列一项,即"(六)税种的设立、税率的确定和税收征收管理等税收基本制度",②只能制定法律。显然,2000 年《立法法》第 8 条第 8 项也规定过"税收"的基本制度,只能制定法律。这就说明,我国在 2015 年修正《立法法》之前,并非税收一律不实行法定。在 2015 年之前我国已经制定了《个人所得税法》《税收征收管理法》《企业所得税法》《车船税法》4 部税收法律就是证明。2015 年《立法法》把税法体系的法定作出了明确的原则性规定,这就大大推动了我们税收法定的实践,表现为税收实体法

---

① J. Raz, *On the Nature of Rights*, Mind Vol. XCIII, 1984, p. 194.

② 《立法法》(2015 年修正)第 8 条。

的立法进程加快,以及税收程序法之税收征收管理法又欲启动修改。

一是税收实体法的立法进程加快。一方面,因为2015年《立法法》从第9条至第13条,对授权立法有了较系统的规定,我国现存的原来按照授权制定的税收行政法规,很可能会在短时期内消失,税收基本制度都将制定法律(当然,也还有授权立法的例外);另一方面,我国税收实体法体系中的法律,可以进行重构以形成新的税收实体法体系。新的税法体系包括设立新税种所制定的法律(如《环境保护税法》);过去已制定了法律仍需要修改而作出修正的法律;因税制改革需要对税收法规进行合并,经合并后,上升为税收法律(如废止《营业税暂行条例》,制定增值税法);对于内容变化不大的税收条例,可平移上升的税收法律(如《烟叶税暂行条例》平移上升为《烟叶税法》)等。

二是税收征收管理法又欲启动修改。我国2015年4月修正的《税收征收管理法》,目前又被列入了《全国人大常委会2017年立法工作计划》与《国务院2017年立法工作计划》,拟再作修订。这说明,税收法定的实践,可通过规范立法活动的《立法法》等来推动。尤其是2015年修正的《立法法》,将2000年《立法法》规定“税收”的基本制度只能制定法律(未确定税收基本制度的结构),其明确为税种的设立、税率的确定的税收实体法,以及税收征收管理的税收程序法的税法体系,从而使完善税法体系(狭义)的结构,第一次明确地得到了法律保障。这将促使我们依照2015年《立法法》构建起(狭义)税法体系,并将初步构筑起实现税收法定主义可依赖的路径。

但是,2015年《立法法》第8条第6项,并未对合理的税法体系结构作出全面的法律规定,其主要问题是税法体系的结构,是否限于2015年《立法法》规定的由税种的设立、税率的确定的税收实体法,以及税收征收管理的税收程序法两个部分构成。实际上,这一税法体系的结构,是狭义的税法体系的结构,只包括征税、纳税的实体法和征税、纳税的行政(执行)程序法(《税收征收管理法》)。笔者认为,比较合理完整的税法体系,应当由3个部分构成:其一,宪法涉税条款,税收基本法与纳税人权利保护法;其二,征税、纳税实体法与“用税”实体法,与税收法定衔接的非税收入的立法、治理税收风险的立法;其三,税收征收管理法,有关征税、纳税的仲裁与民事、行政、刑事诉讼的法律规定,以及纳税人(公益)诉讼法(“用税”公益诉讼法)、治理税收风险程序法。对于只能制定法律的税收基本制度,扩大到这样广义的税收法律体系的结构,我国现行《立法法》缺乏明确规定。当然,可以通过继续完善《立法法》,来促进税法体系的优化。

二、广义税法体系结构的合理化

(一)广义税法体系结构的法律规制的现状

广义税法体系的结构,我国尚未以法律形式进行明确规定。这容易成为我们深化税收法定实践的障碍,即造成税收法定的内容停留于征税、纳税法定与税收征管法定两项简单化的倾向。目前,我国有关广义税法体系结构的法律规制,尚不到位。

一是广义税法体系的结构,要以宪法涉税的原则性规定,以及由税收基本法与纳税人权利保护法,共同构成税法体系的“导航”之法。但目前对于税收法定,宪法还缺乏直接的、明确的原则性规定;对于税收基本法与纳税人权利保护法,是否属于税收基本制度,是否只能制定法律,2015 年《立法法》也并无直接、明确的规定。但是,如果这些内容都有了直接、明确的规定,则税收法定入宪中仍存在如何启动修宪的问题,对此缺乏明确的法律规定;而且税收基本法虽已多次起草,但迄今尚未出台,纳税人权利保护法也尚未制定。

二是关于税收实体法的制定也缺乏相应的法律规定。关于征税、纳税的实体法,2015 年《立法法》已有明确规定,依法制定“一税一法”的征税纳税实体法已“有法可依”,但“用税”制度是否也是 2015 年《立法法》所指的“税收基本制度”中的一项制度?同时,2015 年《立法法》虽然也有财政基本制度只能制定法律的规定,但对财政基本制度有哪些,也未作具体规定,“用税”制度是放到税收基本制度中还是放到财政基本制度中,或者两边都可涉及,这些都没有直接的、明确的规定。在实践中,涉及“用税”的制度,如“分税制”,除《预算法》中有一条我国实行“分税制”的规定外,就只有国务院《关于实行分税制财政管理体制的决定》(1993 年)有所涉及,更没有包括“用税”的评估制度、绩效制度在内的单行的“用税”法等。至于非税收入,以及治理税收收入不可完全预知的风险,是否制定与税收法定相衔接的法律,如行政收费法、公债法等。这些法律是否制定以及是否与税收法定相衔接,2015 年《立法法》也都未作出明确规定,当然它也没有授权税收基本法处理这些问题,因为 2015 年《立法法》就没有规定须制定税收基本法,因此更谈不上对此进行授权。

三是关于制定税收程序法的规定也不完善。2015 年《立法法》中只提到税收征收管理属于税收基本制度,须制定法律;但税收案件的仲裁与诉讼、纳税人(公益)诉讼(“用税”公益诉讼)、地方政府破产程序等,是否也因属于税收程序方面的基本制度,而归入税收的基本制度且只能制定法律?当然,2015 年

《立法法》已规定诉讼和仲裁制度，只能制定法律，其中可以包括税收案件的仲裁与诉讼以及纳税人(公益)诉讼(“用税”公益诉讼)，但这一规定也没有明确说明税收可否另行制定仲裁法、诉讼法以及纳税人(公益)诉讼法(“用税”公益诉讼法)。此外，由于政府债作为延期的税，关于制定地方政府破产法也还没有纳入税收法定范围内。

基于以上分析，2015年《立法法》并没有对广义的税收法律体系的结构作出直接、明确的规定，那么，我们将如何于法有据地构建广义的税收法律体系？抑或是能否从2015年《立法法》第8条第6项“等税收基本制度”的概括性表述中，推导出构建广义税法具备法律依据？应当说，目前的法律依据并不充分，税收法定入宪之修宪，制定税收基本法与纳税人权利保护法等的立法相较税种、税率、税收征管的立法更重要，但2015年《立法法》既没有提及也并未列举。要全面落实税收法定原则，实现税收法定主义，就必须有结构合理的税法体系作为支撑，而这个结构合理的税法体系就须得到立法的确认与促成。

(二)完善广义税法体系结构的对策

完善广义的税法体系结构，与促进税收各项立法的质量，是提高税收立法质量的两个重要方面。后者着重个别法律的完善，前者着重税收法律体系即税法整体结构的完善，这两者对税收法定来说都是不可缺少的。完善广义的税法体系结构，达到税法体系结构的合理化，可以通过《立法法》的进一步完善实现，而《立法法》对于税收立法规定的再完善，则可以有多种路径。

其一，将2015年《立法法》第8条第6项进一步细化。一是如在该款前面增加“税收事项体系”字样，使该款变成“税收事项体系，税种的设立、税率的确定和税收征收管理等税收基本制度”，只能制定法律。只要《立法法》规定了“税收事项体系”这项税收基本制度，只能制定法律，那么，制定税收基本法的法律依据就可明确了，我们就可以在税收基本法中把需要立法的税收事项体系作出具体规定，这样，我们对构建一个广义的、结构合理的税收法律体系就有了法律依据。二是可以直接点明税收法律体系结构的确定只能制定法律，如改为“确定税法体系的结构(或称‘税收法定的范围’)，以及税种的设立、税率的确定和税收征收管理等税收基本制度”，只能制定法律。但这样修改，可能会把税法体系的结构(或称“税收法定的范围”)与税收基本制度并列，而改变《立法法》的本意。

其二，对2015年《立法法》对第8条第6项进行简化。如参照2015年《立法法》第8条第8项"民事基本制度"的规定，将该条第6项简化成"税收基本制度"，只能制定法律。这虽然与2000年《立法法》第8条第8项曾经列举规定的"税收"的基本制度，只能制定法律，变得相同了，但税收基本制度单列一项，其意义是显而易见的。如果2015年《立法法》第8条第8项规定"民事基本制度"只能制定法律，那么我国已经制定了由《民法典》构成的比较完整民事法律体系；同理，我们也可以依据《立法法》关于"税收基本制度"只能制定法律的规定，建立起一个包括税收基本法（税法通则或税法总则，以及纳税人权利保护通则或纳税人权利保护总则）在内的，由税收实体法与税收程序法等构成的结构合理的税法体系。当然，民事法律体系的结构如何，以民商法法律部门的理论作为指导；而税收法律体系的结构如何，则要以税法乃至财税法的领域法的理论作为指导。

其三，启动对2015年《立法法》"等税收基本制度"规定的法律解释，以确定只能制定法律"等税收基本制度"的范围。根据2015年《立法法》第45条关于"法律的规定需要进一步明确具体含义的"的规定，由全国人大常委会解释。2015年《立法法》第8条共有11项，只有第6项用了"等税收基本制度"的用语，那么2015年《立法法》中这一用语，具体含义究竟是指什么？例如，可否把税法通则、纳税人权利保护法（或纳税人权益保护法）以及税收仲裁法等包括在内？但是，规范立法活动的《立法法》，本身并不需要对"税收基本制度"一共有多少项作出具体规定，税收基本制度或税收法定的范围（在税收法定之法意义上的税法体系结构）的确定，应当由税收基本法具体规定。《立法法》只要对税收基本制度只能制定法律（包括授权立法而先制定的行政法规，之后制定的法律）作出原则规定即可。

总之，我们可以通过《立法法》的再完善，确定合理的税法结构的法律依据问题，在税收法定的适用范围依法确定的同时，就可着手研究促进各项税收法律提高质量的法制保障问题，以确定促成"税之良法"的整个进路。

第三节　促进税收各项立法质量的提高

就税法的组成部分而言，"税之良法"的另一个要求则是税法体系中的各项立法都要提高质量，这同样也需要完善税收法定入宪的规定，以及再次完善现行《立法法》，以使实现税收法定主义所需要的各项税法，都能成为良法而发挥其应有作用。

一、促进税收各项立法质量问题的提起

在构建合理的税法体系结构的法律保障的同时，税收各项立法质量的提高，也需要一定的法律保障。在我国的《宪法》以及《立法法》等中，都有促进提高立法质量的一些规定，我们应当将这些规定作为我们完善税收各项立法的法律保障。同时，我们也要根据税收各项立法提高质量的需要，就其法律保障的改进作些探索。

此外，因为实现税收法定主义是一个系统工程，我们应当从税收立法、执法和司法的全过程，把握税收法定。当然，这首先仍要以确定须制定哪些税收法律为基础。由于税收的各项立法是构成税法体系的元素，构建比较合理的税法体系结构，自然应当由税收的各项立法构成，包括宪法的涉税条款，税收基本法与纳税人权利保护法；征税、纳税实体法与"用税"实体法，税收法定与非税收入法定、税收风险治理法定相衔接的规定；税收征收管理法，征税、纳税的仲裁与民事、行政、刑事诉讼法中的有关规定，以及纳税人（公益）诉讼法、治理税收风险程序法律制度等。这些关涉税收法定而须制定的法律制度，为提高整个税收法定的质量，是需要通过《立法法》的再完善来处理的。

虽然这不是研究税收法定主义适用范围本身的问题，而是研究涉税立法的依宪立法、依法立法，提高税法质量的问题，但这对于以立法为中心，研究税收法定主义实现路径，也是必须回答的问题。

二、促进税收各项立法质量的宪法指引

围绕促成"税之良法"的进路，本部分首先对完善税收各项立法的宪法指引或者依宪立法问题作些阐述。

关于完善税收各项立法的宪法指引问题。我国《宪法》有许多原则性规定，对我们提高立法质量，完善税收各项立法，发挥根本性的保障作用，具体可从两个角度进行分析。

一是从纳税人角度分析，我国《宪法》主要在第一章"总纲"和第二章"公民的基本权利和义务"中，对公民，参加农村集体经济组织的劳动者，城乡集体经济组织，个体经济、私营经济等非公有制经济，国有企业，在我国境内的外国企业和其他外国经济组织，以及中外合资经营的企业，在中国境内的外

国人①等主体的权利作出了原则性规定。这体现了国家作为征税人、"用税"人对纳税人权利的保护。因此,这也就给税收立法必须体现量能课税原则、公平负担原则、生存权保障原则等宪法性原则,以及使税法成为"税之良法",提供了宪法保障。

二是从征税人、"用税"人角度分析,我国《宪法》在第三章"国家机构"中,对立法权、行政权与司法权的合理配置,作出了一系列的原则性规定,这为我们从事税收法律的"立、改、废、释"等工作,使税法成为"税之良法"提供了宪法保障。此外,《宪法》关于一切国家机关"实行精简的原则,实行工作责任制",一切国家机关和国家工作人员"接受人民的监督"②的规定,能够促进立法机关提高税收立法质量。

完善税收各项立法的宪法指引,主要是指税收法定入宪问题。对此,我国《宪法》现在只有第56条之公民有依法纳税义务的规定。这就是说,涉及税法的宪法规定,现在还只是以公民义务的形式在宪法中加以体现的。具体而言,其一,宪法的这一条款并未明确规定其他纳税人(如国有企业,城乡集体经济组织,在我国境内的外国企业、中外合资经营企业和外国人等)的纳税义务;其二,该条款并未涉及征税人、"用税"人的征税与"用税"应依照法律。据此,是否能够认为税收法定已入宪,构建结构合理的税法体系与提高税法质量的宪法依据已经充分,是否已经无须再修宪?如果需要,又该如何启动修宪?税收法定入宪进一步完善,必然有利于我们依宪立法,提高税法质量;正如美国学者霍姆斯所说:"税收是文明的代价。"③我们要建设文明的社会主义国家,完善税收法定入宪是必不可少的。

三、完善《立法法》促进税收各项立法质量的提高

完善税收各项立法,在具备宪法保障的同时,具体由宪法性法律——《立法法》来予以指引,即应当重视税收立法的依法立法。《立法法》是规范立法活动的法,④适用于规制税收立法活动,并对完善税收各项立法、提高税收立法质

---

① 《宪法》(2018年修正)第2章第23条至第51条、第8条第1款、第8条第3款和第17条、第11条第2款、第16条、第18条第2款、第32条。

② 《宪法》(2018年修正)第27条。

③ "Taxes Are What We Pay for Civilized Society", Declared Supreme Court, Justice Oliver Wendell Holmes in Compañia de Tabacos v. Collector, 275 U. S. 87, 100, 1904.

④ 《立法法》(2015年修正)第1条。

量起到保障作用。

《立法法》对提高税收立法质量发挥保障作用，因为2015年《立法法》含有直接对税法作出规定的内容，即该法第8条第6项。这一条款规定了税收须制定法律的范围，因其明确列举了税法体系，可由税种、税率的实体税法与税收征管的税收程序法构成，这就对我们构建征税、纳税的税法体系发挥了重要的法律保障作用。本书在前面已经阐述了2015年《立法法》该条款尚有完善余地，因为税法体系的结构，也许应从征税、纳税扩展到"用税"等，以使税收法定主义的适用范围应更广一些，从而使税法体系的整体质量得以提升。但对提高税收各项立法质量的立法法保障，还应另作分析。

其一，2015年《立法法》对制定法律作出了一般规定，适用于税收法定之"法"的制定。税收法定主义所指之"法"被确定为狭义的法律，而2015年《立法法》规范立法活动涉及的"法"，首先就是指的"法律"。当然，并非只有制定法律才适用《立法法》；"行政法规、地方性法规、自治条例和单行条例……国务院部门规章和地方政府规章的制定、修改和废止"[①]也适用《立法法》。但2015年《立法法》首先就是关于法律的立法活动的规定，对税收法定之"法"的立法质量的提高起到保障作用。

一是2015年《立法法》在第1条中，关于本法旨在"提高立法质量"的规定，第3～6条对立法应当遵循的原则的规定等，既对立法者的立法提出了要求，又可作为我们进行立法评估的依据，自然能对促进税收立法质量的提高起到保障作用。二是2015年《立法法》在第8条第6项中，除规定了税种、税率与税收征管等税收基本制度，只能制定法律外，包括该条在内的该法整个第二章"法律"，从第7条至第64条共58条，就制定法律的立法权限、全国人大及其常委会的立法程序以及法律解释等作出了一般规定，这是对《宪法》有关原则性规定的细化与系统化。这些规定也可促进税收立法提高立法质量，对提高税收立法质量具有重要作用，如立法权配置、授权立法、全国人大与全国人大常委会制定法律的程序、全国人大常委会的法律解释权、立法规划与年度立法计划以及法律草案的起草等规定。对立法活动各环节的规定，都会直接影响税收立法质量的提高。

其二，虽然提高税收立法质量，完善税收各项立法的法律保障，具有相当的复杂性，但2015年《立法法》对于制定法律的现有规定，仍须进一步完善，例

---

① 《立法法》(2015年修正)第2条。

如,它尚未依据宪法对启动修宪的法定程序作出细化规定;对适合税收立法的立法权配置与运行、授权立法、立法评估以及立法工作责任制等,也都有完善的余地。

第四节　提高税法质量的重点法律措施

2015年《立法法》的修订,推动了我国税收法定主义实践的深入,同时促进了税法质量的提高。

《中共中央关于全面推进依法治国若干重大问题的决定》(2014年)提出:"建设中国特色社会主义法治体系,必须坚持立法先行,发挥立法的引领和推动作用,抓住提高立法质量这个关键。"[①]如何抓住这个关键? 根据税法体系结构的完善与各单项税收法律质量的提高,可通过税收法定入宪的完善或者《立法法》的再完善来进行分析。这里,我们从中选出一些重点的法律措施,作些细化说明。

立法质量,是指立法要恪守以民为本、立法为民理念,纠正法律工具主义倾向,使各项立法能体现合宪、合法性要求,符合人民意志、得到人民拥护;要坚持公正、公平、公开原则,完善立法体制机制,坚持立、改、废、释并举,使法律、法规具有及时性、系统性、针对性、有效性。针对税收立法,如何更好地体现合宪性与合法性要求,则有赖不断完善的《宪法》以及《立法法》的引导与规范。

笔者认为,为了提高税收立法的质量,完善《宪法》和《立法法》的保障,重点应关注和抓住以下6项法律措施:其一,税收法定入宪之修宪法定的完善;其二,税收立法权的配置与运行法律规制的完善;其三,(税收)立法评估法律制度的完善;其四,(税收)立法合宪性审查法律制度的完善;其五,(税收)立法工作责任制的立法完善;其六,税收法律与其他法律法规的和谐衔接机制的完善。

一、税收法定入宪之修宪法定的完善

注重税收法定入宪之修宪法定的完善,这不只是关涉税收法定是否需要入宪,而且是要以税收法定需要入宪为视角,为税收法定更好入宪而对修宪法律制度加以完善的问题。例如,通过完善《立法法》或者另行制定单行的修改

---

① 《中共中央关于全面推进依法治国若干重大问题的决定》之"二、完善以宪法为核心的中国特色社会主义法律体系,加强宪法实施"。

宪法，对《宪法》中关于修宪的原则规定，作出系统的规定，以利于税收法定入宪之修宪能依照法定程序顺利进行，从而有利于税收立法更好地依宪立法。

税收法定入宪，各国做法不一。我国采取的是以公民义务的形式在宪法中加以体现。由此，仅明确了公民负有纳税义务须有法律依据，不承担法律规定之外的纳税义务。这就是说，我国《宪法》没有从征税权归属的角度直接规定。但从税收法定主义最初的含义来说，是要以法律形式控制征税权，由此保护纳税人权利。现代社会的税收法定主义还进一步延伸到“用税”领域，不但国家作为征税人须承担有效“用税”的义务，而且纳税人也享有对“用税”人进行“用税”监督的权利。纳税人必须有自己的代表人参与制定税的规则与“用税”的规则，并以税收法定切断权力与资本的不当联系，防范腐败，这关系国家治理体系与治理能力的现代化。税收法定还能激励官民共同创造财富，保障经济社会可持续健康发展，并可对实现“共同富裕”，[①]公平、共享发展起到重要作用。所以，税收法定入宪，宪法如何对税收法定作出原则性规定是十分重要的。

我国修改《宪法》须由“党中央向全国人大提出宪法修改建议，依照宪法规定的程序进行宪法修改”。[②] 我国《宪法》第 64 条第 1 款规定：“宪法的修改，由全国人民代表大会常务委员会或者五分之一以上的全国人民代表大会代表提议，并由全国人民代表大会以全体代表的三分之二以上的多数通过。”宪法修改关系党对立法工作中重大问题决策程序的完善，关系宪法层面的科学立法、民主立法。当前，我国已经进入了建设中国特色社会主义的新时代，经济社会已发生了重大变化，我国《宪法》也已多次修正。现在，我们应当细化宪法中关于修改宪法的法律规定，以满足税收法定入宪之修宪等需要。

中共中央在《深化财税体制改革总体方案》中指出：“财政是国家治理的基础和重要支柱，财税体制在治国安邦中始终发挥着基础性、制度性、保障性作用。我们党历来高度重视财政工作与财税改革，在建立适应中国特色社会主义发展要求的财政制度方面进行了不懈探索。新一轮财税体制改革是一场关

---

① 《邓小平文选》(第 3 卷)，人民出版社 1993 年版，第 374 页。邓小平同志说：“如果富的愈来愈富，穷的愈来愈穷，两极分化就会产生，而社会主义制度就应该而且能够避免两极分化。解决的办法之一，就是先富起来的地区多交点利税，支援贫困地区的发展。”

② 《中共中央关于全面推进依法治国若干重大问题的决定》(2014 年)之“二、完善以宪法为核心的中国特色社会主义法律体系，加强宪法实施”之“(二)完善立法体制”。

系国家治理体系和治理能力现代化的深刻变革,是立足全局、着眼长远的制度创新。"[①]我国自1982年以来已历经了多次修宪,税收法定主义如此重要,理应将其规定在宪法之中,使构建税法体系有其"纲"。现行《立法法》恰好未对修改宪法作出细化的规定。

当然,《立法法》可能难以对《宪法》的修改原则进行规定,并作出细化的规定,因为宪法不是一般的法律,宪法的制定、修改程序都很特殊,可以适用特别程序。例如,修改宪法,包括提案、修改、表决程序等,我们不妨对修改宪法予以特别立法,以制定单行法来满足需要。

关于修改宪法的立法,必须依据宪法,主要是应该对修宪的目的、原则、条件,修宪权配置与修宪程序(提案、审定、起草、议决、公布)等作出细化规定。我国修改宪法,是由党中央向全国人大提出宪法修改建议,依照宪法规定的程序进行修改的。因此,其一,必须坚持加强中国共产党对修改宪法工作的领导,如有的学者所说,宪法修改的建议权在中国共产党,"修宪权的主体事实上为中国共产党"。[②] 其二,坚持在中国共产党的领导下修宪,就要充分发扬民主和遵照法定程序,从社会发展的客观实际出发,体现宪法的适应性和稳定性,以人民的根本利益为修宪的出发点和落脚点。我们如果有了修改宪法的法律规范,税收法定入宪就有了确定是否需要修宪和怎样修宪的法律规则,这对完善有关税收法定的宪法规定,自然是有益的。

二、税收立法权的配置与运行法律规制的完善

如果税收法定入宪是明确的和充分的,那么就应把重点放到税收立法权的配置与运行的法律规制上,包括税务机关的立法权配置,授权立法与释法权配置的法定,以及税收法律的立、改、废、释的程序法定。保障税收各项立法,确定谁有立法权(包括授权立法权)和按照何种程序立法等,同时,这也是非税收入等其他事项立法所需要的法律规则,对税收各项立法做到依宪立法、依法立法,从而提高税收立法质量,将发挥十分重要的法律保障作用。

对税收立法权的配置与运行的法律规制,2015年《立法法》已有系统的明

---

① 《中共中央政治局召开会议审议〈深化财税体制改革总体方案〉》,载《中国政府采购》2014年第7期。

② 秦前红、涂云新:《宪法修改的限制理论与模式选择——以中国近六十年宪法变迁为语境的检讨》,载《四川大学学报(哲学社会科学版)》2012年第6期。

确规定。立法权的配置与运行，即指谁有权制定法律与如何制定法律，对此，现行《立法法》依据《宪法》已经作出了细化规定，这对提高立法质量是重要的法律保障。但是对于税收立法的需求，《立法法》仍有完善的空间。

以《环境保护税法》为例，全国人大及其常委会授权地方立法的规定还需要完善。2016 年我国出台了《环境保护税法》（该法于 2018 年进行了修正），该法第 9 条第 3 款规定：“省、自治区、直辖市人民政府根据本地区污染物减排的特殊需要，可以增加同一排放口征收环境保护税的应税污染物项目数，报同级人民代表大会常务委员会决定，并报全国人民代表大会常务委员会和国务院备案。”该法关于全国人大常委会对省、自治区、直辖市人大常委会授权立法的内容，应当写进《立法法》。因为我国现行《立法法》缺乏全国人大及其常委会授权地方立法的明确规定。

显然，在《环境保护税法》中，由制定该法的全国人大常委会对省、自治区、直辖市人大常委会授权立法，而非授权给省、自治区、直辖市人民政府。对于“纵向授权”立法，现行《立法法》虽没有明确规定，但这无疑是符合 2015 年《立法法》之税收法定精神的。这就要求《立法法》继续完善授权立法的相关规定，作为地方税立法等的法律保障并提高立法质量。

在当前省级以下的国税、地税局合并的情况下，有关合并后税收立法权的配置问题，应当予以重新考虑。

三、（税收）立法评估法律制度的完善

要想确定税收立法的合宪性和质量状况如何，需要设计完善的立法评估法律制度，包括对立法的可行性评价、立法前评估和立法后评估的法律制度，它与行政法规等备案与审查制度一起，共同对保障税收各项立法质量的提高具有重要作用。

我国《立法法》第 36 条第 2 款，有对法律案进行可行性评价的规定；第 39 条是对法律案进行立法前评估的规定；第 63 条是对有关法律或者法律中有关规定进行立法后评估的规定。笔者把立法的可行性评价、立法前评估法律制度和立法后评估法律制度，统称为立法评估法律制度。由于税收法定之法是指税收法律，所以，上述 2015 年《立法法》这 3 条法律规定也适用于税收立法。对税收的立法评估法律制度也就是立法的可行性评价、立法前评估法律制度和立法后评估法律制度在税收立法领域的表现。当然，建立税收立法的评估法律制度，有利于加强税收立法的科学性，对提高税收立法质量也意义重大。

税收立法评估法律制度,对《立法法》有关立法评估制度的完善提出了一些要求,主要包括两点。

一是《立法法》对单项法律案的评估规定,需要针对立法的可行性评价、立法前评估和立法后评估的不同情况,分别作出细化规定。在进行细化规定时,我们可以确定立法前与立法后的临界点,即以立法投票表决为界,表决通过前确定为立法前(立法前的可行性研究、评估、审查等可统称为立法前评估),表决通过后确定为立法后(立法后的评估、审查等可统称为立法后评估)。需要细化规定的内容主要有评估目的、评估主体、评估的对象及其范围、评估的标准、评估的方法、评估的指标体系、评估的程序以及时间要求、评估报告及其用途等。① 这些内容若无法在《立法法》中详细规定,那么可通过制定"立法评估细则"规定之。

二是《立法法》针对立法的可行性评价、立法前评估和立法后评估,除单项法律案的评估之外,是否需要增加多项法律案的集成评估。全国人大内司委在其关于《残疾人保障法》立法后评估的报告中提出,要进一步完善残疾人法律体系的建议,包括加快与残疾人密切相关的法律立法工作,完善与残疾人保障法相配套的行政法规。前者如加快制定社会救助法、社会福利法等法律,并突出对残疾人的优惠措施的规定;后者如尽快制定残疾人康复条例,尽快修订《残疾人教育条例》。② 这就说明,针对残疾人保障的事项,需要完善的是残疾人法律体系,提高立法质量的同时也要提高法律体系的质量。事实上,许多事项都有这种情况,如在税收立法中,对企业征税之税负是否公平,牵涉多部税收法律,要从多部税收法律的集成评估中得出结论。当然,也包括可行性评价、立法前评估和立法后评估等。因此,对于立法的可行性评价、立法前评估和立法后评估,对于提高立法质量重要且有效的法律制度,除单项法律案的评估外,应当增加多项法律案的集成评估。我们可在授权试点取得经验的基础上,修订《立法法》,并将其纳入《立法法》关于立法评估法律制度之中。

四、(税收)立法合宪性审查法律制度的完善

对税收立法实行合宪性审查,是我国《立法法》有关加强宪法实施与监督

---

① 周怡萍:《立法前评估制度研究——以地方立法为视角》,载《人大研究》2014 年第 8 期。

② 《全国人民代表大会内务司法委员会〈关于中华人民共和国残疾人保障法〉立法后评估的报告》,载中国人大网,http://www.npc.gov.cn/huiyi/cwh/1128/2012-08/30/content_1735989.htm。

的规定之要求。宪法具有最高的法律效力,税收法律也不得同宪法相抵触,否则,也要依法予以改变或者撤销。对于合宪性审查,有的学者也将其称为“违宪审查”,合宪性审查分为立法机关、司法机关、宪法委员会以及宪法法院审查等模式。我国应当在税收立法中推进合宪性审查法律制度的建设,促进税收立法提高质量。

(一)我国2015年《立法法》的立法合宪性审查制度

党的十九大报告提出,要“加强宪法实施和监督,推进合宪性审查工作,维护宪法权威”。① 我国2015年《立法法》对立法的合宪性审查的规定如下。

其一,第87条规定:“宪法具有最高的法律效力,一切法律、行政法规、地方性法规、自治条例和单行条例、规章都不得同宪法相抵触。”这是对合宪性审查的标准与范围的规定。

其二,第97条中规定:“……(一)全国人民代表大会有权改变或者撤销它的常务委员会制定的不适当的法律,有权撤销全国人民代表大会常务委员会批准的违背宪法和本法第七十五条第二款规定的自治条例和单行条例;(二)全国人民代表大会常务委员会有权撤销同宪法和法律相抵触的行政法规,有权撤销同宪法、法律和行政法规相抵触的地方性法规,有权撤销省、自治区、直辖市的人民代表大会常务委员会批准的违背宪法和本法第七十五条第二款规定的自治条例和单行条例……”其中,对于可以改变或者撤销的法律,仅是指全国人大对全国人大常委会制定的“不适当的法律”,且没有采用“违背宪法”或“同宪法相抵触”的用语;但针对行政法规等,则采用了“违背宪法”或“同宪法相抵触”等用语。此外,此处也是关于立法机关对立法合宪性的自我审查,以及对审查结果的自我处理的规定。

其三,第五章“适用与备案审查”之第98条、第99条、第100条和第101条,明确规定了除法律外的行政法规、地方性法规、自治条例和单行条例、规章的备案制度、合宪性审查制度以及反馈、处理制度等。

根据对2015年《立法法》这些条文中有关法律的合宪性审查或违宪审查规定的梳理,可以看出3点:一是对法律的合宪性审查的主体是全国人大,受审查的主体是全国人大常委会。2015年《立法法》没有涉及制定法律的全国人大

① 习近平总书记在中国共产党第十九次全国代表大会上的报告《决胜全面建成小康社会 夺取新时代中国特色社会主义伟大胜利》之“六、健全人民当家作主制度体系,发展社会主义民主政治”之“(四)深化依法治国实践”。

是否为受审查主体的问题。二是涉及合宪性审查的法律，只有全国人大常委会制定的不适当的法律。当然，行政法规、地方性法规、自治条例和单行条例、规章也都需要备案并进行合宪性审查。三是全国人大对全国人大常委会制定的“不适当的法律”有权进行合宪性审查并有权改变或者撤销。

在《立法法》中，法律的合宪性审查，尚未明确包括全国人大制定的法律（因为《立法法》没有明文规定）。由于税收法定之“法”是指法律，因此，可以认为目前的《个人所得税法》（1980 年第五届全国人大第三次会议通过）和《企业所得税法》（2007 年第十届全国人大第五次会议通过），因这两部税收法律是由全国人大制定的，因此它们并未明确地被列入合宪性审查的范围（但这并不是说全国人大制定的法律不需要进行合宪性审查）。其他几部税收法律，即《税收征收管理法》（1992 年第七届全国人大常委会第二十七次会议通过 1995 年、2001 年、2013 年、2015 年修订）、《车船税法》（2011 年第十一届全国人大常委会十九次会议通过）、《环境保护税法》（2016 年第十二届全国人大常委会第二十五次会议通过，2018 年修订）以及 2017 年 12 月第十二届全国人大常委会第三十一次会议通过的《烟叶税法》与《船舶吨税法》5 部税收法律，都是全国人大常委会制定的法律。如果这些税收法律是“不适当的法律”，全国人大就有权改变或者撤销。所以，税收立法的合宪性审查，因税收法定之“法”仅是指法律，故目前只有全国人大常委会制定的这 5 部税收法律才在被审查的范围内。

我国《宪法》第 5 条第 3 款规定：“一切法律、行政法规和地方性法规都不得同宪法相抵触。”因此，合宪性审查是应包括全国人大与全国人大常委会制定的法律在内的。但是，2015 年《立法法》第 39 条规定：“拟提请常务委员会会议审议通过的法律案，在法律委员会提出审议结果报告前，常务委员会工作机构可以对法律草案中主要制度规范的可行性、法律出台时机、法律实施的社会效果和可能出现的问题等进行评估。评估情况由法律委员会在审议结果报告中予以说明。”第 63 条规定：“全国人民代表大会有关的专门委员会、常务委员会工作机构可以组织对有关法律或者法律中有关规定进行立法后评估。评估情况应当向常务委员会报告。”显然，以上两条规定中的法律，并未排除全国人大制定的法律，立法前与立法后评估的内容自然应包括合宪状况。可是现行《立法法》并没有对此加以明确规定，而且立法前评估、立法后评估与合宪性审查这几个制度如何相互衔接，也未作明确规定。当然，税收法定之税收立法要提高质量，将税收的全部法律都进行合宪性审查是不可缺少的，合宪性审查也应当逐步推进。

此外,2015 年《立法法》对立法合宪性审查程序的启动主体的规定也有待完善。有学者提出,“一旦启动违宪审查,一个必然的担心是提出违宪审查的‘要求’或者‘建议’大量出现,全国人大常委会可能会被宪法案件所淹没”。“如果我们能够建立起来完善的宪法案件筛选机制,完全可以做到既启动违宪审查、充分发挥违宪审查制度的功能,又不至于给违宪审查机关过重的负担,使得违宪审查实际上难于发挥效能。”①当然,启动合宪性审查程序的主体资格,也不能只满足“为宪法权利的实际受害人提供宪法救济”,而忽视非诉讼形态其他主体的监督权。所以,法律应当对各种主体启动合宪性审查程序之具备主体资格的条件作出明确规定。

(二)合宪性审查制度的完善

合宪性审查,按照审查主体划分,也可以分为立法机关的审查、专门机构的审查和司法机关的审查等。其一,立法机关的审查。我国采取由立法机关审查的体制。其二,专门机构的审查。其三,司法机关的审查。这主要是指由普通法院对立法合宪性进行审查。因此,合宪性审查也被称为司法审查。有的国家通过司法程序来审查、裁决立法和行政机关是否违宪。但是,司法机关的审查应限于“案件与争讼”,法院并非民意代表,不得干预也无力干预经过民主程序的立法。但是,司法审查对提高立法质量具有影响,其作用也是明显的。

值得一提的是,这里我们应当理顺司法审查与合宪性审查的关系。司法审查这一概念的本来意义只存在于英美法系国家,是指普通司法机关对立法机关和行政机关行使公权力行为的合宪性进行审查。既然如此,根据习近平总书记在党的十九大报告中提出的要“推进合宪性审查工作”的要求,为了提高税法质量,除要加强立法机关的合宪性审查外,也要推进司法审查即司法机关的合宪性审查。对于合宪性审查,在学界也有称违宪审查,因此,司法机关的合宪性审查也可被称为司法违宪审查。但是,合宪性审查与违宪审查并不相同,“合宪性审查”的过程,并不实际发挥“违宪审查”的否定性功能。有学者

① 张翔:《宪法案件的筛选机制——我国启动宪法解释的技术障碍的排除》,载许崇德、韩大元主编:《中国宪法年刊(2012)》,法律出版社 2013 年版,第 98~112 页。

认为："'是否违宪'与'是否合宪'在方法论上具有截然不同的内容。"①故我们在完善司法机关的合宪性审查制度时，就要注意这种区别。

在我国作为司法审查之违宪审查，现已有所松动。我国《行政诉讼法》(2017年修正)第53条规定："公民、法人或者其他组织认为行政行为所依据的国务院部门和地方人民政府及其部门制定的规范性文件不合法，在对行政行为提起诉讼时，可以一并请求对该规范性文件进行审查。前款规定的规范性文件不含规章。"该法第64条规定："人民法院在审理行政案件中，经审查认为本法第五十三条规定的规范性文件不合法的，不作为认定行政行为合法的依据，并向制定机关提出处理建议。"这里，已经授权人民法院对"规章以下的规范性文件"进行司法审查。另外，该法第79条规定：人民法院对"复议机关与作出原行政行为的行政机关为共同被告的案件，人民法院应当对复议决定和原行政行为一并作出裁判"。我国行政诉讼法没有赋予地方各级人民法院审查规章的权力，因为国务院各部、委的规章，行政效力及于全国范围；而地方人民政府的规章，行政效力只及于其所辖的地域。但《行政诉讼法》(2017年修正)的这些规定，连同该法第6条关于"人民法院审理行政案件，对行政行为是否合法进行审查"②的规定，已不采用"具体行政行为"，而采用包括"抽象行政行为"在内的"行政行为"的用语。可以说，我国的司法审查制度已经有所表现，今后，对限于"案件与争讼"，在不干预民主程序的立法的司法审查方面，也是可以继续完善的。

以上是笔者对立法的合宪性审查的一般性分析，自然也适用于税收立法的合宪性审查。

五、(税收)立法工作责任制的立法完善

我国《宪法》第27条第1款规定："一切国家机关实行精简的原则，实行工作责任制，实行工作人员的培训和考核制度，不断提高工作质量和工作效率，反对官僚主义。"立法质量说到底与立法者的素质密切相关，加强有关工作责

---

① 王书成：《合宪性推定与"合宪性审查"的概念认知——从方法论的视角》，载《浙江社会科学》2011年第1期。该文认为，在方法论层面，"违宪审查"概念在宪法审查过程中主要体现为一种功能，而不能被泛化为与"宪法监督""宪法审查"等概念具有相同含义而相互混用。"合宪性审查"与"违宪审查"概念具有方法内容上的差别，不能互相混淆。遵循合宪性推定的逻辑，"宪法审查"的过程一般也是"合宪性审查"的过程，并不实际发挥"违宪审查"的否定性功能。

② 《行政诉讼法》(2017年修正)第6条、第53条、第64条、第79条。

任制的立法，对提高税收立法质量也是必要的。

税法以及其他立法要提高质量，就应提高立法工作者的素质。如2015年在审议《立法法修正案（草案）》时，全国人大代表张素荣提出：“立法是一门科学，没有立法知识和技术的人员不可能制定出高质量的法律。为此，国家和地方立法机关应大力提高立法工作人员的素质。”①这里，全国人大代表张素荣提出的立法者的素质，是指国家和地方立法机关中立法工作者的素质（它不同于法律制定者全国人大及其常委会的素质）。的确，“法律、法规、规章的制定、清理、修改、废止，要求立法工作人员不仅要有立法为民的负责态度，还要有丰富的法律知识和较高的立法技术，有良好的法律素养”。② 如何提高立法工作者的素质？除引入人才、培训进修等外，加快立法工作责任制立法，也是应予采取的法律措施。

在2015年《立法法》中，有许多法律条款涉及立法工作机构，如第14条中提到的“全国人民代表大会各专门委员会”，③第36条中提到的“常务委员会工作机构”，④第67条中还规定，“重要行政管理的法律、行政法规草案由国务院法制机构组织起草”。国务院法制机构也是依法参与制定“重要行政管理的法律”的立法工作机构。

我国《宪法》第27条第1款规定：“一切国家机关实行精简的原则，实行工作责任制，实行工作人员的培训和考核制度，不断提高工作质量和工作效率，反对官僚主义。”现在，我国的司法责任制的确立已有进展，如最高人民法院发布了《关于完善人民法院司法责任制的若干意见》（2015年）、最高人民检察院发布了《关于完善人民检察院司法责任制的若干意见》（2015年）。习近平总书记在党的十九大开幕会上作报告时指出：“深化司法体制综合配套改革，全

---

① 陈丽平：《张素荣代表：大力提高立法工作人员素质》，载中国人大网，http://www.npc.gov.cn/npc/c22342/201502/6a61fe020d2b49c1baca954a1cd33bec.shtml。

② 陈丽平：《张素荣代表：大力提高立法工作人员素质》，载中国人大网，http://www.npc.gov.cn/npc/c22342/201502/6a61fe020d2b49c1baca954a1cd33bec.shtml。

③ 全国人大各专门委员会，包括民族委员会、宪法和法律委员会、监察和司法委员会、财政经济委员会、教育科学文化卫生委员会、外事委员会、华侨委员会、环境与资源保护委员会、农业与农村委员会、社会建设委员会。在全国人民代表大会闭会期间，各专门委员会受全国人民代表大会常务委员会的领导。

④ 全国人大常委会工作机构，包括办公厅、法制工作委员会、预算工作委员会、香港特别行政区基本法委员会、澳门特别行政区基本法委员会、代表资格审查委员会等。

面落实司法责任制，努力让人民群众在每一个司法案件中感受到公平正义。”①司法责任制改革，是本轮司法改革的“牛鼻子”，对其他改革具有“牵一发而动全身”的作用。

立法工作责任制与司法责任制是有区别的。全国人民代表大会的常设工作机构、全国人大常委会工作机构、国务院有关部门或者国务院法制机构及其工作人员依法参与全国人大及其常委会制定法律的工作，是需要或可能实行立法工作责任制的。这对“推进科学立法、民主立法、依法立法，以良法促进发展、保障善治”②，落实宪法有关“实行工作责任制”的要求具有重要意义。当然，司法责任制是行使司法权的主体的责任制，立法工作责任制则不是行使国家立法权的主体（全国人民代表大会和全国人民代表大会常务委员会）的责任制，而是依法从事参与立法工作的主体的责任制。

立法是一个过程，有立法的准备阶段、从法案到法的阶段及立法完善阶段。其中，有大量的立法工作需要立法工作机构及其工作人员去做，加强立法工作责任制的立法，对提高立法质量，对在工作程序上有效防止部门利益和地方保护主义法律化等都是有利的。当然，这也是提高税法质量重要的法律措施。

六、税收法律与其他法律法规的和谐衔接机制的完善

税收立法质量的提高，同税收法律与其他法律法规的和谐衔接机制之法律规制相关。其一，税收法律横向上与其他法律应相互衔接；其二，税收法律纵向上应与税收的行政法规、地方性法规、自治条例和单行条例、规章等相互衔接，这是毋庸置疑的。税收立法与其他立法的和谐一致须有一定的法律规制，这也是提高税法质量的需要。

这里着重提一下提高税收立法的质量，应注意税收法律与其他法律和谐衔接的问题。《中国特色社会主义法律体系》白皮书写道：“我国以宪法为统帅，以法律为主干，以行政法规、地方性法规为重要组成部分，由宪法相关法、

① 习近平总书记在中国共产党第十九次全国代表大会上的报告《决胜全面建成小康社会 夺取新时代中国特色社会主义伟大胜利——在中国共产党第十九次全国代表大会上的报告》中“六、健全人民当家作主制度体系，发展社会主义民主政治”中的“（四）深化依法治国实践”。

② 习近平总书记在中国共产党第十九次全国代表大会上的报告《决胜全面建成小康社会 夺取新时代中国特色社会主义伟大胜利——在中国共产党第十九次全国代表大会上的报告》中“六、健全人民当家作主制度体系，发展社会主义民主政治”中的“（四）深化依法治国实践”。

民法商法、行政法、经济法、社会法、刑法、诉讼与非诉讼程序法等多个法律部门组成的中国特色社会主义法律体系,是一个有机统一整体。”①由于各种法律繁多,而且各个法律部门中法律的制定有先有后,总体说来,税收立法属于相对滞后的。因此,较早制定又比较成熟的一些其他立法,对税收立法来说必会产生影响。正如恩格斯所言:“在现代国家中,法不仅必须适应于总的经济状况,不仅必须是它的表现,而且还必须是不因内在矛盾而自己推翻自己的内部和谐一致的表现。”②在法律体系内部,使各部法律之间保持和谐一致(包括法律条文使用的术语都应保持概念的同一性,以免发生歧义),这在制定各部法律进行立法前评估时,应规定它是属于需要评估的事项;在立法后评估中,也应将其作为评估内容作出规定。这不但关系各部法律的立法质量,而且也有利于提高法律体系的质量。税收立法质量的提高也需要有这种法律措施作为保障。

第五节　加快税收法定主义衡量标准的立法

一、税收法定主义衡量标准立法问题之提出

(一)税收法定主义的实践须在检验、矫正中推进

以税收法定主义理论作为指导,确定税收法定主义的适用范围,完善税收法律体系,采取一定的法律措施,推进科学立法、民主立法、依法立法,以税之良法促进发展、保障国之善治,这是税收法定主义所要实现的目标。这一目标的实现,肯定不是一蹴而就的,是会有困难的,这就需要我们针对税收法定的实践,不断总结经验,矫正向前推进的路径,不断推进税收法定的实践,以稳步达到税收法定主义的目标。

税收法定实践的检验,是指我们以立法为中心,沿着税收法定主义的实现路径,在实践税收法定过程中,进行阶段性的经验总结,验证实施税收法定状况好与坏的活动。它对实现税收法定主义有矫正、推进、承先启后的作用。因此,也是我们以立法为中心,研究税收法定主义的实现路径所要涉及的一个问题。因为,我们以什么标准和指标来衡量税收法定的状况?税收法定主义的

---

① 《中国特色社会主义法律体系》,载中央政府门户网,http://wgov.cn/jrzg/2011－10/27/content_1979498.htm。

② 马克思、恩格斯:《马克思恩格斯选集》(第4卷),中共中央马克思恩格斯列宁斯大林著作编译局译,人民出版社1972年版,第483页。

衡量指标和标准,是否需要法定?衡量程序是否也需要法定?这些问题是保障税收法定主义最终实现所要解决的法律问题。

实际上,税收法定主义的实现路径,就立法保障而言,除我们按照税收法定主义的本质要求,应当构建一个比较完备的税法体系外,还要设定与完善一些法律制度,促成税收立法成为"税之良法"。至于所构建的税法体系与单项税法的"税之良法"的状况如何,则还须有法定的指标和标准,依照法定的程序衡量,这样,实现税收法定主义的有关立法也就相对完备了,对实践好税收法定主义,也就有了比较全面的法律保障。

(二)税收法定主义衡量标准立法之必要性

衡量税收法定主义的指标和标准的法定是必要的。因为实现税收法定主义的重要性,决定了我们要以法定的指标和标准来衡量税收法定的实践状况。

应当认为,国家征税收费,核心内容之一是从纳税人那里取走一定量的财产。国家取得的这种财产,看起来是从各种纳税人的手中取得的,但它归根到底源于创造者所创造的剩余价值。恩格斯说:"人类社会脱离动物野蛮阶段以后的一切发展,都是从家庭劳动创造的产品除了维持自身生活的需要尚有剩余的时候开始的,都是从一部分劳动可以不再用于单纯消费资料的生产而是用于生产资料的生产的时候开始的。劳动产品超出维持劳动的费用而形成的剩余,以及社会生产基金和后备基金从这种剩余中的形成和积累,过去和现在都是一切社会的、政治的和智力的继续发展的基础。"①因此,剩余是人们的发展利益所在。在现实生活中,直接创造者所创造的价值剩余,一部分以法定孳息(利息、租金、利润等)的形式,落入投资者、财产使用权出让者手中,另一部分以税费形式缴纳给国家。作为单纯依靠自己劳动力取得工资薪金收入的剩余价值的直接创造者(通常占人口的多数,包括体力劳动者与脑力劳动者),他们在对全社会的剩余价值分享中,不但受制于投资者、财产所有权人,而且受限于税费的征管主体,其发展权益该如何保障?

税收法定主义的一个核心理念便是,它通过征税、纳税法定,构建了征税人与纳税人(包括享有一部分剩余价值的主体,如投资者、财产使用权出让者;也包括剩余价值的直接创造者)的协商机制,即对什么征税、征多少税、如何征税等要经过"人民同意",即制定法律,依法征税、纳税。这是一个历史性的进

① 《马克思恩格斯选集》(第3卷),中共中央马克思恩格斯列宁斯大林著作编译局译,人民出版社1972年版,第233页。

步。一方面，它改变了征税人与投资者、财产使用权出让者的剩余价值分享关系。以企业为例，企业向国家缴纳税费，实际上是企业的投资者将其最大限度地从企业员工（剩余价值的直接创造者）取得的利润之一部分缴纳给国家。对于税费缴纳，如果没有相应的法律，而由征税人单方面决定，那么，企业的投资者将其最大限度地从企业员工（剩余价值的创造者）取得的利润，在缴纳税收后的剩余价值，如果低于在其他国家和地区的收益，那么投资者、财产使用权出让者连同他们的财产、资本就会流到国外，就会影响就业，并最终会影响税源以及征税人的收入。另一方面，它也改变着剩余价值的直接创造者与税费征收人的关系。因为，征税人的税费所得，归根结底源于剩余价值的直接创造者，如果由征税人自由决定税费征收，剩余价值的直接创造者因人数众多、劳动力质量参差不齐，他们中的大部分虽然不会也不可能出走他国，但在不堪重负时，可能会与政府发生冲突，“水可载舟亦可覆舟”，这在历史上并不鲜见。所以，征税人与纳税人之间，本来就存在内在的相互制约性，征税、纳税法定因为有利于调整剩余价值的创造与分享关系，而使税收征纳双方的利益平衡和共享发展成为可能。

不仅如此，税收法定主义的核心理念，还涉及税费征收人获得的收入如何管理、如何分配、如何使用等问题，纳税人（包括享有一部分剩余价值的主体，如投资者、财产使用权出让者，也包括剩余价值的直接创造者即税费的最终负担者）也有监督的权利。这种监督包括对税费征收人将其所得收入分配给制造公共物品、提供公共服务的各种国家机关及其公职人员，用于制造公共物品与提供公共服务的物质消耗，以及人工花费（公职人员的工资薪金福利支出等）的监督。这进一步要求我们制定“用税”的法律（包括实体与程序的法律），以使“用税”达到“人民满意”，即人民能以更少投入，公平均等化地获得更多、更好的公共物品、公共服务。这在本质上有利于剩余价值的直接创造者在税收领域较好地获得分享他们对全社会所创造的剩余价值，使大多数人在与投资者的博弈中难以分享剩余价值的缺陷得到一定程度的弥补。这正如邓小平同志所说：“如果富的愈来愈富，穷的愈来愈穷，两极分化就会产生，而社会主义制度就应该而且能够避免两极分化。解决的办法之一，就是先富起来的地区多交点利税，支援贫困地区的发展。”[①]这样才可能实现共同富裕。从而有利于提高全人口的劳动力素质，在人力资源供给上有利于资本持续逐利，有利于

① 《邓小平文选》（第3卷），人民出版社1993年版，第374页。

我国经济社会的持续健康发展，有利于实现共同富裕、共享发展成果，有利于社会的长治久安。

可见，实现税收法定主义的水平或程度如何，有没有一种科学的、法定的评价指标以及评价标准，其影响之大，可谓难以估量。因此，税收法定主义的衡量指标以及标准法定化，不是小题大做，而是很有必要的。

(三)税收法定主义衡量标准法定之可行性

我们研究衡量税收法定主义的指标以及标准的法定，可在私人产品领域对产品质量检验的指标以及标准的法定中得到启示；同时，可按照公共物品的特性，创设衡量税收法定主义的指标以及标准的法律制度，使衡量税收法定主义的指标以及标准也有法定的保障，由此防范人们任意采用与变更衡量税收法定主义的指标以及标准，避免违背客观规律，避免损害税收法定主义目标的实现。

衡量税收法定主义的指标以及标准的法律制度，可以参照私人产品领域对产品质量检验的指标以及标准，因为两者有一定的可比性。按照公共物品理论，公共物品作为公共使用或消费的物品，它的消费具有非竞争性和非排他性特征，通常不由市场中的企业和个人提供，而由政府提供。

对于私人物品的生产，我国现实生活中已有众多标准(由一定量的指标构成)，并已由《标准化法》(2017年修订)推动标准化工作，以满足"提升产品和服务质量，促进科学技术进步，保障人身健康和生命财产安全，维护国家安全、生态环境安全，提高经济社会发展水平"①的需要。根据我国用于规制私人产品的《标准化法》(2017年修订)的规定，我国的"标准包括国家标准、行业标准、地方标准和团体标准、企业标准。国家标准分为强制性标准、推荐性标准，行业标准、地方标准是推荐性标准。强制性标准必须执行。国家鼓励采用推荐性标准"。② 在私人产品领域，以《标准化法》推动标准化工作，对我们在公共物品(含公共服务)领域创设衡量的指标和标准、实行标准化与制定相应的标准化法律制度，具有参考价值。正如高培勇所说："物美价廉、货真价实，不仅是我们对于企业部门生产和提供私人物品和服务的评判标准，而且是我们评判政府部门生产和提供公共物品和服务的标准。如同我们对于任何的、可以在市场上买到的私人物品和服务的价格水平的评判，对于政府出于生产和提供公共物品和服务的目的而征收的税收水平的评判，同样可以操用物美价廉、

---

① 《标准化法》(2017年修订)第1条。

② 《标准化法》(2017年修订)第2条第2款、第3款。

货真价实的标准。"①

就税收法定主义的本质要求来说,其本身就是以实现劳、资、政三方("劳"是指剩余价值的直接创造者,"资"是指投资者、财产使用权出让者,"政"是指征税人、"用税"人)等社会各方利益的平衡,促进经济社会持续健康发展与社会长治久安为目标的。实现税收法定主义的目标,是通过人们实现税收法定的每一环节而逐步达到的,它的每一步做得怎么样,用什么指标和标准来衡量,要不要实行标准化,要不要以标准化法进行保障,这与对私人物品需要衡量指标的法定和《标准化法》的治理有相通之处,因为公共物品与私人物品都是劳动产品,都存在需要提升质量等问题。

按照萨谬尔森的公共产品理论,有的把"法律制度"当作纯公共物品,②如"国防、安全、法治和秩序、交通设施、医疗保健、环境,以及科研与教育等"。③既然"法律制度""法治"是公共物品,那么税收法律制度,以及由税收的立法、执法、司法、守法所构成的税收法治,也属于公共物品。由于税收法定对平衡劳、资、政三者的利益关系(从法学上说,就是公权主体、财产权主体与劳动力权主体的三者利益)影响重大。所以,税收法律制度、税收法治作为公共物品,也需要不断提高质量,也就应当有法定的衡量指标并通过标准化法加以治理,只不过这需要按照公共物品的特性来处理。

二、税收法定主义衡量标准立法的内容

(一)公共物品的衡量指标以及标准

税收法律制度、税收法治作为公共物品,也应当有法定的衡量指标以及进行标准化法的法律治理,但不能照抄"农业、工业、服务业以及社会事业等领域"的私人物品的法定衡量指标以及进行标准化法的法律治理的做法,这是因为公共物品与私人物品相比有其特殊性。

关于公共物品与私人物品的区别以及公共物品的特征,一般认为,公共物品是指非竞争性的和非排他性的货物,私人物品是指具有消费上的竞争性和排他性等特征的物品。公共物品规模效益大,初始投资量大,使私人企业或市

---

① 高培勇:《什么才是衡量税负水平高低的根本标准》,载《财会研究》2012 年第 5 期。

② 程浩、管磊:《对公共产品理论的认识》,载《河北经贸大学学报》2002 年第 6 期。

③ 夏光育:《论"公共产品"和"公共服务"的区别》,载《湖北经济学院学报(人文社会科学版)》2009 年第 5 期。

场不愿意提供、难以提供或如果提供难以产生效益,因而一般由政府或其他公共部门提供;而私人物品的效用边界清晰,市场是提供此类物品的最佳方式。公共物品可分为纯公共物品与准公共物品。法律制度等制度性公共产品,是纯公共物品。纯公共物品的特征有:消费时不能分割、只能共享,购买不能独享,用间接支付(税收)方式购买,以政治投票方式分配,不购买也可以享用,不容易鉴定好坏,使用时不容易浪费。这些特征决定了法律制度、法治,税收法律制度、税收法治的这种纯公共物品的衡量指标以及标准,也会有特殊性。

税收法律制度、税收法治等公共物品,与"农业、工业、服务业以及社会事业等领域"[①]的私人物品相比,两者的衡量指标以及标准的最主要的区别在于:

一是私人物品的衡量指标以及标准是为了统一这些领域的具有独享性的私人物品的技术要求,于是它用同一个标准(由一些指标构成)来衡量不同主体生产的同类产品,使该类私人物品都用相同的标准来衡量,以保障其具有同一质量并不断改善其质量,以满足众多购买者的需要。例如,对于汽车,无论是哪一厂家生产的,它都有统一的汽车标准,以保证汽车产品的质量,特别是要满足有关安全、环境保护和节约能源等方面的要求,促进汽车生产的系列化、通用化和标准化。

税收法律制度、税收法治的这种制度性纯公共物品,具有共享性、可重复使用性等特征,同一部税收法律就需要满足众多主体的多种需要与可重复使用的需要,因此,就应当以多种稳定的标准来衡量该部法律。以我国现行《企业所得税法》为例。对于《企业所得税法》,各个征税机关与各个纳税人,[②]自然都要从征税或者纳税的角度使用这部法律;对于征税机关,它主要关注该部税法是否便于其实现应税尽税;对纳税人来说,则关注税负是否公平等。因为企业所得税是中央政府与地方政府的共享税,因而中央政府与地方政府对这部税法的关注点也可能不完全相同。此外,在立法后的评估及对其修改、废除和解释时,以及在执法、司法中,有关主体也都要适用这部法律。

---

① 《标准化法》(2017 年修订)第 2 条第 1 款。

② 《企业所得税法》(2018 年修正)第 1 条规定:"在中华人民共和国境内,企业和其他取得收入的组织(以下统称企业)为企业所得税的纳税人,依照本法的规定缴纳企业所得税。个人独资企业、合伙企业不适用本法。"第 2 条规定:"企业分为居民企业和非居民企业。本法所称居民企业,是指依法在中国境内成立,或者依照外国(地区)法律成立但实际管理机构在中国境内的企业。本法所称非居民企业,是指依照外国(地区)法律成立且实际管理机构不在中国境内,但在中国境内设立机构、场所的,或者在中国境内未设立机构、场所,但有来源于中国境内所得的企业。"

不同主体出于不同需要对同一部《企业所得税法》加以运用，这就可能根据需要对《企业所得税法》采取不完全相同的衡量指标以及标准，如《企业所得税法》除要有符合便于征税的指标以及标准外，也需要有体现税负公平的指标以及标准等。

二是衡量私人物品的指标与标准，因为重在统一技术要求，所以，衡量私人物品的指标与标准的技术性较强，如上文列举的汽车标准中涉及环境保护（对氮氧化物、碳氢化合物、一氧化碳和悬浮粒子等机动车排放物的限制）的强制性标准；对于衡量公共物品的指标以及标准，由于它直接与人们的利益相联系，它的人文社会性质的指标就会相应较多，如满意度、获得感、税负公平、税收痛苦指数等。

（二）税收法定主义衡量指标和标准法定的基本框架

加强与完善税收法律，是实现税收法定主义的路径依赖；实现税收法定主义是为了成就税收法治。税收法律的状况如何，税收法定主义实现的状况或者税收法治的发展状况如何，都可以有加以衡量的指标以及标准。学界虽然在立法评估中对评估指标以及标准的研究有所涉及，但对税收法定主义衡量指标以及标准的法定问题研究甚少。在现实生活中，恰好这一点又比较重要。显然，指标和标准都应当法定，不能任意设定，以避免影响、干扰税收法定主义的实现。当然，税收法定主义衡量指标和标准的法定，并不都是强制性的，而应当是有推荐性的。我们试对税收法定主义的衡量指标和标准作一个框架式的说明。

一是合宪的指标和标准。作为法律、法治等制度性纯公共物品的首要的、根本的标准是符合宪法、符合依宪治国的标准。这是由宪法作为国家根本大法的地位所决定的。税收法律、税收法治以符合宪法、符合依宪治国为标准，这是加强宪法实施和监督，推进合宪性审查工作，维护宪法权威的需要。为此，我们应当构建合宪指标体系，制定合宪标准，作为强制性标准依法推行，使每一项立法以及整个税法体系都符合宪法精神、反映人民意志、得到人民拥护。这一指标和标准同样适用于衡量税收法定主义。

二是优化税制结构、稳定宏观税负的指标和标准。对征税人来说，要使每一部税收法律的颁布施行，以符合优化税制结构与稳定宏观税负为标准。其一，优化税制结构，包括合理调整税种设置，确定货物和劳务税、所得税、财产税的比例，以及中央税、地方税和共享税的比例等，这对调整劳、资、政三者利益关系，以及劳、资、政各自内部的利益关系（如“政”内部的中央政府与地方政府之间的利益关系)都有重要作用,同时对经济社会能否持续健康发展也有重要影响。因此,任何一部税法的立、改、废、释,都要以优化税制结构为标准。其二,要以稳定宏观税负为标准。如前所述,宏观税负是一个国家的税负总水平,它由税收总量对国民生产总值(GNP),或国内生产总值(GDP),或国民收入(NI)的占比来衡量。税收法律,对征税人来说,就是在需要与可能相结合的意义上,保障征税人国家获得行使其职能的费用。保持宏观税负相对稳定,是征税、纳税法律及其体系保障国家财政收入的需要,同时又有利于稳定纳税人的纳税预期。因此,要将各项宏观税负指标的宏观税负标准,用来衡量征税、纳税的税收法律。

三是便利征税与便于提高征税效率的指标和标准。对于依法征税的税务机关来说,它承担依照法定税率计算税额、依法征收税款、将征收的税款缴入国库的职能。因此,税收法律应当便利税务机关征税,并有利于提高征税效率。便利征税与有利于提高征税效率,应是衡量税收法律、税收法治的一个标准。其一,便利征税,它要求每一部征税、纳税的法律,其各项具体的税法要素,如税种,征税主体,纳税主体,征税客体,税率,纳税环节、期限和地点,减免税,税务争议和税收法律责任等内容的规定,都非常明确和便于执行。这是衡量税法的一个重要标准,应当确定相应的指标来完善这种标准。其二,为了提高征税效率,征税、纳税的法律也要设定征税机关征税效率的指标和标准。提高征税效率,要求在征税中,使征、纳双方的成本降低,税务支出对税收收入的占比减小,以增加税收的实际入库数。

国家制定税收征收管理的法律,就必须确定税收的名义收入与实际收入及其差额的指标,并确定征税效率的标准。

四是公平税负与纳税便利的指标以及标准。对于纳税人来说,公平税负与纳税便利与其有重大利益关系。其一,公平税负,是将税收负担公平地分配给各纳税人,国家征税要使每一个纳税人承受的负担与其经济状况相适应,并使各纳税人之间的负担水平保持平衡。一方面,要强调横向公平,即经济条件相同的纳税人,应负担相同数量的税收;另一方面,也要坚持纵向公平,即经济条件不同的人负担不同数量的税收。此外,现实生活中还存在名义税负公平与实际税负公平的问题,如财政部中国财政科学研究院陈龙所说:"宏观税负只是衡量总体税负水平的一个指标,它无法反映微观主体的税负结构状况。同一宏观税负水平,给不同的微观主体带来的税负并不一样。不能简单地以宏观税负的高低,来衡量微观主体税负的轻重。同样,衡量不同微观主体税负的轻重也不能只用某单一指标,否则,就可能得出错误结论。”[①]可见,公平税负需要一个指标体系来衡量。其二,纳税便利,即税收的稽征管理要尽量为纳税人提供便利,避免因征收管理制度的不合理,而给纳税人带来时间、精力和经营等方面不应有的损失,要利于纳税人从事生产经营活动,节约纳税费用,减少额外经济损失,并在税收征收管理法中确定指标与标准。

五是“用税”绩效的指标以及标准。这是税收法治评估中的重要指标以及标准。“用税”绩效(从使用的物的内容来说),一般又称支出绩效(从物的使用过程来说)等。实际上,预算支出主要依靠税收,而且政府征收的税费等,除有偿服务的收费外,其他纳入财政收入(不直接有偿返还)的基金、收费等,表面上虽然没有被称为税,但实质上也是税。所以,“用税”绩效的说法是成立的。“用税”绩效的指标和标准,是指在“用税”绩效评估或者支出绩效评价(财政支出绩效评价)中,用来衡量目标的方法以及衡量事物的准则。“用税”绩效评估或者支出绩效评价,是财政部门和预算部门(预算单位元)根据设定的绩效目标,为了对财政支出的经济性、效率性和效益性进行客观、公正的评价,运用科学、合理的绩效评价指标、评价标准和评价方法进行评价,是保障税收“取之于民,用之于民”并赢得“人民满意”的重要措施。在现实生活中,这种支出绩效评价作为绩效预算管理制度,已被纳入政府绩效立法的范围,如美国已有《政府绩效与成果法案》(1993 年)[②]等。有的人对美国的这一法案进行研究认为,美国政府绩效评估的指标体系已达到科学化,即它的指标既有客观性(具有公平统一的权威性),又有差异性(用以照顾各个部门和项目的特殊性),还有灵活性(对难以定量测定的项目,经授权的被评估人可选择其他的替代指标)。[③]我国已由财政部发布《财政支出绩效评价管理暂行办法》(2011 年)、《预算绩效管理工作规划(2012—2015 年)》以及《预算绩效评价共性指标体系框架》(2013 年)。《预算绩效评价共性指标体系框架》(2013 年)在把指标分为共性指标与个性指标的基础上,详细规定了共性指标的体系框架。可见,在我国“用税”绩效评估或者支出绩效评价的指标以及标准正在走向法定化。

此外,还有另一种涉税绩效评估也需要指标和标准。如税收支出绩效评

---

① 陈龙:《专家详解:为何宏观名义税负与实际税负感差异大?》,载新华网,http://www.xinhuanet.com//politics/2017-01/03/c_1120233504_2.htm。

② 美国 1993 年制定《政府绩效与成果法》(GPRA),是世界上第一部专门为政府绩效拟定的法令,2010 年美国又制定《政府绩效与成果现代法》,其中就有用来评估的业绩指标的规定。

③ 姚刚:《美国政府绩效评估经验与启示》,载《特区实践与理论》2014 年第 5 期。

估,这种税收支出,不是事权和支出责任相适应中直接的“用税”,而是源于税收优惠,国家为实现某种政策目标,在税法中设定一些背离条款,给特定纳税人以一定的税收优惠,它可能导致国家财政收入减少,构成财政上的支出。这样一种以减少收入为代价的财政补贴性支出,其财政效益是具有不确定性的,政府的既定政策目标也不一定实现得了。因此,税收支出也就需要进行绩效评估,从而需要相应的评估指标和标准,这也是衡量、评估与检验税收法律的指标以及标准问题。

六是税收遵从的指标以及标准。税收法治包括税收领域的科学立法、严格执法、公正司法、全民守法的全面推进,税收遵从度,是税收领域全民守法的标志。税收遵从度是指纳税人受主观心理态度的支配所表现出来的对税法的遵从程度;它与税收民主相关,本诺(Benno)认为,发展税收民主有助于提高税收道德,增强人民遵从度。① 税收遵从度也可用于对税收民主程度和税法是否为良法的衡量。税收遵从度的衡量,还有利于财税部门找到影响纳税人税收遵从度的诸多因素,为完善法律、政策和管理规定提供科学的基础支援,提高制度运行的效率。因此,税收遵从度是衡量税收法律、税收法治的一个重要指标以及标准。

由于税收是“取之于民,用之于民”的,故税收遵从度,是在纳税人纳税的“痛苦”指数、失去感与纳税人享用公共物品的幸福指数、获得感的对比中形成的,当然还有其他影响因素。因此,税收遵从度标准,可由税收的“痛苦”指数与幸福指数的对比指标,以及有关税收的失去感与获得感的对比指标所构成。其一,税收的“痛苦”指数与幸福指数的对比指标问题。税收“痛苦”指数,是指福布斯全球税收痛苦和改革指数,是将一国的公司所得税、个人所得税、雇主和雇员的社会保险税(费)、商品税以及财产税六大税种的最高一档名义税率加总后得出的。名义征收率与实际征收率不一致,会影响税收“痛苦”指数,而且还有与纳税“痛苦”指数相对应的享用公共物品的幸福指数之对比问题。其二,失去感与获得感的对比指标问题。获得感,本表示获取某种利益后所产生的满足感。在我国,现多用以指代人民群众共享改革成果的幸福感。它包括物质层面与精神层面的,看得见的与看不见的实实在在的“得到”。有关税收的获得感,应是指纳税人公平、均等地享用政府“用税”所生产与提供的公共物

① Benno Torgler, *Tax Morale and Direct Democracy*, European Journal of Political Economy, Vol. 21, p. 525 – 531(2005).

品与公共服务。纳税人在缴纳税收时会有失去感，但它只是被聚集为社会公共财产，并被用来生产公共物品，纳税人有权监督全过程，并最终能公平、均等地享用政府“用税”所生产与提供的公共物品与公共服务，从而会有获得感。这种失去感与获得感的对比度，能够比较真实地衡量纳税人对税收的遵从度。税收遵从的指标和标准，也是衡量税收法律、税收法治的重要方法。

总之，税收法律、税收法治的质量如何，我们会通过评估、审查等方式进行检验、认定，从而采取相应的改进、促进措施。因此，用于评估、审查、监督等所需的指标和标准是不可或缺的。由于税收法律、税收法治关系涉税多方主体的利益，并且涉及立法、执法、司法与守法的全过程，因此它需要多种指标和标准共同加以衡量。这就是我们研究税收法定主义衡量指标和标准法定所要关注的问题。

三、税收法定主义衡量标准立法的路径

（一）私人物品的标准化立法引出的话题

私人物品需要有衡量的指标以及标准，不仅如此，这种衡量私人物品（产品）的指标和标准是需要法定化的，这是近二三百年来为适应标准化运动的一种法制创新。标准化，是指为适应科学地发展和组织产品的生产，在产品质量、品种规格、零部件通用等方面，规定统一的技术标准。标准化对改进产品、过程和服务的适用性，防止贸易壁垒，促进技术合作的意义重大。当今世界各国，已经对产品（私人物品）制定了无数标准，标准化工作已经展开。标准化立法就是要致力调整制定标准、组织实施标准以及对标准的制定、实施进行监督过程中发生的社会关系，规范与监督制定、实施标准的行为，实现其“加强标准化工作，提升产品和服务质量，促进科学技术进步，保障人身健康和生命财产安全，维护国家安全、生态环境安全，提高经济社会发展水平”①的目的。

产品的标准化立法，主要内容包括标准化机构的设置和权限，标准的制定，标准的实施，对标准制定与实施的监督管理、法律责任等。我国于1988年制定了《标准化法》，2017年11月4日进行修订，但不涉及公共物品的标准化问题。公共物品是否也需要有指标和标准的立法？对于这个问题，笔者试以法律、法治为纯公共物品的角度予以说明。建设社会主义法治国家，须加强立法，实行良法善治。良法善治的状况如何，必须进行立法评估（立法前评估与

---

① 《标准化法》（2017年修订）第1条。

立法后评估）和对法律实施进行检查。进行立法评估和对法律实施进行检查，就需要有一定的指标和标准进行衡量，以便得出确定的意见与结论。此类指标以及标准不得由相关方随意确定与采用，而是应当以相应的法律进行规制。衡量公共物品（包括衡量税收法律、税收法治这类纯公共物品）的指标和标准应当法定化。

（二）税收法定主义衡量标准立法的路径选择

衡量公共物品的指标以及标准的法定，适用于法律制度、法治等，当然也适用于税收法律、税收法治等公共物品。但是，衡量公共物品的指标和标准的法定化，是应采取如衡量私人物品的指标和标准的《标准化法》，还是应分散到相关的法律中予以规定？从世界范围私人物品的标准化法发展史看，以及对公共物品的标准化状况的分析，目前，我国制定公共物品的标准化法之条件尚不成熟，更宜将其分散到相关的法律中予以规定更恰当。

从世界范围私人物品的标准化法发展史看，已有二三百年时间，最初是18世纪90年代，由法国科学家承担建立公制计量制度任务，涉及标准化领域的一项基础性标准。接着，美国、英国等成立了一些标准化组织、制定了一些标准。有的国家，如日本制定了《工业标准化法》和《农林物资标准化法》等；美国则在《消费品安全保障法》（1972年）中规定了消费品安全委员会负责制订和批准消费品安全方面的标准等。此外，国际社会还建立了国际标准化组织（International Organization for Standardization，ISO），这一组织成立后，同国际电工委员会达成协定，由国际电工委员会担负电气与电子工程领域的标准化工作，并由国际标准化组织担负除电气与电子工程外所有技术领域的标准化工作等。总之，私人物品的标准化立法，是以出现标准化组织与制定标准的实践先行为基础的。公共物品的标准化立法，也应当有相应的标准化组织以及制定标准的实践先行为基础。

回到公共物品的标准化问题上，当今世界各国制定相关标准及其专门组织还鲜有所闻。但是，美国的《政府绩效与成果法案》（1993年）等，已经涉及有关政府"用税"或者支出绩效评估的指标和标准的规定。我国《预算绩效评价共性指标体系框架》（2013年）在把指标分为共性指标与个性指标的基础上，详细规定了共性指标体系框架。这都涉及对衡量税法、税收法治的指标和标准的法定化问题。应当认为，税法、税收法治的评估指标和标准，是需要进行法律治理的，以防范受到人们主观臆测的危害。[①] 法律、法治，以及税法、税收法治的评估指标和标准的法律治理，无论发展得如何不尽如人意，我们在有关法律中加以完善，是具有可行性的。这里，试提出如下一些设想。

一是在我国《立法法》有关立法评估的规定中，增加“合宪性”标准的内容。我国《宪法》规定：“一切法律、行政法规和地方性法规都不得同宪法相抵触。”[②]2015年《立法法》也规定：“宪法具有最高的法律效力，一切法律、行政法规、地方性法规、自治条例和单行条例、规章都不得同宪法相抵触。”[③]因此，在有关立法前评估的规定（如《立法法》第39条等）与立法后评估的规定（如《立法法》第63条）中，完全可以增加必须依照强制性标准进行合宪性审查，以及由全国人大制定合宪性审查的强制性标准等内容。同时，在行政法规等备案审查中也可以适用合宪性审查的强制性标准。合宪性审查的标准作为强制性标准，适用于一切法律法规。它在立法前加以适用，有利于提高法律草案的质量，有利于在立法主体表决时作出判定；在立法后加以适用，有利于确定立法的质量，便于更好地修订法律等，有利于实现良法善治。

至于如何制定与运用合宪性审查的强制性标准，需要理清目标、指标与标准之间存在的内在逻辑联系，并使设定的目标明确、可行，指标具体、有用，标准能成为衡量目标实现程度的尺度等。

对于专门用于衡量税收法律、税收法治的指标和标准的一些问题，例如，标准要不要分级次（国家标准、地方标准），要不要分为强制性标准、推荐性标准，要不要把指标分为共性指标与个性指标，如何进一步制定相关的标准化法，以全面规定标准主体制度、标准的制定、标准的实施、对标准制定与实施的监督管理、法律责任等问题，还需要另著文章作出进一步的研究。

二是在《各级人民代表大会常务委员会监督法》中，增加各级人大常委会对法律法规实施情况进行检查的标准的内容。我国于2006年颁布《各级人民代表大会常务委员会监督法》，第四章对“法律法规实施情况的检查”作出了规定，为适于对有关法律法规实施情况组织的执法检查，也应制定相应标准，以利于对所检查的法律法规实施情况进行科学评价；提出执法中存在的问题和改进执法工作的建议，以利于对有关法律、法规提出修改完善的建议。

---

① 肖捷：《走出宏观税负的误区》，载《中国改革》2010年第10期。

② 《宪法》（2018年修正）第5条第3款。

③ 《立法法》（2015年修正）第87条。

总之,我们对于法律、法治的衡量指标以及标准,应当根据需要,逐步推进其法定化进程;尤其是税收法律、税收法治,需要以衡量指标和标准的法定,来促进税收法定原则的全面落实,实现税收法定主义。税收法定之“法”虽然仅限于法律,但基于上述分析,也适用于税收法定主义衡量指标和标准法定的路径分析。

小　结

本章主要阐述了促成“税之良法”的进路问题。这是以立法为中心,研究税收法定主义实现路径的一个重要问题。

税收法定主义的实现,需要立法先行,发挥立法的引领和推动作用。因此,我们应当在构建一个比较完备的税法体系的基础上使其结构合理化,并使每一项税法都有较高质量,由此保障税收法定主义的实现。不是所有税收法律都是高质量的和都能发挥保障税收公平、促进发展的积极作用的。税收法定不仅是形式法定,更是实质法定。税收法定之实质法定就要求税收法律能成为“税之良法”,以致能促成“国之善治”,实现税收法定主义依法治税的目标。

税收法定之实质法定,要求提高税法质量,使税法能体现量能课税、公平负担、生存权保障等宪法性原则,强调税收征收和使用相统一,能使征税人、“用税”人与纳税人,征税人、“用税”人内部,纳税人内部等各种税收利益处于平衡状态,税收立法、执法和司法的全过程都实行法定状态。为此,我们应当设法使税收事项的每一项法律都成为良法;同时,应当设法使整个税收法律体系具备一个合理结构,以便使单项税收法律与税收法律体系,在个别与整体相结合的状态下,发展为“税之良法”。

一方面,我们要设法使整个税收法律体系有一个合理结构,即它将不仅限于2015年《立法法》列举的“一税一法”的征税、纳税实体法与征税、纳税程序法的狭义税法;而应当以税收法定入宪的原则为“纲”,并且与税收基本法、纳税人权利保护法一起构成“导航”之法,以及连同税收实体法体系与税收程序法体系,共同构成完备的税法体系。对此,我们可以通过《立法法》的再完善,来确定合理的税法结构的法律依据问题,通过2015年《立法法》第8条有关规定的再完善,从立法上根本解决税收法定主义的适用范围问题,使所有的税收基本制度都能制定法律并形成一个科学的税法体系。

另一方面,我们要使税法体系中的每一项税收立法都能提高质量。这既要求我们依宪立法、依法立法,使税法的每一项立法都有宪法依据,都有立法法的依据也都合宪、合法;同时,也要启动修宪与修订《立法法》,为进一步完善税收各项立法提供更完善的《宪法》与《立法法》依据。

提高税法质量,是一个复杂而长久的问题,需要采取多种措施,以促成“税之良法”的实现。为了完善税法体系结构与提高各项税法质量,自然需要切实完善税收法定入宪的规定和进一步完善《立法法》,为税收立法更好地依宪立法、依法立法奠定基础,笔者为此强调要采取6项重点法律措施,包括税收法定入宪之修宪法定的完善,税收立法权的配置与运行法律规制的完善,(税收)立法评估法律制度的完善,推进(税收)立法的合宪性审查的完善,(税收)立法工作责任制的立法完善,税收法律与其他法律法规的和谐衔接机制法律制度的完善,并且对这些建议作出了较细化的说明。

最后,笔者探讨了税收法定主义衡量标准的立法问题。实现税收法定主义不是一蹴而就的,在这个过程中,对于税收立法应当经常进行评估、检测税收法定实践的状况,如税收立法评估、税收法律实施监督检查等,因此需要有一定的衡量指标和标准。私人物品的衡量指标和标准已经法定化,即已有了《标准化法》,税法、税收法治作为公共物品的衡量指标和标准也可能需要走上法定化之路,这是提高税法质量需要采取的法律措施。但就现在有关的立法实践状况和理论研究而言,还仍显不足,国内外的有关研究还比较薄弱,制定公共物品的标准化法还须努力。当前,我们可根据公共物品的特性,首先在《立法法》《各级人民代表大会常务委员会监督法》中,对法律、法治的衡量指标和标准作出规定,并且进一步研究制定公共物品标准化法的问题,以求也能对推动税收法定主义衡量指标和标准化的法定化进程,以及对助力税收法定主义的实现,有所补益。

参 考 文 献

一、中文著作

[1]崔晓静:《国际税收行政合作的新发展及其法律问题研究》,中国社会科学出版社 2014 年版。

[2]刘剑文:《税法专题研究》,北京大学出版社 2002 年版。

[3]刘剑文主编:《税法学》,人民出版社 2002 年版。

[4]刘剑文:《重塑半壁财产法——财税法的新思维》,法律出版社 2009 年版。

[5]刘剑文、侯卓、耿颖、陈立诚:《财税法总论》,北京大学出版社 2016 年版。

[6]刘剑文、熊伟:《税法基础理论》,北京大学出版社 2004 年版。

[7]黎江虹:《中国纳税人权利研究》,中国检察出版社 2010 年版。

[8]刘怡:《财政学》(第 2 版),北京大学出版社 2010 年版。

[9]《世界各国宪法》编辑委员会编译:《世界各国宪法(欧洲卷)》,中国检察出版社 2012 年版。

[10]《世界各国宪法》编辑委员会编译:《世界各国宪法(亚洲卷)》,中国检察出版社 2012 年版。

[11]谭志哲:《当代中国税法理念转型研究——从依法治税到税收法治》,法律出版社 2013 年版。

[12]许善达:《中国税权研究》,中国税务出版社2003年版。

[13]汪进元:《良宪论》,山东人民出版社2005年版。

[14]张文显:《法学基本范畴研究》,中国政法大学出版社1993年版。

[15]张文显主编:《法理学》(第4版),高等教育出版社、北京大学出版社2011年版。

[16]周旺生:《立法论》,北京大学出版社1994年版。

[17]张守文:《税法原理》,北京大学出版社1999年版。

[18]陈清秀:《税法总论》,台北,元照出版有限公司2012年版。

[19]黄茂荣:《税法总论——法学方法与现代税法》(第1册增订3版),植根法学丛书编辑室2012年版。

[20]陈清秀:《税法之基本原理》,台北,三民书局1994年版。

[21]葛克昌:《税法基本问题》(财政宪法篇),北京大学出版社2004年版。

[22]《邓小平文选》(第3卷),人民出版社1993年版。

[23]中国社会科学院语言研究所词典编辑室编:《现代汉语词典》,商务印书馆1978年版。

二、中文论文

[1]安晶秋:《关于我国税收授权立法制度的法律思考》,载《税务研究》2007年第6期。

[2]安体富:《论财政分权中的税制改革》,载《财政监督》2007年第21期。

[3]白彦峰:《单一制国家赋予地方税收立法权的可行性分析——基于我国国情的探讨》,载《行政论坛》2008年第5期。

[4]陈国英:《对现行增值税制度的思考与建议》,载《税务研究》2017年第2期。

[5]柴金发:《关于公共财产法的几个基本问题》,载《财税法学动态》2014年第7、8期。

[6]陈志勇、姚琳:《税收法定主义与我国课税权法治化建设》,载《财政研究》2007年第5期。

[7]车文勤:《韩国纳税人权利保护官制度及启示》,载《税收经济研究》2016年第6期。

[8]程浩、管磊:《对公共产品理论的认识》,载《河北经贸大学学报》2002年第6期。

[9]高军:《立法保护纳税人权利刍议》,载《贵州警官职业学院学报》2012年第3期。

[10]高桂林、刘文华:《税收法定主义之内涵界定》,载《武警学院学报》2005年第1期。

[11]高培勇:《什么才是衡量税负水平高低的根本标准》,载《财会研究》2012年第5期。

[12]姜孟亚:《论税权的内容》,载《黑龙江社会科学》2009年第2期。

[13]刘剑文:《〈税收征收管理法〉修改的几个基本问题——以纳税人权利保护为中心》,载《法学》2015年第6期。

[14]刘剑文:《西方税法基本原则及其对我国的借鉴作用》,载《法学评论》1996年第3期。

[15]刘剑文:《落实税收法定原则的现实路径》,载《政法论坛》2015年第3期。

[16]刘剑文、陈立诚:《论房产税改革路径的法治化建构》,载《法学杂志》2014年第2期。

[17]刘剑文、耿颖:《税收法定原则的核心价值与定位探究》,载《郑州大学学报(哲学社会科学版)》2016年第1期。

[18]刘剑文:《论财政法定原则——一种权力法治化的现代探索》,载《法学家》2014年第4期。

[19]刘剑文:《凝聚共识,夯实基础,借势借力推动财税法学科大发展》,载《财税法学动态》2014年第7、8期。

[20]刘剑文:《中国大陆财税法学研究视野》,载《月旦财经法杂志》2005年第1期。

[21]刘剑文:《试论我国分税制立法》,载《武汉大学学报(哲学社会科学版)》1998年第4期。

[22]刘佐:《中国税制改革50年》,载《当代中国史研究》2000年第5期。

[23]刘继虎:《〈立法法〉修改背景下我国税收授权立法制度的改革》,载《湖湘论坛》2016年第2期。

[24]李刚、周俊琪:《从法解释的角度看我国〈宪法〉第56条与税收法定主义——与刘剑文、熊伟二学者商榷》,载《税务研究》2006年第9期。

[25]李步云、赵迅:《什么是良法》,载《法学研究》2005年第6期。

[26]刘辉、焦建国:《新一轮税制改革中非正式制度约束及与正式制度的

融合》,载《现代财经(天津财经大学学报)》2010 年第 12 期。

[27]李娉婷:《论行政公益诉讼的原告资格——个人提起行政公益诉讼的理论研究》,载《法制与社会》2008 年第 6 期。

[28]刘松珍:《论税收授权立法的属性——以纳税人权利保护为视角》,载《行政与法》2007 年第 2 期。

[29]李文:《税收立法权纵向分权的制度保证》,载《税务与经济(长春税务学院学报)》2004 年第 2 期。

[30]李香菊:《完善我国依宪治税的思考》,载《涉外税务》2003 年第 10 期。

[31]秦前红、涂云新:《宪法修改的限制理论与模式选择——以中国近六十年宪法变迁为语境的检讨》,载《四川大学学报(哲学社会科学版)》2012 年第 6 期。

[32]覃有土、刘乃忠、李刚:《论税收法定主义》,载《现代法学》2000 年第 3 期。

[33]施正文:《中国税法通则的制定:问题与构想》,载《中央财经大学学报》2004 年第 2 期。

[34]施正文:《论〈税收征管法〉修订需要重点解决的立法问题》,载《税务研究》2012 年第 10 期。

[35]施正文、徐孟洲:《税法通则立法基本问题探讨》,载《税务研究》2005 年第 4 期。

[36]施正文:《略伦税收程序性权利》,载《税务与经济(长春税务学院学报)》2003 年第 1 期。

[37]施宏:《税收法定的前提是纳税人权利法定》,载《国际税收》2014 年第 8 期。

[38]汤贡亮:《合理划分税收立法权与税收管理权》,载《法学杂志》2005 年第 3 期。

[39]汤贡亮、刘爽:《税收基本法研究回顾与展望》,载《税务研究》2008 年第 1 期。

[40]滕祥志:《论〈税收征管法〉的修改》,载《清华法学》2016 年第 3 期。

[41]涂龙力、涂京联:《税收基本法立法若干基本问题研究——兼与施正文、徐孟洲同志商榷》,载《税务研究》2005 年第 8 期。

[42]童之伟、苏艺:《我国配套立法体制的改革构想》,载《法学》2015 年第

12 期。

[43]翁耀武:《再论税收法定原则及其在我国的落实——基于意大利强制性财产给付法定原则的研究》,载《交大法学》2017 年第 1 期。

[44]吴凯:《〈环境保护税法〉立法原则探析:税收法定与量能课税的融合与优化》,载《世界环境》2016 年第 1 期。

[45]武丽、肖钢:《论纳税人权利及其实现》,载《财政研究》2008 年第 3 期。

[46]王书成:《合宪性推定与“合宪性审查”的概念认知——从方法论的视角》,载《浙江社会科学》2011 年第 1 期。

[47]王锴:《论公债的宪法基础》,载《中州学刊》2011 年第 3 期。

[48]王保民:《立法评估:一种提高立法质量的有效途径》,载《青岛行政学院学报》2007 年第 6 期。

[49]王保民:《论授权立法的利弊得失》,载《西安交通大学学报(社会科学版)》2009 年第 4 期。

[50]王保民、崔东晓:《欧盟立法评估制度研究》,载《行政与法》2011 年第 5 期。

[51]王芳芳:《非法所得课税的法律规制》,载《商》2015 年第 47 期。

[52]熊伟:《税收法定原则与地方财政自主——关于地方税纵向授权立法的断想》,载《中国法律评论》2016 年第 1 期。

[53]熊伟:《专款专用的政府性基金及其预算特质》,载《交大法学》2012 年第 1 期。

[54]许多奇:《税收法定原则中“税率法定”的法治价值》,载《社会科学辑刊》2015 年第 4 期。

[55]徐阳光:《纳税人诉讼的另类视角——兼评蒋时林诉常宁市财政局违法购车案》,载《涉外税务》2006 年第 8 期。

[56]邢会强:《论精确的法律语言与税收实质法定原则》,载《税务研究》2011 年第 3 期。

[57]邢亮:《论良法之治视阈下地方政府立法评估指标体系的构建》,载《福建江夏学院学报》2014 年第 3 期。

[58]肖捷:《走出宏观税负的误区》,载《中国改革》2010 年第 10 期。

[59]夏光育:《论“公共产品”和“公共服务”的区别》,载《湖北经济学院学报(人文社会科学版)》2009 年第 5 期。

[60]徐永翥:《美国政府非税收入管理的主要特点》,载《经济研究参考》2008年第18期。

[61]俞光远:《落实税收法定原则与纳税人合法权益保护》,载《地方财政研究》2015年第11期。

[62]姚海放:《宏观调控抑或税收法治:论房产税改革的目标》,载《法学家》2011年第3期。

[63]姚刚:《美国政府绩效评估经验与启示》,载《特区实践与理论》2014年第5期。

[64]袁明圣:《中国台湾地区大法官解释制度初探》,载《江西财经大学学报》2004年第3期。

[65]杨玉荣:《论税收授权立法的理论及现实依据》,载《黑龙江省政法管理干部学院学报》2010年第11期。

[66]杨杨、杜剑:《纳税人权利保护:税法本质公平的实现途径》,载《税务与经济》2009年第6期。

[67]张守文:《税权的定位与分配》,载《商法研究(中南政法学院学报)》2000年第1期。

[68]张守文:《我国环境税立法的"三维"审视》,载《当代法学》2017年第3期。

[69]张守文:《论税收法定主义》,载《法学研究》1996年第6期。

[70]张守文:《税收法治当以"法定"为先》,载《环球法律评论》2014年第1期。

[71]张怡:《税收法定化:从税收衡平到税收实质公平的演进》,载《现代法学》2015年第3期。

[72]张富强:《论税权的二元结构及其价值逻辑》,载《法学家》2011年第2期。

[73]张富强、卢沛华:《纳税人权利的概念及现状》,载《学术研究》2009年第3期。

[74]朱大旗、胡明:《正当程序理念下我国〈税收征收管理法〉的修改》,载《中国人民大学学报》2014年第5期。

[75]张翔:《宪法案件的筛选机制——我国启动宪法解释的技术障碍的排除》,载许崇德、韩大元主编:《中国宪法年刊(2012)》,法律出版社2013年版。

[76]张成松:《税率调整何以正当:以营改增为切入点》,载《现代经济探

讨》2016年第4期。

[77]赵岩、赵艳清、安剑:《美国发布新〈纳税人权利法案〉》,载《国际税收》2014年第8期。

[78]周俊鹏:《税收立法权纵向划分的基本原则》,载《广西社会科学》2008年第1期。

[79]张永忠:《税收法定理论研究需要层次论》,载《理论月刊》2005年第10期。

[80]曾智华:《中国地方政府如何破产?》,载《凤凰周刊》2015年第16期。

[81]周怡萍:《立法前评估制度研究——以地方立法为视角》,载《人大研究》2014年第8期。

[82]《中共中央政治局召开会议审议〈深化财税体制改革总体方案〉》,载《中国政府采购》2014年第7期。

三、翻译著作

[1][法]孟德斯鸠:《论法的精神》(上卷),许明龙译,商务印书馆2015年版。

[2][法]孟德斯鸠:《论法的精神》(上册),张雁深译,商务印书馆1982年版。

[3][法]孟德斯鸠:《论法的精神》(上册),张雁深译,商务印书馆1995年版。

[4][法]卢梭:《社会契约论》,李平沤译,商务印书馆2014年版。

[5][古希腊]亚里士多德:《政治学》,吴寿彭译,商务印书馆1965年版。

[6][古罗马]西塞罗:《论共和国　论法律》,王焕生译,中国政法大学出版社1997年版。

[7][美]约翰·罗尔斯:《正义论》,何怀宏等译,中国社会科学出版社1988年版。

[8][美]布坎南·瓦格纳:《赤字中的民主》,刘延安等译,北京经济学院出版社1988年版。

[9][美]B.盖伊·彼得斯:《税收政治学:一种比较的视角》,郭为桂、黄宁莺译,江苏人民出版社2008年版。

[10][美]保罗·萨缪尔森、威廉·诺德豪斯:《宏观经济学》(第16版),萧琛等译,华夏出版社1999年版。

[11][日]北野弘久:《税法学原论》(第4版),陈刚、杨建广等译,中国检察出版社2001年版。

[12][日]金子宏:《租税法》(上册),蔡宗羲译,“财政部”财政人员训练所1985年版。

[13][日]金子宏:《日本税法》,战宪斌、郑林根等译,法律出版社2004年版。

[14][英]戴维·沃克编辑:《牛津法律大辞典》,北京社会与科技发展研究所译,光明日报出版社1988年版。

[15][英]约翰·洛克《政府论》(下篇),丰俊功、张玉梅译,北京大学出版社2014年版。

[16][英]约翰·洛克:《政府论》(下篇),叶启芳、瞿菊农译,商务印书馆1964年版。

[17][英]托马斯·霍布斯:《利维坦》,黎思复、黎廷弼译,商务印书馆1985年版。

[18][英]约翰·弥尔顿:《为英国人民声辩》,何宁译,商务印书馆1958年版。

[19]中共中央马克思恩格斯列宁斯大林著作编译局编:《马克思恩格斯选集》(第1卷),人民出版社2005年版。

[20]中共中央马克思恩格斯列宁斯大林著作编译局编:《马克思恩格斯选集》(第2卷),人民出版社2005年版。

[21]《马克思恩格斯选集》(第3卷),中共中央马克思恩格斯列宁斯大林著作编译局译,人民出版社2005年版。

[22]马克思、恩格斯:《马克思恩格斯选集》(第4卷),中共中央马克思恩格斯列宁斯大林著作编译局译,人民出版社2005年版。

四、学位论文、会议论文、文集

[1]李雅芳:《世界税制改革趋势与借鉴》,河北大学2005年硕士学位论文。

[2]田刚:《纳税人公益诉讼制度研究》,河北经贸大学2012年硕士学位论文。

[3]许峰:《税务争议替代性解决机制探析》,华东政法大学2008年硕士学位论文。

[4]王春丽:《美国法院附设仲裁研究》,西南政法大学2013年博士学位论文。

[5]宋槿篱:《中国税收法定原则研究》,中国财政科学研究院2015年博士学位论文。

[6]尹守香:《我国税收立法权配置问题研究》,首都经济贸易大学2013年博士学位论文。

[7]汤贡亮、刘爽:《〈税收基本法〉研究评述》,"中国法学会财税法学研究会2007年会暨第五届全国财税法学学术研讨会"论文集,2007年9月于南昌。

[8]杨大春:《对百年中国"税收法定原则"研究的回顾与展望》,载刘剑文主编:《财税法学前沿问题研究6:依法治国与财税法定原则》,法律出版社2016年版。

[9]彭礼堂:《一体化税法新论》,载漆多俊主编:《经济法论丛》第27卷,法律出版社2014年版。

[10]刘剑文、熊伟:《二十年来中国税法学研究的回顾与展望》,载刘剑文主编:《财税法论丛》第1卷,法律出版社2002年版。

[11]刘剑文:《论领域法学——一种立足新兴交叉领域的法学研究范式》,载刘剑文主编:《财税法学前沿问题研究7:全面"营改增"背景下的财税法治建设》,法律出版社2017年版。

五、中文报刊

[1]毛磊:《税收法定是税收立法和税收法律制度的一项基本原则》,载《人民日报》2015年3月26日,第2版。

[2]刘剑文、侯卓:《税收法定原则,如何落实?》,载《光明日报》2015年3月30日,第11版。

[3]崔文苑:《"透明财政"再进一步》,载《经济日报》2015年7月13日,第5版。

[4]梁慧星:《开放纳税人诉讼以私权制衡公权》,载《人民政协报》2007年1月8日,B04版。

[5]姜明安:《提起行政公益诉讼是推进行政法治的重要举措》,载《检察日报》2015年10月21日,第3版。

[6]曾献文:《公益诉权能成为纳税人监督政府的方式吗》,载《检察日报》2006年4月14日,第3版。

[7]惠铭生:《地方政府破产不能殃及民众》,载《中国青年报》2014年11

月 14 日,第 2 版。

[8]周东飞:《允许地方政府破产不必闻之色变》,载《潇湘晨报》2014 年 11 月 14 日,第 2 版。

[9]《中共中央政治局召开会议,决定召开十八届六中全会分析研究当前经济形势,部署下半年经济工作》,载《人民日报》2016 年 7 月 27 日,第 1 版。

[10]《决胜全面建成小康社会,夺取新时代中国特色社会主义伟大胜利——在中国共产党第十九次全国代表大会上的报告》,载《人民日报》2017 年 10 月 19 日,第 1 版。

[11]《全面建设小康社会,开创中国特色社会主义事业新局面》,载《人民日报》2002 年 11 月 18 日,第 1 版。

[12]《简政放权、放管结合、优化服务、深化行政体制改革、切实转变政府职能》,载《人民日报》2015 年 5 月 13 日,第 1 版。

六、外文文献

[1] Assar Lindbeck, *Changing Tides for the Welfare State: An Essay*, in Sijbren Cnossen and Hans Werner Sinn ed., Public Finance and Public Policy in the New Century, Cambridge: The MIT Press, 2003.

[2] Alan A. Altshuler & Jose A. Gomez Ibanez, *Regulation for Revenue: The Political Economy of Land Use Exactions*, Brookings Insititution Press, 1993.

[3] Associated Industries of New York State, Inc. v. Ickes, 134 F. 2d 694, 1943.

[4] Boadway R. & D. Wildasin, *Taxation and Savings: A Survey*, Fiscal Studies, Vol. 15, No. 3, 1994.

[5] Aillngham M., *Towards an Ability Tax*, Journal of Public Economics, 4, 1975.

[6] Bromleyv Smith, *Taxpayers' Suits: A Survey and Summary*, The Yale Law Journal, 1960.

[7] Benno Torgler, *Tax Morale and Direct Democracy*, European Journal of Political Economy, Vol. 21, 2005.

[8] *Black's Law Dictionary*, United States of America: West Publishing Co., 1983.

[9] Dasgupta P. & Hammond P., *Fully Progressive Taxation*, Journal of

Public Economics, 13,1980.

[10] Geoffrey Brennan James M. Buchanan, *The Power to Tax: Analytical Foundations of a Fiscal Constitution*, Cambridge University Press, 1980.

[11] Howell H. Zee, *Personal Income Tax Reform: Concepts, Issues, and Comparative Country Developments*, IMF Working Paper, 2005.

[12] Justice Douglas's Comments in Joint Anti-Fascist Refugee Comm. v. McGrath, 341 U. S. 123, 179,1951.

[13] J. Allen and J. L. Betts, op. cit.

[14] J. Raz, *On the Nature of Rights*, Mind Vol. XCIII, 1984, p. 194.

[15] John Douglas Wilson, *Theories of Tax Competition*, National Tax Journal, Vol. 52,1999.

[16] Kristiina Aima, *A European Tax Ombudsman? Legal Remedies in European Tax Law*, IBFD, 2009.

[17] Louis L. Jaffe, *Standing to Secure Judicial Review: Public Action*, Harvard Law Review, 1961.

[18] Locke J. (1690), *Two Treatises of Government*, New York: Cambridge University Press, 1991.

[19] Musgrave R. & Thin T., *Income Tax Progression: 1929 – 1948*, The Journal of Political Economy, Vol. 56,1948.

[20] Matthew Edel & Elliott Sclar, *Taxes, Spending, and Property Values: Supply Adjustment in a Tiebout-Oates Model*, The Journal of Political Economy, Vol. 82,1974.

[21] Marianne Holler, et al., *Framing of Information on the Use of Public Finances, Regulatory Fit of Recipients and Tax Compliance*, Journal of Economic Psychology, Vol. 29,2008.

[22] Nobert Elias, *The Civilizing Process*, *Nobert Elias*, On Civilization, Power and Knowledge, ed., Stephen Mennell & John Goudsblom, the University of Chicago Press, 1998.

[23] Patricia T. Morgan, *Tax Procedure and Tax Fraud*, in a Nutshell, West Group, 1999.

[24] Paul A. Samuelson, *The Pure Theory of Pubilc Expenditure*, The Review of Economics and Statistics, Nov., 1954.

[25] Pual Hughes & Robert Fries, *Crown and Parliament in Tudor-Stuart England: A Documentary Consititutionl History, 1485 – 1714*, New York, Putnam, 1959.

[26] Pierre J., *From Government to Governance-And Back? Understanding the Changing Role of Government in Governance*, Presented in International Conference on Government Performance Management Research, Development and Evaluation Commission, Executive Yuan, 2007.

[27] Robert S. Summers, *Evaluating and Improving Legal Process A Plea for Process Value*, Cornell Law Review, 1974.

[28] Robin Burgess & Nicholas Stem, *Taxation and Development*, Journal of Economic Literature, Vol. 31, 1993.

[29] Raimondo & Henry John, *Economic of State and Local Government*, N. Y., Praeger, 1992.

[30] Richard A. Musgrave, *The Theory of Public Finance: A Study in Public Economy*, New York: MeGraw-Hill, 1959.

[31] Ramsey F., *A Cotribution to the Theory of Taxation*, Economic Journal, 37, 1927.

[32] Simon J. & Nobes C., *The Economics of Taxation*, Philip Allan Publishers Limited, 1987.

[33] Stephen Holmes & Cass R. Sunstein, *The Cost of Rights: Why Liberty Depends on Taxes*, New York: W. W. Norton, 2000.

[34] "Taxes Are What We Pay Forcivilized Society", Declared Supreme Court, Justice Oliver Wendell Holmes in Compañia de Tabacos v. Collector, 275 U. S. 87, 100, 1904.

[35] Victor Thuronyi, *Tax Law Design and Drafting*, International Monetary Fund, Vol. 1, 1996.

七、中文网络文献

[1]《全国人大常委会2017年立法工作计划》，载北大法宝网2017年4月11日，http://www.pkulaw.cn/fulltext_form.aspx? Gid=7b87ae64c7ed88d1。

[2] 熊伟：《税收征收管理法修订的希望与失望》，载财新网，http://opinion.caixin.com/2013-06-14/100540985.html。

[3]李克强:《深化简政放权放管结合优化服务 推进行政体制改革转职能提效能——在全国推进简政放权放管结合优化服务改革电视电话会议上的讲话》,载新华网,http://news.xinhuanet.com/politics/2016-05/23/c_1118910840_5.htm。

[4]张毅菁:《替代性纠纷解决机制的中国适用问题2:国外的试验》,载上海情报服务平台2007年6月26日,http://www.istis.sh.cn/list/list.aspx?id=4386。

[5]安徽省合肥市蜀山区人民检察院,对合肥市国家税务局提起行政公益诉讼,载中华人民共和国最高人民检察院网,http://www.spp.gov.cn/xwfbh/wsfbt/201701/t20170123_179471.shtml。

[6]我国人民检察院提起的税收行政公益诉讼(二):因聊城经济开发区国税局对非法抵扣的税款未及时追缴,国家利益受到侵害,山东省聊城市检察机关对聊城经济开发区国税局,依法向东昌府区人民法院提起行政公益诉讼,载中华人民共和国最高人民检察院网,http://www.spp.gov.cn/xwfbh/wsfbt/201703/t20170323_186100.shtml。

[7]我国的"用税"公益诉讼(纳税人诉讼):湖南常宁市农民蒋某林,以一名普通纳税人的身份将市财政局告上法庭,要求法院认定该市财政局超出年度财政局购买两辆小车的行为违法,并将违法购置的轿车收归国库,以维护纳税人的合法权益,载中国青年报网,http://zqb.cyol.com/content/2006-04/06/content_1352337.htm。

[8]李汉森:《让政府破产,美国真"窝囊"》,载央视网2011年11月11日,http://news.cntv.cn/special/uncommon/11/1111/。

[9]《财政部:截至2016年我国政府债务为27.33万亿元》,载央视网,http://news.cctv.com/2017/05/24/ARTIbo7F8aIL3EWmLxdXT6Ru170524.shtml。

[10]全国人民代表大会内务司法委员会《关于〈中华人民共和国残疾人保障法〉立法后评估的报告》,载中国人大网,http://www.npc.gov.cn/huiyi/cwh/1128/2012-08/30/content_1735989.htm。

[11]陈丽平:《张素荣代表:大力提高立法工作人员素质》,载中国人大网,http://www.npc.gov.cn/npc/c22342/201502/6a61fe020d2b49c1baca954a1cd33bec.shtml。

致　谢

本书是在博士学位论文的基础上修改而成的,是对自己读书时光阶段性的不成熟总结。

感谢敬爱的导师刘剑文教授。在学术上,老师是严师,引领了我学术研究的方向,并激励着我不断进取;在生活上,老师是慈父,真诚而温暖,是我学习的榜样、为人处世的明灯。

感谢亲爱的导师易在成副教授,在学术上,老师帮助我拓宽了研究视角;在生活中,老师于我亦师亦友,让我感受到了亲人般的温暖。

感谢澳门科技大学副校长庞川教授,法学院院长方泉教授,法学院黎晓平教授、朱世海副教授、沈云樵副教授、王传辉副教授、谢耿亮助理教授、彭运朋助理教授,澳门理工大学何志辉副教授,澳门税务协会汪清阳副理事长,在我攻读博士学位期间于学习和生活上的指导与关爱。

感谢学界前辈杨紫烜教授、刘文华教授、程信和教授、陈少英教授、徐孟洲教授、史际春教授、王全兴教授、张守文教授、顾功耘教授、甘功仁教授、周序中教授、贾绍华教授、汤贡亮教授、张怡教授、张富强教授、朱大旗教授、施正文教授、熊伟教授、葛克昌教授、黄茂荣教授、陈清秀教授、李友根教授、符启林教授、杨松教授、黎江虹教授、薛克鹏教授、肖江平教授、王宗玉教授、沈四宝教授、时建中教授、许多奇教授、蒋悟真教授、崔晓静教授、单飞跃教授、梁文永教授、翁国民教授、薛剑兰教授、蒋大兴教授、叶姗教授、徐阳光教授、廖永安教授、王霞教授、吴勇教授、曹明星教授、陈治教授、郝琳琳教授、翟继光教授、汪超副教授、霍玉芬副教授、刘进副教授、蒋新副教授、肖峰副教授等,对我一直以来的鼓励与帮助。

感谢上海立信会计金融学院,特别是法学院以龙英锋教授为首的党政领导班子与同事,在科研和教学工作中给予了我很大支持。

感谢王桦宇、侯卓、欧阳天健、王然、Mike G.、申立未、胡翔、孙伯龙、佘倩影、李猛、赵菁、齐晔、郭维真、叶金育、汤洁茵、王文婷、陈彦廷、Moya、胡明、吴凯、耿颖、于淼、谢琳、吕嘉莹、陈雷、李帅、顾德瑞、冯铁栓、洪莹莹、王婷婷、胡鹏、谭至良、朱洪达、魏薇、张宝成、杨逸群、蒋军林、赵伊、王慕蕴、陈岑博、郑冰洁、徐狄栋、李一鸣、Jessie Z.、Ruby L.、徐志群、吴颖、吴谨、顾颖青、林晨等,一路上包容和帮助我的兄弟姐妹。

感谢法律出版社法治与经济分社沈小英社长、毛镜澄编辑细致、辛苦的工作,使本书得以面世。

感谢我的亲人,尤其是我的父母,给予我生命的再生,全力地培育我成长,赋予我坚强的意志和永远不变的责任心。父母之爱远大于天地,亦是我此生最珍贵的财富。本书主要是献给我的父母。

未来我将更加努力,成为父母最坚实的依靠;我将以前辈和老师的教诲为鞭策,认真治学、诚实做人,永葆感恩之心!

2022年3月于上海浦东